중국인민해방군의 실력

이 도서의 국립중앙도서관 출판예정도서목록(CIP)은 서지정보유통지원시스템 홈페이지(http://seoji.nl.go.kr)와 국가자료공동목록시스템(http://www.nl.go.kr/kolisnet)에서 이용하실 수 있습니다. (CIP제어번호 : CIP2015007809)

중국인민해방군의 실력

구조와 현실

시오자와 에이이치 지음
이용빈 옮김

한울
아카데미

차례

제2장 선제 불사용은 절대적이지 않다: 핵 전략 · 59

제3장 지향하는 것은 제천권: 우주개발 · 89

제4장 외부 발표와 다른 또 하나의 틀: 국방비 · 109

추천의 글

중국인민해방군中國人民解放軍, People's Liberation Army: PLA은 과거 국가의 개별 안보 및 지역 안보 이익을 추구해왔던 것에서 탈피해, 현재는 경제 및 정치 영역에서 전 세계적인 이익을 추구하는 중요한 행위자로 변모하고 있다. 다시 말해 중국인민해방군은 제한적인 범위에서 자국의 전 세계적인 이익을 보호하는 군대일 뿐 아니라, 중국의 팽창하는 국가 이익을 밑받침하고 있는 것이다. 중국의 증강되는 전력戰力과 글로벌화하는 국방전략은, 중국이 전 세계를 무대로 움직임에 따라 점차 그 영향력의 범위를 넓히게 될 것이다.

특히 21세기에 접어들어 중국이 본격적으로 우주군宇宙軍을 창설하고 '해양 강대국'으로 부상浮上하고 있는 현실은 전 세계의 안보와 경제, 특히 아시아·태평양 지역에 매우 중대한 전략적 의미를 지니고 있다. 리비아 사태가 일어난 이후 자국 국민을 철수시키기 위해 '중국 해군'은 전례가 없는 군사 작전을 수행한 바 있다. 이와 함께 동중국해와 남중국해의 접경 수역에서 군사적인 긴장이 고조되고 있는데, 중국의 최고 정책결정자들과 전략가들은 자국의 육상 및 해상 이익을 확보하기 위한 포괄적인 해양 안보전략을 마련하고 있는 중이다. 또한 최근 몇 년간 벌어진 중일 간의 센카쿠 열도/댜오위다오釣魚島 영유권 분쟁 사례와 같이, 영토를 둘러싼 중국의 공격적인 성향이 증가하고 있다. 이에 따라 중국의 동향을 파악하기 위해서 정치, 경제, 외교 분야를 넘어 군사적인 측면에서 바라볼 필요가 생겼으며, 중국인민해방군에 대한 포괄적인 이해와 연구 역시 그 어느 때보다 절실해지고 있다.

이러한 맥락에서『중국인민해방군의 실력』의 한국어판이 독자 여러분에게 소개되는 것은 학술적 측면과 정책적 측면 모두에서 매우 큰 의미가 있을 것으로 생각한다. 이 책은 중국인민해방군을 위시한 중국의 군사 분야는 물론 중국의 정치, 경제, 외교 등 국가전략 차원의 제반 문제를 연구하는 사람들에게 많은 도움을 줄 것이다. 그리고 이 책을 통해 중국인민해방군의 발전 궤적과 미래 추세에 대한 포괄적인 로드맵roadmap은 물론, 실제적인 작전 형태도 이해할 수 있을 것이다.

이러한 측면에서 '중국 군사' 관련 분야를 전문적 · 학술적으로 다룬 이 책의 한국어판이 출간되는 것은 한국의 중국 연구, 특히 중국의 군사안보 관련 분야에 매우 값진 공헌이라 볼 수 있다. 중국의 경제적 급성장이 군사적인 측면에서 '전략적 부상'으로 전환되고 있는 시점에서, 그리고 '김정은 체제'의 불안정성이 증가되는 한반도의 현실 속에서, 중국 내부의 관점에 입각해 중국인민해방군의 구조와 실제 능력은 물론 중국의 '거시적인 국방전략macro defence-strategy'을 연구하고자 하는 사람들과 장기간 중국인민해방군을 연구해온 분석가들은 이 책을 통해 많은 도움을 얻을 것이다. 이러한 인식과 판단에 기초해, 독자 여러분들에게 이 책의 일독을 강력하게 권하는 바이다.

2014년 11월

미국 버지니아 주 알링턴에서

러셀 샤오Russell Hsiao*

---

* 미국 프로젝트 2049 연구소(The Project 2049 Institute) 선임연구원, *China Brief: A Journal of Analysis and Information* 전임 편집자

한국어판 서문

필자가 처음 한국을 찾은 것은 1987년 11월부터 12월까지 신문기자가 되고 최초의 '해외여행'을 떠났을 때입니다. 마침 그 당시 한국에서는 대통령선거 준비가 한창이었고, 삼김三金: 김종필 · 김영삼 · 김대중이 분주하게 움직이고 있었습니다. 필자는 어느 선배 기자에게 이끌려 서울 근교에서 이루어진 당시 김대중 대통령 후보의 선거연설 집회를 보며, 민중의 열기에 압도되었습니다. 밤에 방문했던 명동에서는 시위대와 경찰이 대치하고 있었고, 최루탄 냄새가 거리를 가득 채웠습니다. 한국에서 목격했던 광경은 신입 기자에게 매우 자극적이었고, 이 경험은 이후 필자가 '국제 보도'를 지향하게 된 계기가 되었다고 생각합니다.

당시 고도 성장기를 지나 '버블 경제' 시기에 돌입한 일본은 '일등 국가로서의 일본Japan as No.1' 등으로 국제사회에서 높은 평가를 받고 있었고, 아시아에서 커다란 경제적 · 정치적 영향력을 행사하고 있었습니다. 당시 일본인들은 세계 제2위 경제대국의 지위가 영원히 지속될 것이라 믿어 의심치 않았습니다.

그로부터 25년 넘게 지난 현재, 동북아시아 지역의 세력균형power balance은 크게 변화했습니다. 한국은 1988년에 서울 올림픽을 개최했으며, 1996년에는 경제협력개발기구OECD에 가입해 선진국의 대열에 진입했고, 삼성과 현대의 브랜드는 현재 세계를 석권하고 있습니다.

그런데 한국 이상으로 변화한 나라가 있습니다. 바로 중국입니다. 1980년대 중반 무렵의 여름, 베이징北京을 방문한 필자는 네온사인 하나 없어 칠흑 같은 어둠이 가득한 길거리에 깊은 인상을 받았습니다. 물론 에어컨도 없었기 때문에 무수한 서민들이 노상路上에 의자를 깔고 앉아, 밤하늘 아래에서 뜨거운 열기를 식히고 있었습니다. 그 무렵은 중국이 계획경제에서 시장경제로 전환하는 개혁·개방 노선을 이제 막 시작한 시점이었습니다. 그래서 모든 사람들이 가난했고, 중국 정부도 시행착오를 반복하고 있었습니다. 일본은 그러한 중국에 대해 거액의 정부개발원조ODA 등의 지원을 제공했는데, 일본인에게는 개발도상국인 중국에 대한 일종의 우월감이 있었던 것으로 생각됩니다.

그러했던 중국은 덩샤오핑鄧小平이 시장경제화의 가속을 호소했던 1992년의 남순강화南巡講話를 계기로 급성장을 지속해 2011년에는 세계무역기구WTO에 가입했고, 2010년에는 국내총생산GDP 규모에서 일본을 추월해 세계 제2위가 되었습니다. 국제정치의 무대에서도 발언권을 강화해 미국과 대등하게 맞설 수 있는 대국이 되었습니다. 아시아는 현재 '일본 일극一極'의 시대가 끝나고 다극화가 진전되고 있습니다. 한국, 중국, 인도 등이 제각기 목소리를 높이면서, 어느새 아시아를 둘러싼 주도권 쟁탈전이 시작되었습니다.

한 국가의 국력이나 종합력綜合力은 경제 영역만으로는 측정될 수 없습니다. 거기에는 경제, 외교, 정치, 소프트 파워soft power 등 다양한 요소가 결부되어 있기 때문입니다. 19세기의 제국주의帝國主義 시대와 같이 '힘〔力〕'이 모든 것이 되는 '파워 게임power game'의 시기는 끝났지만, 군사력은 궁극적인 '하드 파워hard power'로서 여전히 중요합니다. 중국은 국제협력과 자국의 평화적인 발전을 호소appeal하면서도, 미국과 러시아밖에 보유하지 못한 대륙간 탄도미사일ICBM과 '우주기술'의 개발을 추진하며, 고도로 광범위한 군사력을 구축하고 있습니다. 핵무기 역시 세계적인 축소 경향 속에서도 지속적으로 증가시키고 있습니다.

중국은 스스로 "우리는 평화주의를 추구한다", "핵무기의 선제 사용은 하지 않는다", "적의 공격을 방지하는 억제력을 위해 군사력을 증강시키고 있다"라고 주장하고 있습니다. 그것은 현재의 본심本心일지도 모릅니다. 그렇지만 상대국이 그러한 힘을 갖게 된 이상, 만에 하나라도 그것을 사용할지도 모른다고 상정想定하고 이에 대비하는 것이 안보의 영역입니다. 구두 약속은 파기되는 일이 빈번하며, 현재의 지도자가 진심眞心으로 사용하지 않는다고 하더라도, 다음 세대 혹은 다다음 세대의 지도자가 같은 생각을 유지할 것이라는 보증은 없기 때문입니다.

필자의 졸저拙著 『중국인민해방군의 실력中國人民解放軍の實力』이 한국에서 번역되어 출간될 것이라는 소식을 처음 접했을 때, 솔직하게 말해 조금 놀랐습니다. 중일관계가 악화되고 있는 현재, 일본에서는 중국의 군사력에 대한 관심이 높아지고 있으며 중국위협론中國威脅論을 심각하게 과장해 선동하는 군사 관련 서적도 적지 않게 출판되고 있습니다. 그러한 가운데 필자의 졸저는 상대적으로 객관적인 입장에서 균형을 취했고, 내용적으로도 명료한 부류에 속합니다.

그런데 한중관계가 전례 없이 양호하게 발전하고 있는 최근의 상황에서, 이처럼 중국 군사 분야를 분석한 책에 한국이 관심을 가질까 하는 생각을 했습니다. 그렇지만 다시 생각해보면, 중국은 한국에게도 이웃 나라입니다. 따라서 설령 현재 한중 양국이 양호한 관계에 있다 하더라도, 위에서 논한 바와 같이 장기적인 시점視點에 입각해 중국의 군사력을 냉정하게 분석할 필요가 있을 것입니다.

필자는 일본이 중국과 군사적으로 적대敵對하는 것도 원하지 않고, 일본이 중국에 의해 군사적인 측면에서 어려움에 처하게 되는 것도 바라지 않습니다. 한국의 독자 여러분께서도 필자와 같은 심경心境이 아닐까 합니다. 한일 양국의 안보 환경에는 공통되는 부분이 의외로 많다고 생각합니다. 모쪼록 이 책을 통해서 중국에 대한 한국 독자분들의 이해가 깊어지고, 안보 분야에서 한일 협력의 가능성을 고려하는 데에 조금이라도 일조一助할 수 있다면, 저널리스트로서 더 이상 바랄 바가 없는 커다란 기쁨이 될 것입니다.

2014년 11월

시오자와 에이이치鹽澤英一

머리말

중국의 군사력에 대한 경계심이 지금처럼 높았던 적이 있었을까?

2010년 말, 일본의 내각은 안전보장 정책의 지침이 되는 「방위계획 대강防衛計劃大綱」과 「중기中期 방위력 정비계획」을 결정했는데, 여기에서는 중국 해군의 활동이 점차 활발해지고 있는 현황을 감안해 오키나와 현沖繩縣 남서쪽 여러 섬에 대한 침공에 대비하는 대처능력의 강화를 주장했다. 2012년판 『방위백서防衛白書』는 "중국은 동중국해와 태평양 같은 일본 근해 및 남중국해 등에서 활동 영역 확대와 활동의 상시화常時化를 도모하고 있다"라며 경계심을 보였다.

2011년 11월, 호주 의회를 방문한 미국 오바마B. Obama 대통령은 연설에서 아시아 · 태평양 지역에 대한 관여 확대를 최우선으로 하는 외교전략을 선명하게 제시하고, 호주 북부에 새롭게 미 해병대를 주둔시키는 방침을 표명했다. 이는 중국이 아시아 · 태평양 지역에서 군사적으로 대두하는 것을 경계한 미군 재배치의 일환이다. 미국은 본격적으로 군사적인 대중對中 포위망을 구축하기 위해 움직이고 있는 것처럼 보인다.

중국인민해방군의 전력 증강에 관해서도 이야깃거리가 많다. 미국 항공모함 공격을 염두에 둔 대함 탄도미사일 '둥펑東風-21D'의 개발이 밝혀졌고, 개수改修를 계속해온 퇴역 항공모함 '바랴그Varyag'가 2012년 9월 중국 최초의 항공모함 '랴오닝遼寧'으로서 취역했다.

일본과의 관계에서는 특히 오키나와현 센카쿠 열도尖閣列島를 비롯한 동중국해에서 보이는 중국군의 동향이 우려되는 상황이다. 모리모토 사토시森本敏[1] 방위상防衛相: 국방장관은 2012년 7월 27일의 기자회견에서 센카쿠 열도 주변에서 중국 선박의 영해 침입이 계속되고 있는 상황에 대해, "해상보안청과 경찰이 대응할 수 없을 경우에는 법에 의해 자위대自衛隊가 활동할 수 있다"라고 말해, 일본 자위대自衛隊의 출동도 가능하다는 견해를 보였다.

이에 호응하듯 중국 국방부의 겅옌성耿雁生[2] 대변인은 4일 후에 열린 기자회견에서, 센카쿠 열도와 관련해 중국의 주권과 해양권익을 확보하기 위해 "관계 부문과 긴밀하게 협력하면서 군으로서의 직책을 이행하겠다"라고 말했다. 서로 군사력 행사를 암시하며 상대를 견제했다고

---

1) 모리모토 사토시(森本敏, 1941~), 도쿄시에서 출생했으며, 일본 방위대학교(防衛大學校)를 졸업했다. 2012년 6월부터 12월까지 일본 방위대신(防衛大臣)을 역임했다. _옮긴이 주

2) 겅옌성(耿雁生), 1977년 중국인민해방군에 가입했다. 2010년 4월에 중국 국방부 신문사무국(新聞事務局) 국장(局長)이 되었다. _옮긴이 주

도 볼 수 있는 발언이다. 9월 11일, 일본 정부가 센카쿠 열도의 국유화에 나서자, 중국의 량광례梁光烈[3] 국방부장國防部長: 국방장관은 "사태의 전개를 주시하고 있으며, (중국에게는) 지금 이상의 행동을 취할 권리가 있다"라고 논하며 군대를 동원해 대응할 수 있음을 암시했다.

중국인민해방군은 현재 무엇을 생각하고 있으며, 어디를 향해 나아가고 있는 것일까?

중국군의 동향에 대해서는 중국 전문가들 사이에서도 평가가 갈린다. "중국은 세계 제일의 패권 국가를 노리고 있다"라며 군사 대국화를 지적하는 목소리가 커지는 한편에서는, "중국의 군사력은 기술적으로 아직 낮은 수준이고, 중국 역시 경제 발전을 더 우선시하고 있다"는 신중한 견해도 있다.

중국 선박이 센카쿠 열도 주변에서 일본 영해에 빈번히 접근하거나 침입하는 상황은, 영유권 주장을 말로만 반복했던 1970년대와 비교했을 때 사태가 크게 변화했음을 보여준다. 이에 중일 양국 간의 실제 군사 충돌에 대한 우려도 커지고 있다.

---

3) 량광례(梁光烈, 1940~), 쓰촨성(四川省) 몐양시(綿陽市)에서 태어났으며, 중국인민해방군 신양보병학교(信陽步兵學校), 중국인민해방군 군사학원 속성반, 허난대학(河南大學) 당정간부반을 졸업했다. 중국인민해방군 베이징 군구(北京軍區) 부사령원, 선양 군구(瀋陽軍區) 사령원, 난징 군구(南京軍區) 사령원, 중국인민해방군 총참모장, 당 중앙군사위원회 위원, 국가중앙군사위원회 위원, 국무위원 겸 국방부장 등을 역임했다. 2002년에 중국인민해방군 상장(上將)이 되었다. _옮긴이 주

다만 중국군 당국의 발언과 문서 등을 자세하게 관찰해보면, 중국은 우리가 생각하는 이상으로 장기적인 시야를 갖고 군사력뿐 아니라 경제와 대외선전 등 다각적인 전술을 통해 서서히 자국의 영향력을 확대하려는 것으로 보인다. 중국은 센카쿠 열도(중국명 댜오위다오釣魚島)가 "중국 고유의 영토"라고 주장하며 장차 자국의 영토로 삼으려 하고 있지만, 현재는 일본의 실효 지배를 조금씩 약화시키는 것을 노리는 단계로 볼 수 있다. 즉, 무력을 써서라도 탈취하겠다고 작정한 것으로는 생각되지 않는다.

중국은 과거 베트남과 군사적으로 충돌해 남중국해의 난사 군도南沙群島 일부 등을 힘으로 빼앗았던 '실적'이 있다. 동중국해에서 대립하고 있는 일본으로서는 당연히 경계를 할 수밖에 없다. 다만 당시와 현재는 국제환경이 다르며 자위대의 능력도 높아졌고, 일본의 경우 미일동맹에 의한 지원도 받을 수 있다. 중국도 쉽사리 일본에게 손을 뻗을 수 없다. 센카쿠 열도를 둘러싼 문제는 중일관계의 미묘한 세력균형power balance 위에 놓여 있다.

중국은 최근 국력이 증강함에 따라 경제 발전뿐 아니라 주권과 영토의 보전 등 폭넓은 국익을 추구하고 있다. 물론 스웨덴의 '스톡홀름 국제평화연구소Stockholm International Peace Research Institute: SIPRI'가 2012년 4월에 발표한 2011년 세계 군사비(일부 추계)에 의하면, 미국의 7,110억 달러(약 752조 9,490억 원)와 비교할 때 중국은 그 5분의 1 정도인 1,430억 달러(추정치)를 지출해 차이가 여전히 크다. 또한 장비의 기술 수준도 높지 않고 군사력의 근대화 역시 아직 진행 중이다. 그런데 그럼에도 중국의 군사력에 위협을 느끼게 되는 것은 어째서인가?

그 위협의 정체를 고민하다보면 — 일단 정치체제의 차이를 차치한다면 — '불투명성'이라는 결론에 도달하게 된다고 생각한다. 군사력은 '능력과 의도'로써 가늠할 수 있다고 하는데, 중국은 그 어느 쪽도 확실하지 않다. 이는 중국이 의도하는 바이기도 하다.

중국은 1998년 이래 대략 2년마다 국방백서 『중국의 국방中國的國防』을 공표하고 있는데, 여기에는 전투기와 전차 같은 지극히 기본적인 병기兵器의 수조차 나오지 않는다. 매년 신규 조달되는 소총의 수까지 공표하는 일본의 국방백서와는 비교할 수도 없는 허술한 내용이다. 또한 중국의 국가 지도자가 입에 담는 '중국은 평화적으로 부상한다'는 부드러운 말과 남중국해 등에서 일어나고 있는 군의 실제 움직임 간에도 격차가 있다. 이렇게 군사적 측면에서 나타나는 능력과 의도의 극단적인 불투명함, 좀 더 노골적으로 표현하자면 '군이 진실을 말하지 않는다'는 사실이 위협론의 근저에 있다. 이것이야말로 미국의 대對중국 봉쇄 전략과 아시아 지역의 군비 확대라는 결과를 초래한 커다란 요인이라고 할 수 있지 않을까?

중국이 1978년에 계획경제에서 시장경제 및 개혁 · 개방노선으로 180도 전환한 이래 정보는 착실하게 공개되어왔다. 중국공산당에 의한 일당독재라는 정치체제 속에서도, 정부의 경제정책에 대해서만큼은 언론에서 그 시비是非를 둘러싸고 자유롭게 논의가 이루어지는 등, 약 30년 전의 중국과는 다른 나라로 보일 정도로 그 투명성이 높아지고 있다. 그렇지만 군사 분야에 대해서는 거의 진전이 없고, 여전히 철의 장막으로 둘러싸여 있다고 말할 수 있다.

중국은 인구 13억 명을 보유한 대국이며, 주변국은 그것만으로도 위협을 느낀다. 독재체제는 민주주의 국가의 불신을 초래하기 쉽다. 그렇기에 투명성을 확보해야 하는데, 현실은 그 반대이다.

미국 국방부는 2000년부터 중국의 군사 동향에 관한 의회 제출용 연차 보고서를 발표하고 있는데, 이것이 공표될 때마다 중국은 "위협론을 선전한다"라며 반발했다. 일본의 정치인이 중국위협론을 언급할 때도 중국은 "위협이 아니다. 방어적인 국방정책을 이행하는 것이다"라며 반론했다. 그런데 그 말을 신뢰할 수 있는 반론, 근거를 중국은 과연 제시하고 있는가? 정보를 공개하고 있는가?

중국의 발전 자체는, 그것이 평화적인 것이라면 세계에도 이웃 나라 일본에도 기본적으로 바람직한 것임에 틀림이 없다. 과거의 역사적 과정을 돌이켜보면, 중국은 청조淸朝가 쇠퇴하고 열강의 침략을 받아 식민지화되었던 근대 이전까지 스케일에서든 문화에서든 수많은 측면에서 초강대국이었다. 이 점을 고려한다면 부흥을 지향하는 것은 자연스러운 행보라 할 수 있다. 그러나 군사에 대해서는 그것이 평화적 발전이라 믿을 수 있게 하는 증거가 없다.

2011년 6월, 싱가포르에서 아시아 안보회의Shangrila Dialogue가 개최되었을 때 중국의 량광례 국방부장이 출석해 "중국은 자국의 세력범위 확립이나 대외 확장을 추구하지 않는다"라며, 국제협력에 의한 평화적 대두擡頭가 국가전략이라는 점을 강조했다. 그러자 연설이 끝나고 이어진 참가자와의 질의응답 자리에서, "중국이 말하고 있는 것은 (남중국해에서의 해양진출과 같이) 역내에서 실제로 일어나는 상황과 차이gap가 있다"는 말이 나왔다. 필자는 그 자리에서 이루어진 대화가 오늘날 중국의 군사력을 둘러싼 상황을 상징하고 있다고 통감했다.

이 책에서는 이러한 현상現狀 인식에 입각해, 불투명성에 역점을 두면서 중국 군사력의 일단을 다루고, 이를 검증하고자 한다.

제1장에서는 증강되는 해양 전력을 상징하는 존재라고 할 수 있는 항공모함의 구입과 건조建造의 경위를 둘러싼 다양한 의혹을 밝힌다. 이어지는 제2장에서는 여러 전력 가운데에서도 가장 베일에 싸여 있는 '핵 전력'의 실태와 중국 정부가 공언하는 '선제 불사용' 정책의 애매함을 다룬다. 제3장에서는 중국 정부가 '평화 목적'으로 행하는 우주개발의 군사적 의도를 규명한다. 제4장에서는 공표되고 있는 국방비가 실제 군사비와 얼마나 동떨어져 있는가를 해명한다. 제5장에서는 중국이 주장하는 '방어적 국방정책'을 검토해 센카쿠 열도를 포함한 근해 방어의 성격을 분석한다. 제6장에서는 중국공산당의 군대인 중국군의 특수성에 대해 다룬다. 제7장에서는 블랙홀이 되고 있는 중국군 조직의 내막을 탐색한다. 제8장에서는 중국위협론에 대해 중국 측이 반복하는 비판과 그에 대한 의문점을 다룬다. 제9장에서는 중국군의 대일관對日觀을 포함한 안전보장관에 대해 소개한다.

이제껏 이루어진 중국군에 대한 분석은 구미歐美의 자료와 증언 등 외부로부터 나온 것이 많았는데, 이 책에서는 현지에서 관계자를 만나 취재하고 이를 독자적으로 입수한 중국 측 자료와 연계해 중국인민해방군의 실상을 그 안쪽에서부터 부각시키고자 했다.

중국공산당은 2012년 11월, 5년 만에 열리는 당대회에서 새 지도부를 선출하게 되는데,[4] 직책은 이 책을 집필할 때의 것이다.

---

4) 2012년 11월에 개최된 중국공산당 제18차 당대회에서 다음과 같이 새로운 7명의 당 중앙 정치국 상무위원을 중심으로 하는 지도부가 선출되었다. 시진핑(習近平), 리커창(李克强), 장더장(張德江), 위정성(兪正聲), 류윈산(劉雲山), 왕치산(王岐山), 장가오리(張高麗). _옮긴이 주

중국인민해방군의 조직도

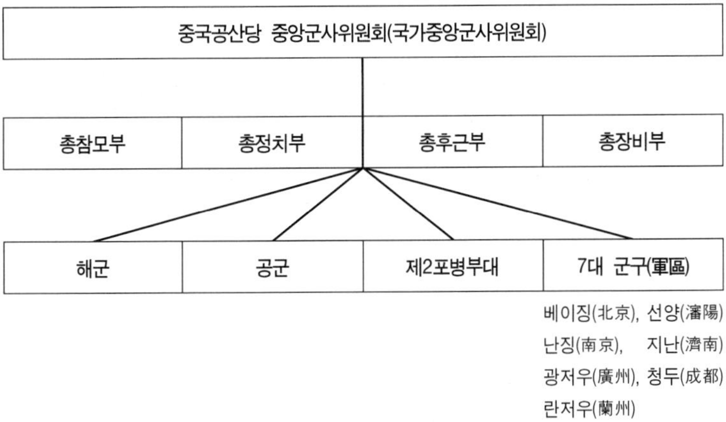

총병력	약 228만 5,000명
육상 병력	약 160만 명
해상 병력	약 26만 명
항공 병력	약 30~33만 명
육상 전력(주력 전차)	7,050량
해상 전력(함정)	약 1,090척
항공 전력(작전기)	2,070대
핵 전력(핵탄두)	240발

자료: The Military Balance(International Institute for Strategic Studies, 2011) 및 『방위백서(防衛白書)』(日本防衛省, 2012) 등을 참조해 작성.

중화인민공화국 지도
몽골
신장웨이우얼
자치구
롭 노르
주취안
시하이전
칭하이성
란저우
시짱자치구
(티베트)
쓰촨성
청두
시창
네팔
부탄
윈난성
인도

러시아
헤이룽장성
네이멍구
자치구
지린성
선양
랴오닝성
닝샤후이족
자치구
베이징
북한
톈진
다롄
허베이성
산시성
(山西)
산둥성
대한
민국
황
해
간쑤성
산시성
(陝西)
허난성
장쑤성
전장
광위안
일본
멘양
후베이성
안후이성
상하이
충칭
동중국해
저장성
후난성
장시성
구이저우성
푸젠성
센카쿠 열도
(댜오위다오)
광시좡족
자치구
광둥성
선전
마카오
홍콩
타이완
태
평
양
남중국해
싼야
하이난성

제1장

카지노가 항공모함으로 변하다
— 해양 전력

다롄에 정박해 있는 거대한 선박
자료: 저자 촬영

다롄에 있는 거대한 배

중국 동북부 랴오닝성遼寧省의 다롄시大連市는 랴오둥 반도遼東半島가 황해 쪽으로 돌출된 부분에 위치한 아름다운 항구 도시이다. 다이카 여관大和旅館을 비롯해 1945년까지의 일제점령기에 세워진 건물이 지금도 남아 있으며 방문하는 일본인 관광객도 많다.

이곳에는 중국이 우크라이나로부터 구입한 구舊소련 시대의 퇴역 항공모함 '바랴그'가 2002년 이래 줄곧 정박해 있다. 시가지에서 항구 방향을 바라보면 거기에 있는 거대한 선박이 눈에 들어온다. 다롄 역大連驛에서 출발하는 신형 고가식 경전철이 샹루쟈오 역香爐礁驛에 도착하기 직전, 그 오른편으로 중국인민해방군 계열의 기업인 다롄선박중공大連船舶重工의 독dock에 정박해 있는 선체가 나타난다. 전체 길이 약 300m, 만재 배수량 약 6만 7,000톤이다. 항구에서는 유독 눈에 띄며 이채로움을 자아낸다.

그런데 이 선박이 어디에 사용될 것인가에 대해서는 여태껏 중국 당국의 공식 발표가 없었다. 다롄시 당국에 문의한 적도 있지만, "군 계통 시설이기 때문에 우리도 알지 못한다"라는 냉담한 대답이 돌아올 뿐이었다.

2011년 7월 27일, 중국 국방부가 개최한 기자회견에서 겅옌성耿雁生 대변인이 입을 열었다.

우리나라는 긴 해안선과 광대한 해역을 관할하고 있으며 해상의 방위, 영해 주권과 해양 권익의 유지는 중국 무장역량武裝力量의 신성한 책무이다. 우리는 종합적으로 고려한 끝에 항공모함의 건조를 진지하게 연구하게 되었다. 항공모함의 건조 과정은 대단히 복잡하기 때문에 현재 1척의 퇴역 항공모함을 개수해 과학연구 시험과 훈련에 이용할 계획이다.

항공모함을 개수하고 있다는 사실을 정부가 처음으로 인정했다. 이는 분명 다롄시 독에 정박해 있는 바랴그를 가리키는 것이었다.

기자들은 전혀 놀라지 않았다. 이미 6개월 이상 중국 당국이 이 사실을 인정하는 순간을 기다려왔기 때문이다. 심지어는 10여 년 전부터 주목하고 있는 전문가도 있었다. 대변인은 이렇게 첨언했다.

최근 보도를 보면 중국의 항공모함이 훌륭한 전력이라는 평가가 있는가 하면, 형편없는 물건이라는 평가도 있다. 과대평가도 과소평가도 정확하지 않다. 항공모함의 건조와 사용은 수많은 무기와 장비의 집대성이며, 대단히 긴 과정이다.

국가의 안전과 세계평화를 유지하는 능력을 높이기 위한 목적이며, 중국의 방어적인 국방정책에 변화는 없다.

중국의 군사력에 대한 경계가 높아지는 상황에서 처음 나온 항공모함 건조 발언을 일본 주요 신문들은 대대적으로 보도했다. “근해 방어

전략에 변경은 없다"라는 발언에 주목한 언론도 있었다.

다만 이 항공모함의 유래를 상세하게 설명한 언론사는 중국 언론을 포함해 거의 없었다.

항공모함을 구입하지 않는다고 명언

이 항공모함을 둘러싼 이야기는 20년 전으로까지 거슬러 올라간다.

1992년 6월, 당시 영국의 군사전문 저널 ≪제인스 디펜스 위클리 Jane's Defense Weekly≫의 책임자 폴 비버Paul Beaver가 "중국은 우크라이나로부터 항공모함을 구입하기 위한 교섭을 진행 중이다"1)라고 밝혔다. 이것은 바랴그의 구입에 관한 거의 최초의 보도이다. 양국 간의 교섭은 노르웨이의 선박 브로커가 중개해 추진되었으며, 비버는 중국이 자국의 해군 역사상 최초의 항공모함을 획득하기 위해 교섭에 "대단히 열심이다"라고 말했다.

바랴그는 구소련 시대인 1985년, 소련군에 제공하기 위해 소련의 일부였던 우크라이나의 니콜라예프 조선소에서 기공起工되었다. 하지만 1991년에 소련이 붕괴된 후, 건조는 약 70%가 진행된 단계에서 자금 부족 등의 이유로 이듬해 3월에 중단되었다. 이때 중국은 이제 막 독립한 우크라이나와 접촉해 구입에 나섰다.

---

1) "初の空母獲得で交渉中か", ≪共同通信≫, 1992年 6月 12日.

중국은 연구기관, 중국과학원中國科學院 등의 전문가를 2개월 동안 현지로 파견해 조사를 하게 한 후 구입을 결정했다. 그러나 항공모함 구입을 둘러싼 외국 언론의 보도에 대해 중국 외교부는 "이 문제에 관한 외국 언론의 보도는 사실무근이다"라고 일관되게 부정했다.

당시 중국은 민주화 운동을 무력으로 진압한 1989년 6월의 '천안문 사건'으로 인해 수출규제와 같은 국제사회의 제재를 받았다. 미국 등도 바랴그 구입에 대해 '무기 수출에 해당한다'며 반대했고, 결국 이 구입 계획은 좌절되었다.

실제로 당시 일본도 이 항공모함을 구입하려는 중국의 움직임에 다음과 같이 우려를 표명했다.

> 일본을 포함한 세계의 관심이 집중되고 있다. 아시아의 긴장을 높이는 일은 하지 말아야 한다.

1992년 10월 8일, 일본 자민당의 파벌 중 하나인 미쓰즈카파三塚派의 회장 미쓰즈카[2] 전 정조회장政調會長은 중국을 방문하며 당시 외교부장이던 첸치천錢其琛[3]과의 회담을 요구했다. 이때 첸치천은 의외로 분명

---

2) 미쓰즈카 히로시(三塚博, 1927~2004), 일본 와세다대학을 졸업했으며 일본 운수대신(運輸大臣), 통산대신(通産大臣), 외무대신(外務大臣), 대장대신(大藏大臣), 중의원(衆議院) 의원운영위원장(議院運營委員長), 자민당 정조회장(政調會長), 자민당 간사장(幹事長) 등을 역임했다. _옮긴이 주

3) 첸치천(錢其琛, 1928~), 톈진(天津)에서 출생했으며, 중국공산당 중앙위원, 중국 국무원

한 어조로 "우리나라는 이제 구입하지 않을 것이다"4)라며 항공모함 구입을 단념하겠다고 말해, 일본을 안심시켰다.

민간 관광회사가 구입

그렇지만 중국은 멈추지 않았다.

그로부터 6년이 지난 1998년 3월, 우크라이나 정부가 바랴그를 2,000만 달러(현재 환율로 약 150억 7,000만 원)에 마카오의 관광회사 충 로트Chong Lot사에 매각한 사실이 밝혀졌다. 충 로트사는 1997년 8월에 자본금 100만 파타카pataca(현재 환율로 약 9,800만 원)로 설립된 회사인데, 업종이 관광이었음에도 마카오 정청政廳으로부터 사업 면허를 받지 않았다. 이로 인해 역시 중국이 군사적으로 이용하려 한다는 관측이 팽배해졌다. 그렇지만 구입자는 일단 민간 기업이었고, 중국 정부는 철저히 침묵으로 일관했다.

8개월 후인 11월 10일, 충 로트사는 홍콩 안팎의 언론들을 불러 기자회견을 열었다. 그리고 보도진 앞에서 바랴그를 활용해 600개의 부속실이 있는 호텔과 카지노, 군사 박물관 등을 갖춘 종합 오락시설을 마카오에 만들겠노라며, 일러스트레이션까지 첨부해 이 대규모 구상을

부총리, 국무위원, 외교부장 등을 역임했다. _옮긴이 주

4) "中國, 空母購入斷念を表明", ≪共同通信≫, 1992年 10月 8日.

대대적으로 선전했다. 군사 목적일 것이라는 의심을 완전히 부정하고 평화적인 이용이라는 점에 호소한 것이다.5) 바랴그는 무기와 엔진, 전기 계통 등을 모두 떼어낸 채로 매각되었다.

그러나 이 회사와 기자 발표에는 이해할 수 없는 점이 많았다. 책임자인 쉬쩡핑徐增平은 해군 출신의 퇴역 군인이었다. 회사는 마카오에 등록되어 있지만, 사무소와 전화도 모두 '페이퍼 컴퍼니paper company: 유령회사'였다. 카지노를 영업할 수 있는 자격도 없고, 무엇보다 마카오의 항구는 수심 10m 정도밖에 되지 않을 정도로 얕아 항공모함이 들어갈 수 없다.

해군과 동일한 도장

바랴그를 마카오로 옮기는 과정도 이해할 수 없는 것이었다.

흑해 북부에 있는 니콜라예프 조선소에서 마카오로 가려면 터키의 보스포루스Bosporus 해협을 통과한 뒤 에게 해, 지중해를 거쳐 대서양을 통과해야 한다. 그런데 이때 터키 정부는 보스포루스 해협의 폭이 0.5~2.5km로 좁은 데다 다수의 선박이 통과하기 때문에 안전상의 문제가 있다는 점을 들어 통과를 거부했다.6)

---

5) "Macau company to convert aircraft carrier into 600-room floating palace; $1.6b hotel plan for warship," *South China Morning Post*, November 11, 1998.

6) "空母カジノ, 座礁の危機", ≪共同通信≫, 2001年 4月 4日.

그렇게 되자 중국 외교부가 중개에 나섰다. 1년 이상에 걸친 교섭 끝에 당시 양원창楊文昌[7] 외교부 부부장副部長: 차관이 2001년 9월 터키를 방문했고, 터키 정부는 통과를 허가했다. 이때 연간 200만 명의 중국인 관광객을 터키로 보내 관광 진흥을 약속했다고 알려져 있다.

기이한 것은 여기서 끝나지 않는다. 예항曳航된 바랴그는 2002년 3월에 중국에 도착했지만, 입항入港된 곳은 사전에 알려진 마카오가 아니라 중국군 계열의 독이 있는 랴오닝성 다롄 항이었다.

2003년 무렵부터 개수 작업이 시작되었고, 이듬해 가을에는 선체가 중국 해군의 함선과 같은 회색으로 도장塗裝되었다. 타이완 국방부는 2005년 1월 바랴그의 위성사진을 공개하고 개수改修 상황을 근거로 "훈련용 혹은 항공모함대 편성을 위한 준비"라며 경계감을 보였는데, 이에 대해 중국 정부는 "전혀 근거가 없다"(중국 국무원 타이완사무판공실)라며 일축했다.

그렇지만 중국군은 처음부터 항공모함을 개수할 생각이었던 것으로 보인다. 당시의 경위를 상세히 파악하고 있는 마카오 주재의 '군사 평론가' 황둥黃東은 자신의 체험을 다음과 같이 말한다.

> 내가 군사 박물관의 관장으로 근무하고 싶다.

---

7) 양원창(楊文昌, 1944~), 산둥성(山東省) 출생으로 베이징외국어학원(北京外國語學院)을 졸업한 이후 외교관이 되었다. 싱가포르 주재 중국 대사, 중국 외교부 부부장(副部長), 중국외교학회(中國外交學會) 회장 등을 역임했다. _옮긴이 주

1998년 11월, 종합 오락시설을 만들겠다는 충 로트사의 발표를 듣고 나서 황둥이 베이징의 중국군 당국자에게 연락해 한 말이다. 그는 해당 회사가 군과 밀접한 관계를 맺고 있다는 사실을 알고 있었는데, 그 발표를 믿은 것이다. 그때 군 측은 "알았다"며 받아들이는 듯했다.

그런데 항공모함이 랴오닝성 다롄 항에 도착한 2002년에 다시 연락하자, "항공모함은 군이 사용한다"라며 단칼에 거절했다고 한다. "군은 처음부터 실전용 항공모함으로 사용하는 것을 염두에 두고 있었다"라고 황둥은 단언한다.

정부가 구입할 수 없는 항공모함을 유령회사를 이용해 입수했다는 그림이 그려지는 것이다.

048판공실

2006년이 되자, 해외 언론의 보도를 부정해왔던 중국 당국이 적극적으로 항공모함을 건조한다는 발언을 하기 시작한다.

중국의 국방 산업을 지도하는 국방과학기술공업위원회國防科學技術工業委員會의 쑨라이옌孫來燕[8] 부주임副主任은 10월, "중국은 서서히 항공모함 건조 능력을 확보하고 있으며, 정부의 관계 부문은 다양한 요소를 고려

---

8) 쑨라이옌(孫來燕, 1957~), 중국 베이징에서 출생했으며, 시안교통대학(西安交通大學)을 졸업하고 프랑스 파리 제6대학에서 유학했다. 2004년 10월에 국가항천국(國家航天局) 국장 및 국방과학공업위원회 부주임이 되었다. _옮긴이 주

해 진지하게 연구하며 또 고민하고 있다"라고 발언했다. 한 중국군의 중장은 2007년 3월에 열린 전국인민대표대회(전인대, 국회에 해당)에 참가해, "우리나라의 항공모함 연구 및 개발은 순조로우며 빠르면 2010년에 완성된다"라고 홍콩 언론에 밝혔다.

바통을 이어받은 중국 외교부의 친강秦剛 대변인은 3월 8일의 기자회견에서 "관계 부문이 전체 상황을 종합적으로 고려해 진지하게 검토하고 있다"라고 말해, 항공모함의 건조가 검토 의제라는 사실을 공식적으로 인정했다. 이 모든 발언을 놓고 보면, 항공모함 건조를 위한 조직적인 결정이 이루어지고 있음을 추측할 수 있다.

2007년 7월에는 중국 해군이 항공모함의 배전반配電盤과 같은 서브시스템을 이미 국내 기업에 발주했다는 사실이 밝혀졌다. 장쑤성江蘇省 전장시鎭江市의 기업이 항공모함 건조용 저전압 배전반 등의 제조를 수주했다. 이 배전반은 자동 전력제어 시스템의 중요한 부분이다. 이 밖에도 ① 중국의 주요 조선소가 항공모함 건조를 위한 지원을 개시했으며, ② 중국군이 항공모함 관련 설비를 러시아로부터 구입했고, ③ 항공모함에 함재艦載하기 위한 시험용 비행기를 우크라이나로부터 구입했다는 소식이 캐나다에 본부를 두고 있는 군사 전문지 ≪한화방무평론漢和防務評論≫에서 보도되었다.

이듬해 8월, 필자는 우연히 해군 장비부의 중견 간부와 이야기를 나눌 기회를 얻었다. 돌아갈 무렵 지나가는 말투로 "항공모함을 건조하고 있습니까?"라며 의중을 살펴보자, 의외로 선선히 "건조하는 것이 결정되었습니다. 최초의 항공모함 건조를 위해 부군장급副軍長級의 전문기구

'048판공실'을 해군에서 곧 설치할 겁니다. 그렇지만 완성에는 7~8년 혹은 10년은 필요할 겁니다"라고 말했다. '부군장급'이란 정부 기관으로 따지면 차관급에 해당하며, 특설된 판공실로서는 격이 높은 것이다. 바랴그 등에 대한 상세한 연구를 거치며 중국은 자국산 항공모함 건조를 향해 움직이고 있었다.

≪한화방무평론≫은 1개월 후인 9월에 러시아로부터 얻은 정보 등을 토대로 중국의 '항공모함 프로젝트'가 시작되었으며, 2008년 베이징 올림픽 이후에 2척의 항공모함을 본격적으로 건조하기 시작했다고 전해 일부 군사 전문가들의 이목을 끌었다. 이 잡지는 항공모함에 관한 중국군 동향에 대해 가장 신속하게 다루었다.

필자는 다롄에서 바랴그에 대한 연구에 착수했던 2002년부터 군인의 발언이 연이어진 2006년 무렵 사이에, 군 기관에서 국산 항공모함을 건조한다는 중요한 결정이 이루어졌을 것이라 추측하고 있다. 그것은 아마도 2004년 8월일 것이다.

중국에서는 프로젝트의 개시 시기를 기초로 프로젝트의 명칭을 붙이는 습관이 있기 때문에, '048'은 2004년 8월에 항공모함 건조 계획이 수립되었다는 뜻일 가능성이 높다. 중국의 군사 동향에 대해 상세하게 파악하고 있는 미국의 싱크탱크 '제임스타운 재단Jamestown Foundation' 역시 2009년에 '048 프로젝트'가 2004년 8월에 시동되었을 가능성에 대해 보고했다.

중국군의 내부 문서에서 '특종 대형 군용 선박'이라는 용어가 빈번하게 등장하기 시작한 것도 2005년 무렵부터이다. 항공모함이라는 표현은 신중하게 피하고 있지만, 군이 항공모함을 염두에 두고 있음은 명확했다.

언론을 조작

≪한화방무평론≫이 중국 항공모함의 건조 계획을 처음 보도하기 시작했을 때, 중국 당국은 계획을 인정하지 않고 "≪한화방무평론≫은 중국위협론을 부채질하고 있다"라고 비판했다. 중국의 국내 언론 역시 그 보도를 묵살했다. 그렇지만 2008년 12월에 중국 국방부 대변인은 항공모함 건조에 대해 "다양한 요소를 종합하고 관계되는 문제에 대해 진지하게 연구 · 고려하고 있다"라고 말해, 전향적으로 검토하고 있음을 군 당국자로서는 최초로 공식적인 회견 장소에서 인정했다. 개수를 가리키는 것인지 국내 생산을 가리키는 것인지는 확실하게 말하지 않았다. 또한 2010년 무렵부터 중국 언론의 분위기가 싹 변했다. 국내 언론이 개수 중인 바랴그에 대해 점차 보도하기 시작한 것이다. 중국인민해방군의 군인들 가운데서도 "국가의 안전을 지키기 위해서는 항공모함이 필요하다"라는 적극적인 주장이 잇따랐다.

≪한화방무평론≫을 비판했던 중국 측의 태도도 변했다. 2011년 5월, 우성리吳勝利[9] 해군사령관은 싱가포르를 방문해 ≪한화방무평론≫

9) 우성리(吳勝利, 1945~), 허베이성(河北省) 우차오현(吳橋縣) 출신이며, 중국인민해방군

의 발행인인 핀코프平可夫와 만났는데, 이때 "당신이 이 사안에 많은 관심을 두고 있는 것을 높이 평가한다"라며 긍정적으로 발언했다. 이 같은 중국 내의 보도는 항공모함 건조에 대한 국내 여론의 지지를 확고하게 함과 동시에, 바랴그에 대한 외국 언론 — 일본을 포함해 — 의 관심을 높이는 효과를 가져왔다.

필자는 이제까지 외국 언론의 중국 항공모함 관련 보도 등을 "위협론을 선전한다"라며 비판해왔던 중국공산당 기관지인 인민일보 계열의 ≪환구시보環球時報≫ 편집자를 만나, 그에게 "왜 긍정적인 군사 보도가 증가하고 있습니까?"라고 물었다. 그는 "국방부는 정보공개를 중시하고 있기 때문이다"라고 답해, 보도에 '허가'가 필요함을 시사했다. 당국의 발표는 없었지만, 바랴그의 완성이 가까워졌음을 확신했다.

앞에서 말한 바와 같이, 중국 국방부는 2011년 7월 27일에 항공모함 건조 계획을 공식적으로 인정하고 퇴역 항공모함을 개수하고 있음을 밝혔다. 언제 완성할 것인가, 언제 시험 항행을 개시할 것인가는 전혀 언급하지 않았다. 그렇지만 완성이 초읽기 단계에 들어갔다는 것은 외부에서의 관찰로 명백해졌다. 홍콩과 일본의 기자들은 항공모함이 움직이는 순간을 지켜보려 다롄으로 몰려들었다.

가장 가능성이 높은 것은 중국군의 창건 기념일인 8월 1일이었다. 그날, 바랴그의 갑판에서는 약 1개월 전까지만 해도 있었던 크레인 등

측회학원(測繪學院)을 졸업했다. 현재 중국공산당 제18기 중앙위원, 당 중앙군사위원회 위원, 중국인민해방군 해군사령원이다. 2007년에 중국인민해방군 해군 상장(上將)이 되었다. _옮긴이 주

의 중장비가 철거되었고, 작업 인부가 갑판을 청소하고 있는 모습이 확인되었다. 바랴그의 옆으로는 중국 해군의 백색 훈련함과 연료 보급선으로 보이는 회색의 함선이 정박하고 있었다. 훈련함에 다수의 해군 병사들이 승선하는 장면도 목격되었다. 항공모함에 탑승하게 될 요원要員들로 보였고, 시험 항행이 가깝다는 것을 시사하고 있었지만, 바랴그는 끝내 움직이지 않았다.

결국 시험 항행을 개시한 것은 8월 10일이었다. 홍콩과 일본의 기자들은 항구가 보이는 호텔에 머물렀다. 그런데 해가 뜨기 전인 5시를 조금 넘어서, 호텔에 들이닥친 공안 당국자가 기자들의 객실을 개별 방문하며 그들을 별도의 방에 연금했다. 그러고는 7시 전에 갑자기 "이제 돌아가도 좋다"라며 석방했다. 항공모함은 이미 출항한 뒤였다.

6시 무렵, 조선소의 부두에 정박하고 있던 바랴그는 다른 선박에 예항曳航되어 천천히 출항했다. 주변에서는 시험 항행을 축하하는 폭죽 소리가 울려 퍼졌다고 한다.

이 경위를 되짚어보면, 바랴그의 시동을 둘러싸고 교묘한 분위기가 조성되며 여기에 언론이 넘어갔다는 점은 부정할 수 없다. 그렇지만 중요한 당일은 철저하게 보도를 통제했다. 분위기를 고조시키면서 억누르는 자작자연自作自演은 중국에서는 흔히 있는 수법이다. 중국 당국의 언론 통제가 있음을 의미한다.

‘항공모함의 아버지’가 추진

중국 정부 당국자들의 거듭된 부정과 달리, 실제로는 대단히 계획적으로 항공모함 개발을 추진해온 것으로 보인다. 중국의 기업은 바랴그의 구입과 거의 같은 시기에 러시아로부터 퇴역 항공모함 ‘민스크Minsk호’와 ‘키예프Kiev호’도 구입했다. 민스크호는 광둥성廣東省 선전深圳에서, 키예프호는 톈진시天津市에서 관광용으로 사용되고 있는데, 중국이 향후 항공모함을 건조하는 데 참고하기 위해 구입한 것으로 추측된다.

> 항공모함은 종합국력綜合國力의 상징이다. 항공모함의 발전은 단순히 해군만의 문제가 아니라 국가전략과 국방정책의 커다란 문제이다.

1980년대부터 몇 번이나 항공모함 개발의 중요성을 호소한 군인이 있었다. 해군사령관을 맡은 바 있고 중국에서는 ‘항공모함의 아버지’라고도 불리는 류화칭劉華淸10) 전임 중국공산당 중앙군사위원회 부주석

---

10) 류화칭(劉華淸, 1916~2011), 후베이성(湖北省) 다우현(大悟縣) 출신으로 ‘중국 현대 해군의 아버지’로 불린다. 중국공산당 중앙정치국 상무위원회 위원, 당 중앙군사위원회 부주석, 국가중앙군사위원회 부주석, 중국인민해방군 해군 사령원 등을 역임했다. 1988년에 중국인민해방군 상장(上將)이 되었다. 그의 장녀 류차오잉(劉超英)은 중국인민해방군 총참모부 정보부 5국(五局) 부국장이며, 장남 류줘밍(劉卓明)은 중장(中將)으로서 중국인민해방군 해군지휘학원(海軍指揮學院) 원장 등을 역임했고, 차남 류웨이밍(劉維明)은 소장(少將)으로 중국인민해방군 총장비부 국장이다. 그의 조카 류창인(劉長銀, 1952~)은 중장(中將)으로서 중국인민해방군 광저우 군구(廣州軍區) 부정치위원을 역

(2011년 1월 사망)이다. 2004년에 출판된 그의 회고록 『류화칭 회상록劉華清回憶錄』(解放軍出版社)에서 그가 1987년 해군의 중요회의와 의견서 등을 통해 수차례에 걸쳐 항공모함 건조의 필요성을 호소했고, 이것이 중국의 군사전략에 큰 영향을 미쳤음이 밝혀졌다.

류화칭은 중국의 중기中期 계획인 제7차 5개년계획(1986~1990년) 기간 중에 조사에 착수하고, 제8차 5개년계획(1991~1995년) 때 연구개발을 행하며, 상황을 보아서 2000년에는 모델(시험선)을 건조하는 일정표를 제안하기도 했다. 바랴그 구입에 나섰던 1992년은 실제로 연구 및 개발의 시기에 해당하기 때문에 류화칭의 청사진대로 움직였을 가능성이 높다.

류화칭은 1987년 1월의 회의에서 "미국과 소련 모두 (항공모함을) 건조하고 있다. 프랑스와 이탈리아, 영국 등의 선진국은 모두 건조하고 있다. 일본은 패전국이기 때문에 헌법의 규정상 건조할 수 없지만 과거에 건조했던 경험이 있고, 현재의 기술과 생산능력 모두 높아 건조를 하게 된다면 바로 만들 수 있을 것이다. 우리는 자금력, 기술력 모두 일정한 어려움이 있지만 장기적 관점에 입각해 본다면 필요하다"라고 말하며, 10년 후에 시작하면 너무 늦게 될 것이라고 우려했다. 나아가 항공모함의 효용에 대해 "항공모함은 주로 타이완에 대한 투쟁과 난사 군도 분쟁의 해결, 해양권익의 수호에 활용되며, 평시에는 정치적 영향력의 확대에 도움이 된다"는 점을 강조했다. "항공모함은 종합국력의 상

임하고 있다. _옮긴이 주

징이며, 그 발전은 각국 군사 전문가들의 관심의 대상이다"라고 말하기도 했다.

이후 중국인민해방군 군인들의 발언을 살펴보면, 류화칭의 이러한 관점이 얼마나 현재의 지도부에 큰 영향을 주었는지를 알 수 있다.

국력의 상징

중국군의 황쉐핑黃雪平[11] 대변인이 2008년 12월의 기자회견에서 군이 적극적으로 항공모함을 건조하려 하고 있음을 처음으로 인정했을 때, "항공모함은 국가의 종합국력의 표현이다"라고 지적했다.

또한 2009년 3월, 중국의 량광례 국방부장이 중국을 방문한 일본의 하마다 야스카즈浜田靖一[12] 방위상과 베이징 시내에서 회담했을 때, 다음과 같이 말해 군의 고관高官으로서는 처음으로 항공모함 건조에 대한 의욕을 보였다.

> 대국으로서 항공모함을 보유하지 않은 국가는 중국뿐이다. 영원히

11) 황쉐핑(黃雪平), 장쑤성(江蘇省) 타이창현(太倉縣)에서 출생했으며, 2008년 하반기에 중국 국방부 신문사무국(新聞事務局) 부국장이 되었다. 2010년 4월, 중국 국방부 외사판공실(外事辦公室) 미주대양주국(美洲大洋洲局) 국장이 되었다. _옮긴이 주

12) 하마다 야스카즈(浜田靖一, 1955~), 지바현(千葉縣) 출신이며, 2008년 9월부터 2009년 9월까지 일본 방위대신(防衛大臣)을 역임했다. 현재는 일본 중의원(衆議院) 의원으로 활동 중이다. _옮긴이 주

항공모함을 갖지 않을 것이라고는 말할 수 없다.

류화칭의 발언과 명백한 유사성이 드러난다.

물론 항공모함을 보유한 적이 없는 중국에게 이것을 갑자기 만들어 내는 일은 불가능했다. 우선 타국의 항공모함을 입수해 구조와 기술을 철저하게 연구해야만 했다. 바랴그가 마침내 다롄 항에 도착했던 것은 2002년이었다. 2000년에 모델을 건조한다는 시나리오는 실현되지 못했지만, 한층 큰 흐름에서 보면 착실하게 류화칭의 구상이 추진되었음을 알 수 있다.

항공모함은 해상을 이동하는 '군용 공항'이다. 공격 대상에 항공모함을 접근시킴으로써, 전투기의 비행 거리를 실질적으로 늘리고 활동 범위를 확장시킬 수 있다. 중국 내륙에서 남중국해로 날아갈 경우 시간과 연료 모두가 소모되지만, 항공모함이 남중국해에 있다면 전투기는 그곳에서부터 단시간에 공격을 개시할 수 있다.

반면, 거대한 선체는 공격의 목표가 되기 쉽다. 항공모함이 힘을 발휘하려면 잠수함과 미사일 구축함, 보급함 등 5~10척의 호위함과 함께 항공모함 함대를 편성해야만 한다. 정기적인 보수 및 점검을 함께 고려할 경우, 최저 2개의 항공모함 함대가 필요해진다. 유지비도 방대해 1일 10억 원 정도가 소요되는 것으로 알려져 있다. 이 때문에 항공모함을 본격적으로 운용할 수 있는 나라는 세계적으로 봤을 때 미국 정도밖에 없다.

그럼에도 항공모함 보유에 집착하는 것은 대국으로서의 이미지라는 측면이 크다고 할 수 있다.

1996년 3월에 있었던 타이완 총통 선거에서 중국이 적대시하는 리덩후이李登輝13)가 국민당國民黨 후보로 출마하자 중국은 타이완 주변 해역을 향해 '미사일 발사' 연습을 실시해 위협했다. 그러자 미국은 타이완을 방어하기 위해 항공모함 '인디펜던스Independence호'와 '니미츠Nimitz호'를 파견해 중국군의 접근을 저지했다. 중국은 굴욕적으로 물러설 수밖에 없었다. 이 경험도 항공모함 보유계획의 한 원인이 되었다고 한다.

항공모함 건조는 1980년대부터 계속된 장대한 과정이었다.

두드러진 복제 장비

개수된 통상 동력형 항공모함 바랴그는 2012년 9월 25일에 정식으로 취역해 '랴오닝遼寧'으로 명명되었다. 이날, 함상에서는 후진타오胡錦濤 국가주석과 원자바오溫家寶 총리가 출석한 기념식 행사가 개최되었고, 원자바오는 "국방력과 종합국력을 증강시키고 민족정신과 애국의 열정을 북돋웠다는 점에서 깊고 큰 의의가 있다"라고 강조했다.

그렇다면 군사적인 능력은 어느 정도일까? 1992년 우크라이나에 구입을 타진했던 당시 '신형'이라고 알려졌던 바랴그지만, 현재는 시대에

13) 리덩후이(李登輝, 1923~), 타이완의 정치인이자 농경제학자(農經濟學者)이다. 1988년부터 2000년까지 국민당 주석 및 타이완 총통을 역임했다. _옮긴이 주

뒤처진 구식 항공모함이 되었다. 중국으로 반송搬送되었을 때에는 무기와 엔진도 해체된 상태였다. 주의 깊게 살펴보면, 복제 기술이 많아 성능 면에서는 아직 한참 멀었음을 알 수 있다.

레이더와 전자 기기 등 첨단기술 장비가 집중된 것은 갑판 중앙의 함교艦橋이다. 최상부에는 넓은 지역을 감시할 수 있는 대공對空 탐색 레이더가 굴뚝처럼 돌출되어 있는데, '군사 평론가' 다다 도모히코多田智彦에 의하면 "명백하게 러시아의 프리깃Fregate 레이더를 복제한 것"이다. 또한 선체 뒷부분에 30mm 기관포를 장착하고 있음이 밝혀졌는데, 중국 언론에 따르면 "원본은 네덜란드의 설계"라고 한다. 좌현左舷에는 미사일 발사대가 설치되어 있는 것이 관찰되었는데, 이 역시 "미국과 독일이 공동으로 개발한 근거리 미사일 발사대와 유사하다"라고 다다 도모히코는 말한다. 같은 좌현에는 함재기艦載機의 착륙 유도에 반드시 필요한 '광학 착함着艦 유도장치'가 설치되어 있는 것이 확인되었는데, 미국 항공모함 '조지 워싱턴호' 등의 장치와 똑같다. 이 같은 복제 장비가 고도의 기술을 갖추고 있을 것으로는 생각되지 않는다.

항공모함의 요체가 되는 함재기는 중국산 전투기 J(젠)-15로 현재 랴오닝성 선양시瀋陽市에서 개발 중인데, 이것은 러시아제 전투기 Su(수호이)-33과 똑같이 생겼다.

다만 중국 국방부의 양위쥔楊宇軍[14] 대변인은 '랴오닝'이 취역한 9월

14) 양위쥔(楊宇軍), 1993년에 중국외교학원을 졸업했다. 2010년 4월에 중국 국방부 신문사무국(新聞事務局) 부국장이 되었다. _옮긴이 주

25일에 열린 기자회견에서 "주요 시스템과 장비는 모두 독자적으로 제작해 개장改裝했다"라고 말했고, 항공모함 함재기 역시 "국산 전투기를 토대로 독자 개발한 것이다"라고 강조했다.

고속철도와 마찬가지로 중국은 항공모함을 개발하는 일에서도 외국의 기술을 토대로 삼아 국산화를 추진해왔다. 따라서 일본의 신칸센新幹線 기술 등을 도입한 고속철도 개발과 마찬가지로 "각국 기술을 긁어모은 것"이라고도 말할 수 있다. 중국에서는 질이 낮은 복제 상품을 산자이山寨, *shanzhai*라고 부르는데 '랴오닝'을 '산자이 항공모함山寨空母'이라 부르는 냉담한 목소리도 중국 국내에 존재한다.

러시아는 Su-33 등의 명백한 기술 도용에 격노하며 중국에 몇 차례에 걸쳐 항의했다. 이 때문에 항공모함을 건조할 때는 러시아의 협력을 얻지 못하고 우크라이나에 의지해야 했다.

군사전문가는 '랴오닝'의 성능을 어떻게 평가하고 있을까? 군사 평론가이자 ≪한화방무평론≫의 발행인인 핀코프는 "고속철도와 마찬가지로 타국의 기술을 복제한 데다 날림으로 개수했기 때문에, 향후 다양한 문제가 일어날 가능성이 있다"고 본다. 또한 다다 도모히코는 "복제가 많은 것은 확실하다. 다만 현 단계의 기술 수준이 낮다고 해도, 운용하면서 가까운 장래에 독자적인 장비를 개발할 가능성이 있다. 중국은 자금과 인재가 풍부해 앞날이 우려된다"라고 말하며 장래성에 주목하고 있다.

중국의 군사문제에 정통한 호주 뉴사우스웨일즈대학The University of New South Wales의 중국인 교수 유지由冀15)는 "중국군도 미국과 일본에 대해서는 잠수함을 운용하는 쪽이 더 중요하다는 점을 알고 있으며, 항공모함 건조는 전력戰力의 측면보다는 상징적 의미가 크다"라고 분석하고 있다.

상하이에서 이루어지는 국산화

중국 정부는 항공모함 자체 생산 계획에 대해 구체적인 것은 아무것도 밝히지 않고 있다. 그렇지만 바랴그를 구입할 당초부터 최종 목적은 국산화였기 때문에, 구입과 동시에 항공모함의 건조가 추진되고 있다는 것은 명백하다.

그렇다면 중국산 항공모함은 어디에서 건조되고 있을까?

상하이에 있는 창싱다오長興島이다. 여기에서는 2005년쯤부터 거대한 독이 건설되고 있다. 바랴그의 개수가 본격화되기 시작한 무렵과 정확히 일치한다. 필자는 실제로 항공모함의 건조가 이루어지고 있는지를 확인하기 위해 여러 차례 상하이의 조선소 부근을 방문했다. 물론 안으로는 들어갈 수 없었다. 바깥에서 바라본 것이 전부였다.

상하이는 양쯔 강揚子江: 창장長江의 하구河口에 위치한 대도시이다. 동중국해를 향해 펴지는 하구에 모래톱처럼 떠 있는 창싱다오에 문제의 조

---

15) 유지(由冀), 1980년 중국 베이징대학(北京大學)을 졸업했으며, 1994년 호주 국립대학(Australia National University)에서 정치학 박사 학위를 취득했다. 현재 호주의 뉴사우스웨일즈대학(The University of New South Wales) 교수이다. _옮긴이 주

선소가 있다. 옛날 감귤의 생산지로 유명했던 이곳에는 최근 조선 기지가 세워졌다. 대형 조선기업 '장난조선江南造船'의 명칭에서 따온 대로인 '창싱장난다다오長興江南大道'가 섬 중앙을 관통하고 있으며, 이 길을 따라 거대한 독이 0호부터 4호까지 나란히 있다. 중국 정부는 아무것도 공표하고 있지 않지만, 항공모함은 3호 독과 4호 독에서 건조되는 것으로 보인다. 이를 간접적으로 뒷받침하는 정보도 있었다.

〈사진 1-1〉 상하이의 항공모함 조선소

자료: 저자 촬영

8톤 트럭의 운전수인데, 3호 독에 항공모함의 자재를 운반하는 일을 하고 있다.

2010년 8월에 이곳을 방문했을 때 노동자의 출입이 많은 2호 독 입구 주변의 포장마차에서 점심 식사를 하고 있던 1명의 남성과 잡담을 나누자, 그는 숨기는 기색도 없이 말했다.

이웃한 3호 독으로 접근하자 입구에서는 삼엄한 경비가 이루어지고 있었고 커다란 수위실守衛室도 있었다. 거대한 돌로 만들어진 간판에는 '장난조선집단유한공사江南造船集團有限公司'라는 기업명이 새겨져 있었고, 25층이 넘는 원형圓形 고층 타워인 본사 빌딩이 우뚝 서 있었다.

아직 건조는 시작되지 않은 모양이다. 약 3,000명이 고용되었고, 다른 독의 노동자는 들어갈 수 없다.

이와 같이 알려주는 지역의 노동자도 있었다. 4호 독 변두리에 있는 주거지역에는 주택이 10동 이상 있었는데, 조선소 간부에게 제공되는 것으로 보이는 고급 아파트에는 사람의 모습이 없어, 아직 입주하지 않은 것으로 보였다.

다만 우크라이나인 기술자가 이 주거지역 내에 있는 '전문가 빌딩'에 거주하기 시작했다고 한다. 그 근처에서 과일을 팔던 여성은 "7월 무렵부터 금발의 외국인이 출입하고 있다"라고 말했다.

3호 및 4호 독에서 연마공研磨工을 급히 모집

부근에 뿌려져 있는 전단지의 내용이었다. 조용한 독에서 준비를 서두르는 모습을 엿볼 수 있었다.

2011년 7월에 '장난조선' 주변을 다시 방문했다. 3호 독 주변은 작업을 하는 인부의 출입이 증가했다.

3호 독에서 1월에 1만 명의 노동자를 모집했다.

엄격한 비밀유지가 계약 조건이었다. 계약 기간인 1년 동안 휴대전화를 사용할 수 없고, 가족과도 연락할 수 없다.

5월 25일에 국가 지도자가 3호 독을 시찰하러 왔다.

주민들이 위와 같은 일들을 말해주었다. '장난조선'에 문의하자 '1만 명 모집'에 대한 확인은 해주지 않았지만, "일반적으로 군용 선박을 건조할 때는 비밀유지 조건이 붙는 일이 있다"라고 회답했다.

투입된 노동자가 1만 명이라고 한다면, 1척을 건조하는 데는 조금 많은 인원이다. 이는 2척을 건조하는 규모이다.

독을 시찰한 국가 지도자는 누구일까? 공산당 기관지 ≪인민일보人民日報≫의 보도를 보면, '장난조선'을 시찰했던 사람은 최고지도부 중 한 명인 허궈창賀國强[16] 중국공산당 중앙정치국 상무위원이다. 시찰 현장에서 '국방공업에 대한 중대한 공헌'을 높이 평가했다고 한다.

독의 외부에서는 선체의 조립이 시작된 흔적은 살펴볼 수 없었다. 다만 항공모함용 배전반配電盤 등의 서브시스템에 대해서는 2007년 무렵부터 국내기업에 발주한 움직임이 관찰되었으며, '장난조선'에서 일했던 적이 있는 다른 주민도 "항공모함의 부품은 독 안에서나 다른 조선

---

16) 허궈창(賀國强, 1943~), 후난성(湖南省) 샹향(湘鄉) 출신으로 베이징화공학원(北京化工學院)을 졸업했다. 푸젠성(福建省) 성장(省長), 충칭시(重慶市) 당 위원회 서기, 중국공산당 중앙정치국 상무위원회 위원, 당 중앙서기처 서기, 당 중앙조직부장, 당 중앙기율검사위원회(中央紀律檢查委員會) 서기 등을 역임했다. _옮긴이 주

소에서 이미 만들고 있다고 들었다"라고 말했다. 항공모함 건조는 3~5년이 걸리는 긴 과정이기 때문에, 이미 부분적으로 건조가 시작되었다고 볼 수 있다.

2011년 8월에 미국 국방부에서 발표한 「중국의 군사 동향에 관한 보고서」는 2011년에도 항공모함의 건조가 이루어질 것이라 분석했다. 1년 후인 2012년의 동 보고서에서는 "중국산 항공모함 중 일부는 이미 건조 중인 것으로 보인다"라며 핵심을 찔렀다.

2척의 항공모함을 건조하고 여기에 바랴그(랴오닝)에서 얻은 시험 결과를 취합할 경우, 빠르면 2015년 무렵에 완성될 것으로 보인다.

'현역 0척, 퇴역 3척, 건조 중 1척'으로 세계 11위

중국 남부의 하이난다오海南島는 '중국의 하와이'라고 불리기도 하는 남해의 휴양지이다. 고급 호텔들이 나란히 늘어선 싼야시三亞市의 야룽만亞龍灣 해변은 해수욕을 하러 온 관광객들로 북적이는데, 그 가까운 곳에 거대한 해군기지가 있다. 날씨가 좋은 날 바다를 보면, 그 왼편으로 백색의 미사일 구축함 '란저우蘭州호'와 잠수함이 정박해 있는 모습이 어렴풋이 보인다. 관광객은 거의 의식하지 못하지만, 이곳은 현재 가장 핵심적인 중국 해군의 요충지이다.

중국 해군 가운데 남중국해를 관리하는 부대는 남해함대南海艦隊이며, 사령부는 싼야에서 북쪽으로 300km 떨어진 광둥성 잔장시湛江市에 있는데, 최근에 주요 함대를 하이난다오의 야룽 만과 그 서쪽에 있는 위린楡林의 기지로 이동시키고 있는 것으로 보인다. 2010년 가을 이곳을 방문했을 때, 최신예 공격형 원자력 잠수함이라고 불리는 093형 원자력 잠수함(북대서양조약기구NATO의 코드 네임은 '상급商級' 원자력 잠수함)을 현지에서 확인했다. 그곳에는 적어도 4개의 잠수함용 부두가 있으며, 항공모함이 정박할 수 있는 함선용 부두도 있다. 상하이에서 건조 중인 국산 항공모함은 싼야에 배치될 것으로 보인다.

남중국해는 수심도 깊어서 잠수함 기지로서도 적합하다. 바다와 면한 2개의 산에 해수海水를 끌어들인 수중 터널이 3개, 지상 터널이 11개 이상 굴착되어 세계 최대급의 지하 잠수함 기지가 되었다. 싼야의 해군 시설이 건설되기 시작한 것은 2002년으로 마침 바랴그가 다롄 항에 도착했을 무렵이다. 중국군은 항공모함의 건조뿐만 아니라 배치를 할 곳도 포함해 종합적으로 계획을 추진해왔음을 유추할 수 있다.

하이난다오의 싼야는 남중국해에 면해 있으며, 태평양으로 향하는 출구로서 좋은 입지 조건을 갖추고 있다. 남중국해를 둘러싸고 중국과 영유권 분쟁을 벌이고 있는 베트남과 필리핀 등의 입장에서 볼 때 이곳에 기지를 설치하는 것만으로도 상당한 위협이 된다. 미국은 하이난다오 주변에 있는 중국 해군의 동향을 파악하는 데 힘을 쏟고 있다. 2001년 4월에는 하이난다오의 앞바다인 남중국해 상공에서 미군의 정찰기 EP-3이 중국군 전투기와 충돌했는데, 이때 중국의 전투기가 추락해 미중 관계가 긴박해진 일도 있었다.

그런데 싼야시 내부에는 시 당국에서 경영하는 '해상 군사 박물관'이 있다. 흥미로운 점은 이곳이 2010년 3월, 즉 중국 정부가 항공모함 계획을 발표하기 1년 전에 개관한 곳임에도, 개관할 때부터 미래의 중국 항공모함의 모형을 전시했다는 사실이다. 또한 「중국인이 꿈꾸는 항공모함」이라는 표제로 세계 각국의 항공모함 보유 수가 일람표로 설명되어 있었는데, 중국의 경우 '현역 0척, 퇴역 3척, 건조 중 1척'으로 세계 11위라고 쓰여 있었다. 여기에서 '건조 중'은 상하이에서 만들어지는 국산 항공모함을, '퇴역'은 바랴그와 러시아 등으로부터 관광용으로 구입한 '민스크'와 '키예프'를 지칭하는 것처럼 보인다. 참고로 이 표에 따르면 1위는 미국으로 '현역 11척, 퇴역 56척, 건조 중 1척'이다. 또한 일본은 '현역 0척, 퇴역 20척'으로서 당당히 3위였다. 전쟁 이전의 일본 '제국 해군帝國海軍'의 항공모함을 포함시킨 것이다.

앞에서 서술한 약 20년 동안의 과정을 돌이켜보면, 계속해서 의문점이 생긴다. 1990년대부터 계속된 항공모함 구입 보도에 대한 중국 외교부의 일관된 부인과 1992년 첸치천 외교부장이 미쓰즈카 전 정조회장에게 했던 "이제 (항공모함은) 구입하지 않을 것"이라는 발언은 거짓말이었던 것인가? 1998년에 홍콩에서 실시한 종합 오락시설 계획발표는 무엇이었는가? 왜 바랴그의 개수를 거의 마치고 나서야 '개수 중'이라고 발표했는가? 따라서 국산 항공모함에 대해서도, 완성할 때까지는 침묵할 것이라는 의문을 품지 않을 수 없다.

지향하는 것은 해양국가

중국군이 항공모함 건조로 상징되는 해양 전력의 증강에 집착하는 것은, 국가가 더욱 발전하려면 해양으로의 확장이 불가결하다는 인식이 있기 때문이다. 해상 수송력과 자원은 경제 발전의 핵심이다. 19세기에 세계를 제패했던 영국도 7대양을 지배했다. 제2차 세계대전 이후 최강국이 된 미국도 강력한 해양 전력으로 각 대양에 함대를 파견해, 전 세계의 바다를 실질적으로 지배하고 있다.

항공기가 발달한 현재에도 한 번에 대량으로 물자를 운반하는 선박 수송의 중요성은 기본적으로 변하지 않는다. 중국의 원유原油 대외의존 비율은 50%를 넘고 있으며, 그 대부분은 중동에서부터 해상 수송을 통해 충당된다. 에너지 소비도 급증하고 있어 해양 자원개발의 필요성도 증가하고 있다.

중국의 영토는 960만km^2로 세계 3위이며, 이는 일본의 25배에 해당한다. 반면 영해와 '배타적 경제수역EEZ'을 합친 면적은 87만km^2(중국은 300만km^2라고 주장함)로 세계 15위에 지나지 않는다. 반대로 일본은 447만km^2로서 중국을 제치고 세계 6위에 자리 잡은 당당한 해양대국이다.

중국이 바다로 나아가려 할 경우, 출구는 동중국해와 남중국해밖에 없다. 그렇지만 동중국해는 일본이 가로막고 있고, 남중국해는 동남아시아 국가들이 많은 섬들을 실효적으로 지배하고 있다. 그리고 일본과 동남아시아의 뒤에는 미국이 버티고 있다.

이미 작고한 '군사 평론가' 에바타 겐스케江畑謙介는 1990년대 이래 해양을 지배하는 것이 강대국에게 얼마나 중요한 일인지를 지적하며, "중국이 현재 속도로 경제성장을 지속해 강력한 국가로 성장할 경우, 러시아와 충돌하기보다는 이른 시기에 미국이나 일본과 태평양에서 이권利權 충돌을 일으킬 것이다"〔『미국의 군사전략アメリカの軍事戰略』(講談社現代新書, 1996)〕라고 예측했는데, 그와 같이 전개되고 있다.

제 2 장

선제 불사용은 절대적이지 않다

— 핵 전략

중국이 최초로 개발한 핵폭탄의 실물 모형

자료: http://goo.gl/3dkWsL

콘크리트로 매장된 핵 관련 시설

중국의 불투명한 군사력 가운데에서도 가장 베일에 싸여 있는 것은 핵무기이다. 중국에서는 제2포병부대라 불리는 '전략 미사일 부대'가 주로 관할하고 있는데, 어디에 몇 발이 있고, 어떠한 운반 능력이 있으며, 그것을 어떻게 운용하는가 등에 대해서는 스스로 밝히고 있는 것이 거의 없다.

필자가 중국의 내륙 지역에 많은 핵 관련 시설이 있다는 사실을 알게 된 것도 전적으로 우연이었다. 2008년 5월 12일, 총 8만 7,000명의 사망자와 행방불명자가 나온 쓰촨성四川省 대지진이 일어났을 때였다. 13일 미명에 재난 지역으로 들어갔을 때, 최초 도착지인 쓰촨성 멘양綿陽에 '중국공정물리연구원中國工程物理研究院'이라는 핵 관련 연구 및 개발 시설이 있었다. 또한 이날 중국 정부는 즉시 방사능 오염을 조사하는 전문가 그룹을 재난이 발생한 지역에 파견했다.

쓰촨성 대지진이 일어났을 때, 중국 정부는 이제까지의 재난 현장에서와는 판이하게 외국 언론에게 자유로운 취재를 허용했다. 8월에 베이징 올림픽을 앞두고 있었던 것도 한 원인이었을 것이다. 재난을 당한 지역에는 군이 파견되어 구조에 나섰는데, 그 활동도 취재할 수 있었다. 피난민의 텐트 등도 자유롭게 취재할 수 있었기 때문에, 어떤 의미에서는 일본의 '동일본東日本 대지진' 때 이상으로 자유로웠다고 할 수 있을 것이다. 그렇지만 일부 지역에서는 이상할 정도로 엄격한 규제가 이루어졌다.

〈사진 2-1〉 광위안시 소재 '821공장'의 입구

자료: 저자 촬영

그중 하나가 청두成都의 북동쪽으로 250km 가량 떨어진 곳에 위치한 광위안시廣元市의 싼두이三堆였다. 5월 24일에 이곳으로 들어갔는데, 중국 언론에 소속된 기자의 모습이 하나도 보이지 않았으며, 다른 재난 지역과는 이질적인 긴장감으로 가득했다. 곳곳에 군인과 경관警官이 도로의 입구를 봉쇄하고 기자의 진입을 막았다. 이유를 물어도 "안전에 문제가 있기 때문에 그 누구도 들어갈 수 없다"라는 말만 반복하며 일절 설명하지 않았다.

바로 여기에 '821공장'이라 불리는 플루토늄 제조 시설이 있다. 1970년대에 조업을 하며 핵탄두의 재료를 제조했던 중국 최대의 플루토늄 공장[1]이다. 생산은 1990년대에 멈췄지만, 일부 작업이 계속되는 모양이었다. 중국은 원자로를 '반응퇴反應堆, *fanyingdui*'라고 하는데, '싼두이'라는 지명도 의미심장해 보인다. 여기에서 핵탄두를 조립하고 있다는 말도 있다.[2] 방사성 물질이 있을 가능성이 높았다. 탐문 조사를 해보니 부근의 주민에게서 의외의 말이 나왔다.

---

1) 전미과학자연맹(FAS), http://ww.fas.org.

2) 竹田純一,『人民解放軍: 黨と國家戰略を支える230万人の實力』(東京: ビジネス社, 2008).

지진이 발생한 이후, 1,200톤 이상의 콘크리트가 '821공장'으로 운반되었다.

이 같은 증언을 한 남성은 건자재업 종사자였는데, 콘크리트 반입을 도왔다고 한다. 공장의 작업원들도 피난했다는 말을 덧붙였다. 만약 이 말이 사실이라면, 콘크리트로 방사능 누출을 봉쇄하는 작업이 이루어졌던 것으로 보인다.

이곳을 방문하기 직전, 중국 정부는 기자회견을 통해 재난 지역의 핵 관련 시설이 파괴되어 보관되어 있던 총 50개의 방사성 물질의 안전에 문제가 일어났으며, 그 가운데 35개는 회수했지만 15개가 잔해 밑에 있다고 발표했다. 방사능 누출은 일어나지 않았다고 강조했지만 장소 등은 일절 설명하지 않았기 때문에, 싼두이의 주민 사이에서 불안감이 확산되었다. 광위안시의 당국자는 공장의 방사능 오염 등의 가능성에 대해 "이 지역은 군이 관리하고 있으며, 우리는 아무것도 알지 못한다"라는 말만 반복했다. 그리고 취재하는 우리의 모습을 비디오카메라로 찍으면서 취재를 그만두고 현장에서 떠나라고 명령했다.

광위안은 산 속 깊숙한 곳에 있는 벽지 마을이지만, '핵공업기술학교核工業技術學校', '쓰촨 핵공업四川核工業' 등 핵 관련 시설의 간판을 이곳저곳에서 볼 수 있다.

재난 지역 일대에는 중국의 핵 연구 · 개발 · 저장기지가 몰려 있었다. 중국 정부는 공표하지 않았으나, 지진 재해에 의해 뜻밖에도 그 일부를 엿볼 수 있었던 것이다.

그때 싼두이에서 무슨 일이 일어났으며, 중국 당국이 무엇을 했던 것인지는 지금도 알 수가 없다.

란저우의 농축우라늄 공장

또 한 곳, 필자가 확인한 사례를 이야기하겠다.

중국에서는 1960년대, 건국 지도자 마오쩌둥毛澤東(1976년 9월 사망)이 미국이나 소련과의 전쟁 등에 대비해 중공업 기지를 연안 지대에서 내륙 지역으로 이동시키는 '3선 건설三線建設'을 행했다. 이 역사적 경위로 인해 핵 관련 시설은 지금도 쓰촨성 등 내륙의 벽지에 흩어져 있다.

간쑤성甘肅省 란저우蘭州에서 서쪽으로 약 30km를 가면 황하黃河 강가에 칙칙한 색의 공장이 나타난다. 여기에는 중국에서 가장 오래된 농축우라늄 공장이 있다. 갈색의 산을 등지고 '중국핵공업집단504창中國核工業集團504廠'이라고 쓰인 큰 문이 보인다. 정식 명칭은 '란저우농축유유한공사蘭州濃縮鈾有限公司'지만 '504'라는 통칭으로 불리기 때문에, 사전지식이 없을 경우 어떤 공장인지 알 수 없다. 2011년 8월, 이 공장이 있는 둥촨향東川鄕을 방문해 우라늄의 '흔적'을 탐문할 때 '란유퇴직간부휴게소蘭鈾退職幹部休憩所'라고 쓰인 간판을 찾을 수 있었다.

이 공장은 1960년에 소련의 지원을 받아 세워졌는데, 우라늄형 핵탄두의 원료 대부분을 생산해왔다.[3] 중국은 우라늄형과 플루토늄형의 핵무기를 보유하고 있는데, 제일 처음 개발한 것은 우라늄형이었다. 걸보

〈사진 2-2〉 란저우시 소재 '중국핵공업집단504창'의 입구

자료: 저자 촬영

기에는 낡은 공장 같지만, 아직 그 역할은 끝나지 않은 듯하다. 이 회사의 홈페이지를 보면 종업원은 3,400명이다. 기술자 모집도 이루어지고 있다. "우리나라 최초의 원자폭탄에 연료를 제공했다"라며 실적을 내세우고 있으며, 최근에 후진타오 국가주석, 장쩌민江澤民[4] 전임 국가주석, 우방궈吳邦國[5] 전국인민대표대회 상무위원회 위원장, 자칭린賈慶林[6] 전국정치협상회의 주석, 시진핑習近平[7] 국가부주석 등이 시찰을 위해 방문했다고 자랑스럽

3) 平松茂雄, 『中國 核ミサイルの標的』(東京: 角川oneテーマ21, 2006).

4) 장쩌민(江澤民, 1926~), 장쑤성(江蘇省) 양저우(揚州)에서 태어났으며 상하이교통대학(上海交通) 전기학과를 졸업했다. 1989~2002년 중국공산당 총서기, 1993~2003년 중화인민공화국 국가주석, 1989~2004년 당 중앙군사위원회 주석, 1990~2005년에 국가중앙군사위원회 주석을 역임했다. _옮긴이 주

5) 우방궈(吳邦國, 1941~), 안후이성(安徽省) 허페이(合肥) 출신이며, 1967년 칭화대학(清華大學)을 졸업했다. 중국공산당 중앙정치국 상무위원, 당 중앙서기처(中央書記處) 서기, 국무원 부총리, 전국인민대표대회(전인대) 상무위원회 위원장 등을 역임했다. _옮긴이 주

6) 자칭린(賈慶林, 1940~), 후베이성(湖北省) 보터우현(泊頭縣) 출신으로 후베이공학원(湖北工學院)을 졸업했다. 중국공산당 중앙정치국 상무위원회 위원, 전국정협 주석 등을 역임했다. _옮긴이 주

7) 시진핑(習近平, 1953~), 베이징에서 출생했으며, 칭화대학(清華大學) 박사 학위를 소지하고 있고, 현재 중국공산당 총서기, 중국 국가주석, 당 중앙군사위원회 주석이다. 또 중

게 쓰여 있다. 쟁쟁한 구성원들이다. 정부가 중요기업으로 지정하고 있음을 알 수 있다.

참고로 이 우라늄을 사용한 중국 최초의 원자폭탄은 칭하이성青海省 하이베이海北 티베트족 자치주 시하이전西海鎮에 있던 비밀시설 '221공장'에서 만들어졌다.

또한 그 원자폭탄은 1964년 10월에 신장웨이우얼新疆維吾爾자치구 롭노르Lop Nor로 운반되어 중국 최초의 핵실험에 사용되었다. 이후 23년간 이루어진 16회의 실험에서 사용된 원자폭탄은 모두 '221공장'에서 제조된 것들이다. '221공장'은 현재 원자성原子城: 핵의 거리이라는 관광지가 되었으며, 방문할 수도 있다. 중국의 '핵 개발의 위업'을 과시하는 전시관이 있으며 공원 등도 함께 설치되어 있는데, 외국인은 전시관에 들어갈 수 없게 되어 있다.

전시관에는 원자폭탄 제1호 '596'의 실물 크기 복제품과 퇴역한 핵미사일, 핵 개발에 사용된 기재機材 등을 전시하고 있다. 원폭의 버섯구름 모형도 있다. 해설에서는 구소련의 지원 중지로 핵 개발이 곤경에 빠졌음에도, 자주적인 개발을 실현한 중국의 역사와 히로시마廣島 및 나가사

앙국가안전위원회 주석, 중앙외사공작영도소조(中央外事工作領導小組) 조장, 중앙대타이완공작영도소조(中央對台灣工作領導小組) 조장, 중앙재경영도소조(中央財經領導小組) 조장, 중앙전면심화개혁영도소조(中央全面深化改革領導小組) 조장, 중앙인터넷안전과정보화영도소조(中央網絡安全和信息化領導小組) 조장, 당 중앙군사위원회 국방과군대개혁심화영도소조(深化國防和軍隊改革領導小組) 조장이기도 하다. 그의 부인 펑리위안(彭麗媛, 1962~)은 2012년에 중국인민해방군 소장(少將)이 되었다. _옮긴이 주

키長崎에 대한 원폭 투하로 일본 군국주의가 괴멸되었다는 것 등, '핵무기의 유효성'을 선전하고 있다. 이 전시를 외국인에게 공개하지 않는 것은 어째서일까? 원폭을 과시하는 것에 일말의 수치심이 있는 것일까?

이곳을 방문한 것은 2010년 여름이었는데, 인근의 초원지대에는 일부 시설이 폐허가 된 채 그때까지도 방치되어 있었다. 지하에는 지휘본부도 있는데, 공개되지 않고 있다. 당시 전국에서 기술자가 모였는데, 핵 개발은 최고 기밀이었기 때문에 1987년에 기밀 해제가 이루어질 때까지 지역 거주민들도 어떤 공장인지 알지 못했다고 한다.

중국 내륙의 윈난성雲南省과 랴오닝성의 광산에서 채굴된 우라늄은 란저우 등에서 농축되어 원료가 된다. 핵탄두의 설계는 앞에서 논한 몐양의 중국공정물리연구원 등에서 이루어지며, 탄두는 헤이룽장성黑龍江省 하얼빈哈爾濱의 중국인민해방군 군사공정학원軍事工程學院과 쓰촨성 광위안 등에서 제조되는 것으로 추정된다.[8]

그렇다면 완성된 핵탄두는 어디에, 어떻게 배치되는 것일까?

거대한 지하기지

핵 전력核戰力을 다루는 제2포병부대에 대한 보도는 대단히 적지만, 2008년 3월에 중국 국영 중앙방송국CCTV이 '군사기실軍事紀實'이라는 프

8) 전미과학자연맹(FAS), http://ww.fas.org.

로그램을 통해 드물게도 내륙 지역에 지하 핵미사일 기지를 건설하고 있음을 보도했다. 중국인민해방군 계통의 신문인 ≪중국국방보中國國防報≫도 2010년 11월에 이 '지하 만리장성' 프로젝트를 소개했다. "터널이 사방팔방으로 연결되어 있고", "100여 개의 작업 지점"이 있으며, 공장 현장의 지휘소에는 수십 대의 컴퓨터가 설치되어 있다고 한다. 이 화제는 중국인에게도 흥미로운 내용이었던 듯하다.

이후 인민일보 계통의 ≪환구시보≫ 등이 연이어서 이를 보도했다. "내부의 터널은 총 연장 5,000km 이상이며 지하 미궁迷宮에는 진짜, 가짜를 포함해 수백 개의 미사일 발사대가 있다"라는 미국 전문가의 추측까지 전하고 있다. 5,000km는 아무래도 믿기 어렵다. 중앙방송국의 영상은 거대한 지하공간과 차량으로 미사일을 이동시키기 위한 것으로 보이는 복선複線의 레일을 비추고 있었다.

그 장소는 밝혀지지 않았지만 허베이河北, 허난河南, 산시山西 3개 성省에 걸쳐 있는 타이항산맥太行山脈으로 보인다.9) 중국 최대의 지하 핵미사일 발사 · 저장기지로 미국을 사정권 내로 하는 대륙간 탄도미사일 등이 대량으로 보관되어 있을 것으로 추정된다.

제2포병부대는 이 밖에도 랴오닝성, 안후이성安徽省 등 6개의 미사일 기지를 보유하고 있으며, 모두 지하에 은폐되어 있다. 이 정도로 지하화에 집착하는 이유는 핵무기를 지키는 것이 대단히 중요하기 때문이다. 중국은 핵무기의 선제 불사용을 선언하고 있다. 핵무기는 반격에만

9) 平可夫, 『中央軍委最高地下指揮所的機密』(Canada: 漢和政治叢書, 2010).

사용하는데, 적의 공격으로 자국의 핵미사일이 파괴되어버리면 반격도 불가능해진다. 가짜 발사대는 공격해오는 적을 교란시키기 위한 것이다. 지하의 고정 발사대는 잠수함이나 차량에서 발사하는 것보다 명중률이 높다는 것도 이점일 것이다.

지하 핵시설은 어떤 모습일까? 충칭시重慶市에 가면 유사한 시설을 견학할 수 있다. 충칭시 중심부로부터 동쪽으로 약 90km 떨어진 산 속 바이타오전白濤鎭에는 '816 지하 핵공장'의 터가 있으며, 2010년 4월부터 일반에도 공개되었다. 입구를 들어가면 긴 터널이 이어진다. 약 10층의 복잡한 구조인데 중앙제어실과 원자로실도 볼 수 있다.

중국은 '3선 건설'의 일환으로 핵폭탄의 연료 생산을 위해 1967년에 '816'의 착공에 들어갔고, 1984년에 85%까지 완성했지만 중지했다고 한다. 6만 명을 동원해 굴착한 이곳은 전체 길이가 22km에 달하지만 공개된 것은 그중 22분의 1이다. 또한 2002년까지 기밀사항으로 지정되었기 때문에 그 존재도 감추어져 있었다.

선뜩한 터널 안에서 여성 해설자는 견학 온 내방객들에게 "중국이 핵무기를 보유하지 않았다면, 세계에서 지금과 같이 높은 국제적 지위를 얻지 못했을 것이다"라고 설명했다. 이것이 중국의 속내일 것이다.

국가주석의 검은 아타셰 케이스

후진타오 국가주석이 외유外遊할 때면, 검은 아타셰 케이스attaché case:

일명 007가방를 휴대한 군복 차림의 장교가 그림자 같이 따라다닌다. 그 케이스에는 핵무기의 발사명령을 내리는 암호 통신장비가 들어 있다고 한다. 미국이나 러시아의 대통령과 똑같은 외유 스타일이다.

이 핵무기는 어디를 향해 있고, 중국은 어떻게 사용할 생각인가?

중국은 배치 상황에 대해 일절 설명하지 않고 있지만, 그 사용에 대해서는 두 가지 원칙이 있다는 점을 세계에 반복해서 호소하고 있다.

① 비非핵보유국에는 핵무기를 사용하지 않는다.

② 언제, 어떤 상황에서도 핵무기의 선제 사용은 하지 않는다.

2010년 봄, 오바마 대통령의 호소로 워싱턴에서 개최된 핵안보정상회의Nuclear Security Summit: NSS에서 후진타오 역시 이 점을 강조했다.

필자가 중국 보도와 인연을 맺기 시작한 1990년대 무렵에는 이러한 핵 정책에 의문을 품지 않았다. 다만 2005년 7월에 중국인민해방군 국방대학교 교장 주청후朱成虎[10] 소장少將이 선제 핵공격 발언을 했을 때는 주목할 수밖에 없었다. 중국 관계자에게는 유명한 이야기인데, 주청후는 미국 언론의 취재를 받아 다음과 같이 말했다.[11]

---

10) 주청후(朱成虎, 1952~), 중국의 군사이론가이며, 본명은 류젠(劉建)이다. 그의 외조부인 주더(朱德)가 그를 위해 주전우(朱振武)로 개명했고, 그 이후 다시 주청후로 이름을 바꾸었다. 1969년에 군 복무를 했고, 그 이후 중국인민해방군 국제관계학원(國際關係學院) 및 국방대학을 졸업했다. 현재 국방대학 교수이며, 중국인민해방군 소장(少將)이다. _옮긴이 주

> 미국이 미사일과 유도 무기로 중국 영토에 군사개입을 한다면 중국은 미국에 핵공격을 할 용의가 있다.
>
> 우리는 산시성陝西省 시안西安 동쪽의 모든 도시가 파괴되는 것도 각오하고 있다. 미국도 수백 개의 도시가 중국에 의해 파괴되는 것에 대비해야 할 것이다.

미국이 재래식 무기로 대규모 공격을 한다면 핵무기를 선제 사용하겠다는 생각을 공개적으로 밝힌 것이다.

이 발언은 커다란 반향을 불러일으켰고, 중국의 '핵의 선제 불사용' 정책은 거짓말이라고 주장하는 여론도 들끓었다. 그런데 주청후는 "중국의 공식적인 입장을 대표했던 것은 아니다"라고 했다. 중국 외교부의 관계자 등도 개인적인 발언에 지나지 않는다고 했기 때문에, 필자 역시 일부 군인의 독단적인 발언이라고 판단했다. 군인이 정부의 국방정책 이상으로 강경한 생각을 갖는 경우는 어떤 국가에서든 존재하기 마련이다.

다만 이 발언을 통해 핵무기가 미국을 주된 목표로 삼고 있음을 알 수 있었다. 애초에 중국은 1950년대 한국전쟁과 타이완 해협 위기 때 미국으로부터 몇 번이나 핵공격의 위협을 받았고, 이로 인해 당시 지도자 마오쩌둥은 핵무기의 개발을 결의했다. 자연재해 등으로 대량의 아사자가 속출했음에도 핵무장화에 매진했다. 당시의 중국 외교부장 천

---

11) "Top Chinese General Warns US over attack," *Financial Times*(July 15, 2005).

이陳毅[12]가 "중국인은 설사 바지를 입지 못하더라도 원자폭탄을 만든다"라고 결의했던 일화는 유명하다.

일본도 조준

알아두어야 할 점은 일본이 미일동맹을 맺고 있고 주일 미군기지가 존재하는 이상, 핵무기를 보유하고 있지 않더라도 일본은 중국의 핵무기 타격 대상에 포함된다는 사실이다. 미국 본토를 향하는 대륙간 탄도미사일의 수는 한정되어 있기 때문에, 중국과 가까운 오키나와 등의 미군 기지는 중거리 탄도미사일에 의한 핵공격의 대상이 된다.

실제로 중국 전국에 있는 6개의 미사일 기지 가운데 안후이성의 기지는 주로 타이완을, 허난성은 미국을, 칭하이성은 인도를, 랴오닝성은 미국, 한국, 일본을 조준하고 있는 것으로 알려져 있다.

일본은 자국의 핵무기를 갖고 있지 않고, 미국의 핵우산에 의존하고 있기 때문에, 중국 등의 핵 전력에 미국과 같은 정도로 신경질적이지 않은 것으로 보인다. 중국의 핵 전력은 개발 초기부터 미국을 의식해 미국을 타깃으로 개발되어왔다. 이 때문에 미국은 중국 핵 전력의 능력과 의도에 대단히 민감하며, 그에 대한 연구도 활발히 하고 있다.

---

12) 천이(陳毅, 1901~1972), 쓰촨성(四川省) 러즈현(樂至縣) 출신으로, 중화인민공화국 10대 원수(元帥)의 일원이다. 중국공산당 중앙군사위원회 부주석, 국무원 부총리, 외교부장, 상하이시(上海市) 시장 등을 역임했다. _옮긴이 주

앞에서 이미 소개한 미국 국방부의 「중국의 군사 동향에 관한 보고서」(미 의회에 제출하는 연례보고서)는 즉시 이듬해인 2006년에 주청후의 발언을 소개하고, 중국 당국이 이를 공식적으로 부정했다고 언급한 뒤에 다음과 같이 지적했다.

> 주청후의 발언은 소량의 핵무기에 의지한 전통적인 선제 불사용 정책의 '실행가능성viability'에 대해 중국 군인과 학계가 논의하고 있다는 것을 보여주는 창구일지도 모른다.

'실행가능성'이라고 에둘러 표현하기는 했지만, 요컨대 변경될 수 있다고 의심하기 시작한 것이다(소량의 핵무기가 파괴되어버리면 핵무기에 의한 반격도 불가능해진다는 우려가 중국 측에는 있다).

또한 "더욱 많은 핵무기를 잔존시킬 수 있도록 하는 논의가 향후 핵 정책을 선택하는 중앙지도부의 생각에 어떠한 영향을 미칠 것인가"를 살펴볼 필요가 있다고 지적하기도 했다. 학계의 논의가 정책 결정에 영향을 미칠 가능성에 주목하고 있는 것이다.

「중국의 군사 동향」에 쓰인 핵 정책에 관한 기술記述은 중복되면서도 조금씩 바뀌고 있다.

> 군과 민간 학계에서는 핵 정책의 장래에 관해, 즉 선제 불사용 정책이 억제력에 플러스인지 마이너스인지에 대해, 또한 선제 불사용에 그쳐야 하는지에 대해 논의하고 있다(2007년).

재래식 무기로 '전략 미사일 부대'가 공격받을 경우, 중국은 선제 불사용 선언을 파기하지 않을까 하는 의문이 든다(2009년).

일부 군인은 중국이 핵무기를 필요로 하는 조건 — 예를 들면 적의 재래식 무기에 의한 공격으로 핵 전력의 잔존이 위태로워지거나 체제의 존속이 위태로워질 경우 — 을 확실히 규정해야 한다고 공공연하게 적고 있다(2010년).

중국의 공약公約인 선제 불사용에 대한 의구심이 강해지는 것을 알 수 있다.

핵 정책을 조정한다

필자는 그 이후에도 선제 불사용 공약에 대해 깊은 의문을 품지 않았다. 그렇지만 2010년에 중국군의 제2포병부대에 관한 내부 자료를 우연히 발견하고 충격을 받았다. 부대에서 제2포병부대의 이론을 배우는 교재였다. 거기에는 다음과 같이 쓰여 있다.

핵위협의 기준을 내린다(핵 정책의 조정)

핵위협의 기준을 내린다는 것은 핵미사일을 지닌 군사 강국이 높은 기술의 재래식 무기로 절대적인 우세를 점하고 있으며, 중고도에서 우리의 중요 전략목표에 연속 공습을 행하는데, 우리에게 적을 제압할 수 있는 좋은 방책이 없을 경우, 핵미사일 부대가 최고 통수부의 명령을 근거로 핵위협 정책을 조정함을 이른다.

재래식 무기에 의한 대규모 공격으로 위기에 처했을 때는 선제 불사용의 정책을 조정한다는 것이다. 그리고 핵위협 기준을 내릴 경우로서 다음과 같은 네 가지의 구체적인 전황戰況을 들고 있다.

① 적이 우리 측의 핵시설(원자력발전소)을 재래식 무기로 공격하겠다고 위협해왔을 때, 대규모 방사능 유출 피해를 방지하기 위해 우리 측 미사일 부대는 핵무기로 위협해 적의 재래식 무기에 의한 공격을 억제시킨다.

② 적이 우리 측의 수많은 인민의 생명에 위험을 미치는 중요한 전략목표, 예를 들면 대형 수력발전소 등을 재래식 무기로 공격하겠다고 위협해왔을 때, 핵무기를 사용한다고 위협해 중요 전략목표를 지킨다.

③ 적이 우리 측의 수도와 중요한 대형 · 중형 도시 같은 정치 · 경제의 중심을 중고도에서 재래식 무기로 공격하겠다고 위협해왔을 때, 적에게 핵무기를 사용한다고 위협해 적의 공격을 억제한다.

④ 재래식 무기에 의한 전쟁이 격화되어 정세가 우리 측에 극도로 불리해지고 국가의 안전과 존망에 중대한 위협이 되었을 때, 적으로 하여금 침략전쟁을 그만두게 하고 국가의 위기를 구제하기 위해 핵미사일 부대는 최고 통수부의 지시에 따라 적에 대한 유효한 핵위협을 가한다.

핵시설과 중요한 대도시 및 시설이 목표가 되었을 때, 그리고 국가 존망의 위기가 조정의 조건이다. 또한 핵 정책 조정의 구체적인 방법에 대해서는 다음과 같이 적고 있다.

> 우선 TV와 라디오, 인터넷 등의 언론을 통해 적에게 핵공격을 하겠다고 경고하고, 우리 측이 최고 통수부의 지령에 따라 핵 정책을 조정했음을 적에게 명확하게 인식시킨다. 이와 동시에 핵무기에 의한 보복의 준비를 시작해 적에게 거대한 공포를 준다. 위협의 정도에 따라서는 핵공격의 조준 목표를 선언한다. 이것이 위협의 최고 레벨이자 더 이상 물러설 수 없는 최후의 마지노선이다.

여기에서 "핵 정책을 조정했음을 적에게 명확하게 인식시킨다"라는 것은 "선제 불사용 정책을 그만둔다"라고 선언하는 것이다. 이 뒤의 문구는, 여기까지만 읽어보면 핵을 조준한다고 위협하는 데서 끝인 것처럼 보이기도 한다.

할 때는 진짜로 한다

그러나 다음과 같은 글이 이어진다.

> 핵무기를 사용할 거라는 위협으로 적의 군사 행동을 억제할 수 없을

때에는 핵 타격 이후 우리 측에 유리한 전략 정세를 확보해야 하며, 세계의 평화를 사랑하는 국가와 인민의 광범위한 지지를 얻고 전략적 주도권을 손에 넣는다. 이것이 지켜야 할 최소한의 조건이며, 핵위협으로 심리전을 할 때는 적이 그것을 받아들일지의 여부를 가늠하는 한편, 위협이 실패했을 경우를 진지하게 고려해야 한다. 우리 측은 핵위협을 현실로 만들고, 말한 이상 약속을 지키며, 말한 일을 행함으로써 이후의 위협을 위한 기반을 닦는다. 이 때문에 핵위협을 할 때는 신중하게 결단해야 한다.

즉, 해야 할 때는 정말로 핵공격을 하기 때문에 이 정책 조정은 신중하게 시작해야 하며, 또한 핵공격에 나설 때에는 이후에 국제사회로부터 비난받지 않고 이해를 얻을 수 있도록 확실히 여론을 형성해 주도권을 장악하라고 말하고 있다. 이것이 군의 교재인 이상, 군인은 그와 같이 교육을 받고 있다고 할 수 있다.

이 교재의 다른 부분에는 "우리나라는 원칙적으로 어떤 상황에서도 핵무기의 선제 사용을 하지 않는다는 입장이며, 제2포병부대의 핵 전력은 적이 먼저 핵공격을 한 이후 최고 통수부의 명령에 의해 핵반격을 실시한다"라고도 적혀 있다.

'선제 불사용 정책'의 원칙을 수정했다고 할 수도 없는 것이다. 다만 군 내부에서는 핵무기의 선제 사용이라는 카드도 선택할 수 있음을 염두에 두고 있다.

이것을 「중국, 핵의 선제 사용도 검토」라는 제목으로 2011년 1월에 보도했을 때, "후진타오 같은 국가 지도자가 말하는 것과 군의 교재 사이에 괴리가 있다"라는 반응이 확산되었다. 중국은 즉시 이에 대해 회답했다.

> 중국은 핵무기를 보유했을 때부터 어떤 상황에서도 핵무기를 선제 사용하지 않겠다고 엄숙하게 약속했고 이를 지키고 있다(훙레이洪磊 대변인의 발언).

지금까지와 똑같은 공식 견해로서, 설득력 있는 회답은 아니다. 군 내부에서 가르치고 있는 것과 "언제 어떤 상황에서도 선제 사용을 하지 않는다"라는 후진타오의 발언 사이에 모순이 없다고 누가 장담할 수 있겠는가?

선제 불사용의 겉모습과 속내

다만 군사 전문가 사이에서는 당연하다는 지적도 많다. 중국의 군사 문제에 정통한 히라마쓰 시게오平松茂雄[13] 전임 교린대학杏林大學 교수(전

13) 히라마쓰 시게오(平松茂雄, 1936~), 일본 시즈오카현(靜岡縣) 출신으로, 일본 게이오대학(慶應義塾大學)에서 박사 학위를 취득했다. 그 이후 일본 방위청(防衛廳) 방위연구소(防衛硏究所)에 들어가 제1연구부 제3연구실장을 거쳐 1987년부터 2005년까지 교린대학(杏林大學) 사회과학부에서 교편을 잡았다. 연구 경력 40년이 넘는 일본 최고의

임 일본 방위성 방위연구소防衛研究所 연구실장)는 "싸우는 것을 목적으로 하는 군대는 국가의 의사와는 무관하게 최악의 사태를 대비하는 존재"라고 지적한다. 또한 "중국은 미국과 구소련이 타국의 핵 개발을 규제하는 상황에서 후발주자로 핵을 개발했기 때문에 대외에는 '우리는 어디까지나 방어를 위해 핵을 개발했으며, 선제공격에는 사용하지 않는다'라고 변명해왔다. 내부 문서의 내용은 그 속내가 드러난 것이니, 그리 의외라 할 일은 아니다"라고 말했다. 일본 방위성의 어느 관계자도 "보유하고 있는 이상 진짜 위기 상황에서도 쓰지 않으면 보유하는 의미가 없다. 어떤 의미에서는 군인으로서 당연한 일이다"라며 자신의 생각을 말했다.

이렇듯 공식 견해와 괴리되는 모습은 군에 대한 중국공산당의 '문민통제civilian control'[14]가 제대로 효과를 내고 있는가 하는 우려도 초래한다. 중국 군사문제에 밝은 언론인 도미사카 사토시富坂聰[15]는 "이제까지

'중국 군사' 전문가이다. 주요 저서로 『中國人民解放軍』(東京: 岩波書店, 1987), 『마오쩌둥과 덩샤오핑의 백년대계: 중국군의 핵 · 해양 · 우주 전략을 독해한다(毛澤東と鄧小平の「百カ年計劃」: 中國人民解放軍の核 · 海洋 · 宇宙戰略を讀む)』, 이용빈 편역(서울: 한국해양전략연구소, 2014) 등이 있다. _옮긴이 주

14) '문민통제'의 개념과 정의에 대한 연구는 다음을 참고하기 바란다. Samuel P. Huntington, *The Soldier and the State: The Theory and Politics of Civil-Military Relations*(Cambridge, Mass.: Harvard University Press, 1957), 三宅正樹, 『政軍關係研究』(東京: 芦書房, 2001), Dale R. Herspring, *Civil-Military Relations and Shared Responsibility: A Four Nation Study*(Baltimore: Johns Hopkins University Press, 2013). _옮긴이 주

15) 도미사카 사토시(富坂聰, 1964~), 일본 아이치현(愛知縣) 출신의 중국 전문 저널리스트 및 논픽션 작가이다. 현재 다쿠쇼쿠대학(拓植大學) 해외사정연구소(海外事情研究

국제사회는 중국이 표명하고 있는 핵 선제 불사용 정책을 반신반의半信半疑하며 받아들여 왔지만, 이것으로 확실해졌다. 중국공산당이 군을 지도한다는 겉모습과는 또 다른 저류를 볼 수 있다"라고 지적했다.

그런데 교재에는 이러한 것도 적혀 있다.

> 전역戰役에서 위협을 실시할 때는 …… 허와 실을 섞은 교묘한 운용이 필요하며, 허를 통해서 실을 보여 적의 오판을 유도하고 …… 기밀 유지와 기밀 누설을 결합시켜 억제력이 있음을 적이 알게 한다.
>
> 위협을 할 때는 진짜 전력과 위장을 합리적으로 배치하고 …… 진짜 전력 가운데에 가짜가 있으며, 가짜 가운데에 진짜 전력이 있도록 함으로써 …… 작전에 대한 적의 결단을 어렵게 만들어 최종적으로 위협을 통해 봉쇄라는 목적을 실현한다.

거짓과 진실을 교묘하게 혼합해 상대방을 공포에 빠뜨리고 위협하라는 것이다. 따라서 유사시에는 중국이 말하는 것을 아무것도 신용할 수 없게 된다고 각오해야 한다.

所) 교수로 재직 중이다. 주요 저서로 『中國人民解放軍の內幕』(東京: 文春新書, 2012) 등이 있다. _옮긴이 주

선제 불사용 정책을 포기했는가?

이 교재의 보도를 둘러싸고 국내외 전문가들로부터 문의를 받아 의견을 교환했는데, 그 가운데 미국의 핵전략 전문가 제프리 루이스Jeffrey Luis의 말은 시사하는 바가 컸다. 그는 몬트레이 국제연구소Monterey Institute of International Studies의 제임스 마틴 비확산연구센터James Martin Center for Non-proliferation Studies의 연구원으로, 중국군과도 연구 분야에서 교류하고 있다. 미국 국방부와도 친밀한 관계이다.

그는 이 교재를 포함해 다양한 중국군의 내부 문서를 읽었다. 그에 의하면, 이 교재는 중국이 미국이나 타이완과 학술적 교류를 하는 와중에 "만약 미국이 (중국 최대의 댐인) 싼샤三峽 댐을 공격할 경우, 중국은 어떻게 대응할 것인가?"라는 논의가 나오자 이에 대해 2004년에 쓴 것이라고 한다. 또한 여기에는 선제 불사용 정책과 재래식 무기에 의한 대규모 공격의 리스크risk 사이에서 어떻게 균형을 취할 것인가 하는 중국군의 고민도 담겨 있다. 주청후 소장이 외국 언론 앞에서 핵의 선제 공격도 가능하다고 발언했던 것 역시 이 같은 시대적 배경 때문이었다고 한다.

따라서 주청후의 발언이나 교재에 나타난 내용을 가지고 중국의 지도자가 핵의 선제 불사용 정책을 포기했다고 판단하는 것은 옳지 못하다는 것이 루이스의 판단이다.

혼란스러운 전란 시에 국가 지도자가 충실하게 핵의 선제 불사용의 정책을 지킬지 핵무기를 사용할 것인지는 그 누구도 알 수 없다. 군으로서 가능성을 유보한 것이다(제프리 루이스의 발언).

중국은 핵무기 개발 후인 1964년에 전략 미사일 부대인 제2포병부대를 설립했다. 그런데 이를 어떻게 운용할 것인지는 전적으로 마오쩌둥[16]에게 맡겨졌고, 체계적인 이론도 세워지지 않았다. 덩샤오핑[17](1997년 2월 사망)의 시대에 들어서며 그의 지시로 이론화를 시도하게 되었고, 제2포병부대의 운용 이론도 1980년대부터 조금씩 모습을 갖추기 시작했다. 그리고 그 기본은 선제 불사용이었다. 이러한 역사적 경위를 바탕으로 루이스는 "훈련과 작전, 장비 등에서 지도자가 결정한 선제 불사용은 여전히 제약이 되고 있다"라고 본다.

확실히 교재는 핵의 정책 조정에 대한 문면文面의 여러 곳에서 '최고 통수부의 지시'를 존중해야 한다고 지겨울 정도로 반복하고 있으며, 조정에 대한 판단도 당 중앙군사위원회 주석에게 맡기고 있다.

16) 마오쩌둥(毛澤東, 1893~1976), 후난성(湖南省) 샹탄현(湘譚縣) 출신이며, 1927년 홍군(紅軍) 창설자 중의 한 명이다. 중국공산당 중앙위원회 주석, 중화인민공화국 국가주석, 당 중앙군사위원회 주석 등을 역임했다. 그의 군사 사상은 中國人民解放軍軍事科學院 編, 『毛澤東軍事文選』 全4卷(北京: 總參謀部出版部, 1961) 등을 참고하기 바란다. _옮긴이 주

17) 덩샤오핑(鄧小平, 1904~1997), 쓰촨성(四川省) 광안현(廣安縣) 출신이며, 본명은 덩셴성(鄧先聖)이다. 중국공산당 중앙위원회 총서기, 중화인민공화국 국무원 부총리, 당 중앙군사위원회 주석, 중국인민해방군 총참모장 등을 역임했다. 그의 군사 사상은 中國共産黨中央文獻硏究室 · 中國人民解放軍軍事科學院 編, 『鄧小平軍事文集』 全3卷(北京: 軍事科學出版社, 2004) 등을 참고하기 바란다. _옮긴이 주

또한 핵무기로 공격을 받았을 경우의 핵사용을 전제로 한 핵반격에 대해서도 자세히 기록하고 있다. 핵반격을 실시하는 것에서 한 걸음 더 나아가 제1차 핵반격에 의한 파괴가 충분하지 않을 때를 상정해 '제2차 핵반격'을 행할 때까지를 구체적으로 기록하고 있다. 이것은 선제 불사용의 원칙에 기초하고 있다.

그러나 작전과 훈련, 장비에서 실제로 선제 불사용이 일관되게 지켜질지의 여부는 베일에 싸여 있으며, 현실적으로 우리에게는 이를 검증할 수단이 없다.

미국 국방부에서 작성한 2011년의 「중국의 군사 동향에 관한 보고서」에 핵전략에 대해 다음과 같은 새로운 기술이 추가되었다.

> 중국인민해방군의 일부 장관將官은 중국이 먼저 핵무기를 사용할 수 있는 조건을 명시할 필요성에 대해서 공개적으로 저술하고 있다. 예를 들면, 적의 재래식 무기에 의한 공격이 핵 전력의 잔존을 위태롭게 할 경우나 중국의 체제유지에 대한 위협이 될 경우 등이다. 그렇지만 중국의 국가 지도자가 이와 같은 주장에 동조하거나 선제 불사용 정책을 중단하고자 하는 징후는 보이지 않는다.

여기에서 말하는 '일부 장관將官의 공개적인 저술'이 무엇을 가리키는지는 명확치 않지만, 그 저술 또한 이 교재를 바탕으로 하고 있을 것으로 보인다. 미국 국방부도 현재까지는 루이스와 마찬가지로 중국 지도부가 선제 불사용 정책을 포기하지는 않았다고 여기는 듯하다.

비선제공격

미국, 영국, 프랑스, 중국, 러시아는 핵을 보유한 5대국으로, 이 가운데 핵의 선제 불사용을 선언하고 있는 곳은 중국뿐이다. 중국은 이 점을 어필하고 있다. 일본 정부 역시 중국의 선제 불사용 정책을 높게 평가하고 있으며, 2009년에는 오카다 가즈야岡田克也[18] 일본 외상이 미국도 중국을 본받아 선제 불사용을 선언하라고 요구한 적도 있다. 중국은 다른 국가들도 선제 불사용을 선언할 것을 요구하고 있다.

그러나 핵전략 이론 분야에서는 선제 불사용no-first-use과 비선제공격no-first-strike 등의 용어를 별개의 개념으로 구분해서 사용하고 있다. 선제 불사용은 교전 상태에서 전쟁 상황이 불리해지는 경우에 처하더라도 먼저 사용하지 않는다는 것을 이른다. 이에 반해서 비선제공격은 먼저 기습적으로 핵무기로 공격하지 않는다는 개념으로, 교전 중의 사용을 부정하지는 않는다.

중국군의 교재에서 읽어낼 수 있는 것은 선제 불사용이 아닌 비선제공격의 자세이다. 미국과 러시아에 비해 압도적으로 핵 전력의 양이 적은 중국이 핵에 의한 반격력을 온존하기 위해서 핵의 선제 사용을 결행하는 것은 이론적으로 자연스럽다. 또 미국과 러시아 등으로부터 '중국에게는 선제공격을 할 핵 전력도 없다'고 간주될 정도로 핵 전력의 양이

---

18) 오카다 가쓰야(岡田克也, 1953~), 도쿄대학 법학부를 졸업했으며, 2009년 9월부터 2010년 9월까지 일본 외무대신(外務大臣)을 역임했다. 현재 일본 중의원(衆議院) 의원이다. _옮긴이 주

적기 때문에 비선제공격을 선언하는 것이라면 이해할 수 있다.

이러한 상황에서 중국은 선제 불사용을 선언하고 있기 때문에 미국 등의 핵보유국으로부터 의심의 눈초리를 받고 있다.

참고로 오바마 정권은 2010년 4월에 『핵태세검토보고서Nuclear Posture Review: NRP』를 발표하며 핵확산방지조약Nuclear non-Proliferation Treaty: NPT을 준수하고 있는 비핵보유국에는 핵무기에 의한 선제공격을 하지 않겠다고 공개적으로 밝혔지만, 선제 불사용은 선언하지 않았다.

한편으로 중국은 5대국 가운데 유일하게 계속해서 핵 전력을 증강하고 있다. 또한 '핵 없는 세계'를 이상으로 했던 오바마 대통령의 취임 이후 미국과 러시아가 핵무기 축소를 향해 움직이는 가운데 핵 축소 교섭에 참가하라는 권유를 받는 중국이 선제 불사용을 들먹이는 것은, 핵 전력을 증강시킬 시간을 벌어 다른 국가들과의 격차를 줄이려는 속셈이 아니냐는 의심을 받고 있기도 하다.

선제 불사용 선언은 분명 훌륭하며, 일본을 포함한 비핵보유국을 안심시키는 약속이다. 루이스는 "중국이 처음 핵무기를 개발할 당시, 핵 전력이 압도적으로 적었기 때문에 다른 나라에게 선제 사용할 것이라고 위협할 수 있는 전력조차 되지 못했다. 따라서 선제 불사용을 선언한 것은 타국을 위해서가 아니라 오히려 자국의 이익을 위해서였다"라고 지적한다.

선제 불사용 선언은 하지 않는 것보다는 하는 편이 좋다. 그 지도자의 말에 군대는 구속된다. 그 말에 반해 행동한다면 국제사회로부터 비난을 받고, 고립될 것이다. 다만 루이스는 냉정하게 다음과 같이 지적하기도 한다.

핵무기의 선제 불사용 선언은 중국 지도자의 (국제사회에 대한) 공약이 아니라 어디까지나 정책 목표, 이념에 지나지 않는다. 중국은 미래에, 혹은 전란 상태에서 선제 불사용 정책을 바꾸게 될지도 모른다. 그런데 그것은 일상적인 환경에서도 종종 정책을 바꾸는 일이 있는 것과 마찬가지이다.

전란과 같이 국가의 존립이 위협받는 상황에서는 보유하고 있는 모든 자원을 활용해서 살아남는 것이 어떻게 보면 당연하다고 할 수 있다. 중국의 대외적 선언과 내부의 운용 정책에 차이가 있는 것은 어쩔 수 없는 것일지도 모른다.

일단 핵무기를 보유한 국가라면 그것을 사용할 가능성이 있음을 우리는 각오해야 한다. 중국 지도부는 현재 선제 불사용을 원칙으로 하고 있지만, 우리가 중국이 말하는 것을 절대불변의 공약으로 받아들인다면 지나치게 순진한naive 것이 될 것이다.

최소한 핵억제 전략

스웨덴의 '스톡홀름 국제평화연구소'의 2012년 6월 발표에 의하면 2012년 1월 시점에서 세계의 핵무기 수는 약 1만 9,000개로, 전년보다

약 1,500개가 감소했다. 보유 수가 가장 많은 곳은 러시아로 약 1만 개, 2위는 미국으로 약 8,000개, 프랑스, 중국, 영국이 약 300~225개이다. 러시아는 전년 대비 약 1,000개 감소했고, 미국은 약 500개 감소했다.

> 중국이 핵 전력을 발전시키는 것은 (상대의 공격을 막는) 억제력을 유지하고 초강대국의 핵독점을 방지하기 위함이며 …… 국제사회에서 발언권을 얻기 위함이다(퇴역 소장, 쉬광위徐光裕의 발언).[19]

중국은 보유 수가 적은 대신 앞서 말한 것처럼 반격 능력을 유지함으로써 공격을 억제하는 '최소한 핵억제 전략'을 기본으로 삼고 있다. 탄두 수는 적지만 공격받으면 도시 지역에 반격해 심대한 피해를 줄 것이라고 위협하며, 공격을 생각하지 못하도록 하는 전술이다.

다만 최근에는 중국이 운반 능력을 제고시키고 있는 것이 각국의 우려를 자아내고 있다. 핵 전력은 일반적으로 탄두의 수와 운반 능력으로 측정된다. 운반 기술에는 세 종류가 있는데, 고정 발사대에서 발사하는 '대륙간 탄도미사일ICBM'과 수중에서 발사하는 '잠수함 발사 탄도미사일SLBM', 공중에서 발사하는 폭격기가 바로 그것이다.

2009년 10월, 중국의 건국 60주년에 행해진 군사 퍼레이드에서는 미국의 전체 국토를 사정권에 두는 것으로 추정되는 최신예 개량형 대륙간 탄도미사일 '둥펑東風-31A'가 처음으로 공개되었다. 기존에 개발된

---

19) ≪解放軍報≫, 2010年 4月 22日.

'둥펑-31'의 사정거리는 약 8,000km 정도로 미국 서해안까지 닿을 수 있는 성능이었지만, 개량형은 사정거리 1만km 이상으로 간주된다. 핵 전력의 향상은 특히 주된 표적이 되고 있는 미국을 신경질적으로 만들고 있지만, 일본 역시 무관하지 않다.

또한 중국은 미국 등의 '미사일 방어Missile Defense: MD'에 의해 자국의 핵 전력이 무력화되는 것을 경계하고 있으며, 이에 대항하기 위해 한 번에 복수複數의 탄두가 분산되어 나가는 미사일의 다탄두화 기술도 개발하는 듯하지만 그 실태는 확실하지 않다. 육지의 고정 발사대는 발견되기 쉽기 때문에 차량 이동형의 미사일과 수중을 움직일 수 있는 잠수함에서 발사되는 미사일의 성능 향상을 도모하고 있다.

중국공산당의 싱크탱크인 중국공산당 중앙당교中央黨校의 국제전략 전문가는 필자에게 다음과 같이 말했다.

> 핵무기는 실제로는 사용하지 않는 무기로, 중국으로서는 돈을 들이고 싶지 않으며 미국이나 러시아와 경쟁할 마음도 없다. 그렇지만 핵이 최소한의 억제력으로 기능한다는 점에서 그 중요성은 바뀌지 않는다. 현재의 중미 관계는 좋지만 앞으로의 일은 알 수 없다. 게다가 중국은 러시아와 인도, 파키스탄, 북한 등 핵보유국에 둘러싸여 있는 유일한 국가이다.

제3장

지향하는 것은 제천권

— 우주개발

중국 우주개발의 거점인 베이징 항천성(北京航天城)이 공개되는 모습

자료: 저자 촬영

평화적 이용을 강조

2011년 4월 29일, 중국 우주개발의 거점 '베이징 항천성北京航天城, 베이징 우주 비행관제센터'이 드물게도 국내외 기자단에 공개되었다. 베이징 중심부에서 서북쪽으로 20km 이상 떨어진 교외에 있는 이 센터의 입구 부근에는 훌륭한 포장도로가 개설되어 있는데, 차량의 통행은 적고 한산한 모습이다. 출입은 군 시설과 마찬가지로 통제가 심하다. 내륙 지역에 있는 주취안酒泉과 시창西昌 등의 위성발사센터에서 발사되는 로켓의 관제를 맡는 이곳은 '우주기술' 개발과 인재 육성도 담당하고 있어, 미국의 존슨 우주센터1)와 러시아 모스크바의 관제센터에 이어서 세계 제3위의 우주센터라고 일컬어진다.

'유인 우주 프로젝트 판공실'은 이날 유인 우주선의 훈련시설과 함께 우주선과의 도킹 실험을 위해 제작된 무인 우주 실험실 '톈궁天宮 1호'를 소개했다. 한 차례 설명이 끝난 뒤 이 판공실의 양리웨이楊利偉 부주임이 기자회견을 했다.

> 중국이 우주 사업을 발전시키는 이유는 우주 공간을 평화적으로 이용하기 위해서이다. 국제협력은 우주 사업을 더욱 발전시키는 데에 유익하다.

---

1) 린든 B. 존슨 우주센터(Lyndon B. Johnson Space Center), 1962년 미국 텍사스 주 휴스턴에 설립된 우주센터이다. _옮긴이 주

2003년 10월에 중국 최초로 유인 우주 비행선에 승선한 파일럿으로 유명한 양리웨이는 이날 정장 차림으로 회견에 임했다. 기자들에게 배포된 팸플릿은 '유인 우주 프로젝트'가 중국 정부가 직접 지도하는 대형 사업이며, 해당 판공실은 중국 정부를 대표해 사업을 관리하고 각 관계 부문과의 조정을 도모하는 업무를 맡고 있다는 것을 선전하고 있었다.

또한 중국 정부가 2011년 12월에 발표한 우주백서 『중국의 항천中國的航天』도 다음과 같이 '평화적 이용'을 강조하고 있다.

> 중국 정부는 우주 사업의 발전을 국가 전체의 발전 전략의 중요한 일부로 삼고 있으며, 이것은 일관되게 평화적인 목적의 탐사와 대기권 바깥에서의 이용을 위한 것이다.

또 "대기권 바깥에서의 무장화와 군비 확장에 반대하며, 합리적으로 자원을 개발 · 이용하고 대기권 바깥의 환경을 지키며 우주 활동을 통해 인류 전체의 행복을 일구어낸다"는 사업 취지를 설명하고 있다.

그러나 양리웨이가 탑승했던 최초의 '유인 우주 비행선' 발사 프로젝트의 총책임을 맡았던 사람은 당시 중국인민해방군 총장비부장總裝備部長 리지나이李繼耐[2])였다. 총장비부는 무기 장비의 연구개발 및 조달, 관

---

2) 리지나이(李繼耐, 1942~), 산둥성(山東省) 텅현(騰縣) 출신으로 하얼빈공업대학에서 공부를 했다. 중국공산당 중앙위원, 당 중앙군사위원회 위원, 중국인민해방군 총정치부 주임, 총장비부 부장 등을 역임했다. 2000년에 중국인민해방군 상장(上將)이 되었다. _옮긴이 주

리를 담당하는 최고 책임 부문이다. 양리웨이 자신도 공군 출신의 파일럿이다.

'유인 우주 프로젝트'를 포함한 우주개발은 국가항천국國家航天局이 담당하며, 그 상부 조직은 공업과정보화부工業和信息化部이다. 언뜻 보면 국가항천국은 군과 무관하게 보이지만, 2008년에 행정개혁이 이루어지기 전까지는 국방과학기술공업위원회라는 '무기 개발 · 연구' 부문의 관할하에 있던, 대단히 군의 색채가 짙은 부처였다. 현재 국가항천국 산하에는 중국항천과학기술집단공사中國航天科學技術集團公司; CASC, 중국항천과공집단공사中國航天科工集團公司; CASIC 등의 국유기업이 있으며, 우주선 외에도 미사일, 로켓 등의 무기 개발을 담당하고 있다.

재편되기 이전의 국방과학기술공업위원회는 중국인민해방군의 최고 결정기관인 당 중앙군사위원회에 직속되어 있었다. 조직 재편은 대외적으로 군의 색채를 옅게 하려는 목적인 것으로 추정된다.

하늘을 제패한다

표면적으로 '일관되게 평화적인 목적'이라고 주장하는 중국의 속내는 과연 어디에 있는 것일까?

중국에는 '제천권制天權'이라는 용어가 있다. 작전 공역空域의 지배권을 장악하는 것을 제공권制空權이라고 일컫는 것처럼, 우주의 지배권을 장악하는 것을 지칭하는 말이다. 중국인민해방군 내부에서는 이것의 중요성을 자주 지적하고 있다. 군의 항공・우주작전을 다루는 이론서[3]는 다음과 같이 적고 있다.

> 제천권은 국가의 안전과 전쟁의 승패에 매우 중요한 요소이다. …… 제천권에 대해 논하고자 한다면 다양한 신형 무기와 각종 작전행동을 고려해야 한다. …… 제천권을 쟁탈하는 행동에는 전시의 공방攻防 작전뿐만 아니라 평시의 우주경쟁도 포함된다.

즉 '평화적 이용'이라는 것도 전시戰時를 염두에 두고 있다는 말이다. 그렇다면 평시에는 무엇을 하는가?

> 평시의 '우주기술' 발전에서 가장 핵심적인 것은 온갖 종류의 우주장비를 연구 및 제작하는 것이다. 그 가운데에는 물론 민간용 우주장비도 있지만, 더욱 중요한 것은 각종 군용 우주장비, 나아가 우주 무기이다.
>
> 어떠한 우주기술과 장비라 할지라도 그 군사적 목적은 명백하다. 제천권을 쟁탈하는 것이야말로 군사대국이 거액의 자금을 투입해 연구개발을 지속하는 궁극적인 이유이다.
>
> 우주 무기를 이용한 실험은 과학적인 연구와 (타국에 대한) 위협이라는 두 가지 소득을 동시에 얻을 수 있다.

3) 『空天作戰理論と實踐』(藍天出版社, 2010).

이러한 기술을 통해 군민 양용으로 우주기술을 개발함으로써 과학기술을 진보시킴과 동시에, 제천권을 장악하고 군사적 우위를 확보한다는 국가전략을 살펴볼 수 있다.

당연하지만 이 이론서는 전시의 재천권 탈취에 대해서도 언급하고 있다. 하나는 전자파나 레이저 광선 등을 통해 적의 우주기재와 작전행동을 방해, 교란, 파괴하는 '소프트 측면의 공격'이다. 그리고 다른 하나는 우주공간에 있는 기지에서 미사일 등으로 적의 우주기재를 직접 파괴하는 '하드 측면의 공격'이다.

중국이 염두에 두고 있는 것은 미국의 조지 부시 대통령George H. W. Bush이 1980년대에 제기한 전략방위구상SDI, 스타워즈 계획이다. 이 구상은 위성으로부터 레이저 무기 등을 이용해 적의 대륙간 탄도미사일 등을 격추하는 것을 목적으로 했다. 그렇지만 거액의 비용이 예상되었기 때문에, 미국은 이를 포기하고 그 대신 지상에서의 요격을 핵심으로 하는 '미사일 방어MD'로 이행하게 되었다. 그런데 중국은 스타워즈 계획을 여전히 포기하지 않고 있다.

중국이 제천권에 집착하는 이유 중 한 가지는 자신들이 우주기술 분야에서만큼은 세계 선두 그룹에 속한다는 자신감이다. 제해制海, 제공制空과 같은 지구상에서의 지배력은 역사적으로 영국 등의 유럽과 미국이 기득권익을 갖고 있으며, 해양 전력, 항공 전력 등의 기술 측면에서도 개발도상국인 중국은 이미 뒤떨어져 있다. 그렇지만 우주 분야는 아직 영역 지배 차원에서 미개척지일 뿐 아니라, 중국은 이 분야에서 기술적으로도 높은 수준에 도달했다. 예를 들어 중국은 유인 우주 비행 분야

에서 일본, 영국, 프랑스 등을 추월해 미국과 러시아에 이어서 세계 3위에 위치해 있다.[4)]

앞에서 언급한 이론서에는 다음과 같이 적혀 있기도 하다.

> 우주 군사투쟁에 관해서 국제법규는 아직 불완전하며 애매한 부분이 있고, 합의consensus가 형성되어 있지 않다. 예를 들어 유엔우주조약은 외층 공간이 평화적 목적에 사용되어야 한다고 하면서도, 우주의 군사적 이용을 금지하고 있지 않다. 우리는 관련 국제법규의 연구를 강화하고 국제법의 틈새를 적극적으로 이용해 우주 군사투쟁을 전개해야 한다.

질서가 정비되어 있지 않은 상황에서 최대한 기득권익을 확보해야 한다는 중국의 속내가 드러나 있는 것이다.

공천 일체화 전략

제천권 확보와 관련해 최근 자주 언급되고 있는 것이 '공천空天 일체화 전략'이다. 즉, 대기권 내에서의 항공 전력과 대기권 외에서의 우주

---

4) 유인 우주 비행을 포함한 중국의 우주개발과 관련된 현황에 대해서는 다음을 참고하기 바란다. 스즈키 가즈토(鈴木一人), 『우주개발과 국제정치: 경쟁과 협력의 이면』, 이용빈 옮김(파주: 도서출판 한울, 2013). _옮긴이 주

전력을 일체화시키는 것이다. 중국이 이를 추진하게 된 주된 계기는 미국이 이라크와 싸웠던 1991년의 걸프 전쟁이었다.

중국의 군사이론서를 읽어보면, 중국이 걸프 전쟁으로 인해서 얼마나 큰 충격을 받았는가를 알 수 있다. 예를 들면 공군을 다룬 전문서[5]에는 다음과 같은 내용이 있다.

> 걸프 전쟁은 유례없는 규모로 첨단기술 무기의 실험이 이루어진 전쟁이었으며, '공천 일체화'의 역량이 드러난 전쟁이었다.
>
> 걸프 전쟁에서 미국은 최소 32개의 군사 위성을 이용했는데, 12개의 위성이 이라크군의 공격 목표에 대한 정찰을 행했고, 레이더와 전자 시설을 엄밀하게 감시했으며, 위성을 통해 미국 본토로 정보를 보냈다. 이 화상은 다국적 부대의 사령부에 송신되었고, 이렇게 해서 획득한 정보는 각 지휘 계통의 주요 작전 판단의 근거가 되었다.

중국군은 걸프 전쟁을 철저하게 연구했다. 그리고 최종적으로 "걸프 전쟁에서 작전 공간은 이미 육지와 바다를 초월해 더욱 높은 공간까지 포괄하게 되었고, 이 전쟁은 '공천空天 일체화'를 통한 정보의 우위가 전쟁의 승패에 결정적인 의미를 갖게 되었음을 보여주었다"(동 전문서)는 결론을 내렸다.

중국군은 2004년에 '공천 일체화, 공방攻防 겸비'라는 공군 전략을 결

---

5) 尙金鎖, 『空軍建設學』(北京: 解放軍出版社, 2009).

정하고, '공천 일체화'를 향한 전환에 착수했다. 시작은 늦었지만 중국에는 인공위성 발사 등으로 쌓은 우주기술의 기초가 있다. 2003년에는 유인 우주선의 발사에 성공했으며, '공천 일체화'의 측면에서도 미국과 러시아를 필사적으로 추격하고 있다.

공군의 다른 전략 이론서[6]는 향후의 '공천 일체화' 과정에 대해 다음과 같은 구상을 밝히고 있다.

> 제1단계(2000~2010년): 기초적인 '공천 일체화' 작전 능력을 갖춘다. 전천후형의 정찰위성에 역량을 집중하고 중점 지구에 대한 정찰력을 제고한다.
>
> 제2단계(2010~2030년): 우주 무기의 수준을 주변 지역의 국가와 같은 정도로, 또는 우위에 서게 하며, 미국과 러시아 등 군사강국과의 격차를 줄인다. 위성 시스템을 강화하고 제5세대 전투기를 갖추며 전략 폭격기와 대형 수송기를 개발한다.
>
> 제3단계(2030~2050년): 세계의 군사강국과 같은 수준의 '공천 일체화' 작전 시스템을 만든다. 무인 전투기 외에 일정량의 우주 항공기와 우주 항공기에 장착하는 레이더, 초음파 등의 신개념 무기를 갖춘 일체화 작전 시스템을 구축한다.

현재 중국은 제2단계에 있으며, 실제로 제5세대 스텔스 전투기를 개

6) 李學忠 · 田安平 外, 『國家空天安全論』(北京: 解放軍出版社, 2010).

발하고 있다. 이 구상이 2050년이라는, 약 40년 뒤의 꿈같은 이야기를 말하는 것처럼 보일지도 모르지만, 반드시 헛소리라고 단정할 수만은 없다. 중국군의 교육 기관, 국방대학의 교재에도 같은 내용의 기술記述이 있기 때문이다.

우주 부대 구상

군사 관련 서적이 다수 소장되어 있는 중국의 서점에 갔을 때 『군대건설학軍隊建設學』(國防大學出版社, 2010)이라는 책을 발견했다. 이 책은 군대조직에 대한 기초적 이론을 가르치는 교재로, 군대 건설의 본질에서 시작해 군대 건설의 지도 사상, 사명, 목표, 원칙, 발전 전략 등을 체계적으로 설명하고 있다. 책의 마지막에는 미래의 과제가 되는 '신형 부대 건설'이라는 장章이 있는데, 여기서는 '특수작전 부대', '해군 육전대(해병대)의 확충'과 함께 '우주 부대'의 필요성을 논하고 있다. 우주 부대와 관련해서는 "(군사) 경쟁에서 새로운 전략 요충을 억제하는 중요한 틀이 된다"라고 하며 다음과 같은 점을 강조하고 있다.

- 우주 부대 건설의 목적은 새로운 전략공간에서 국가이익을 확대하고 장래의 우주 자원개발에 유리한 조건을 창출하는 것이다.
- 우주 부대 건설은 과학기술의 진보 및 국가전략 능력과 밀접한 관련이 있다. 21세기에 이것을 창설하는 데에는 명확한 의의가 있으며,

이는 시대의 대세이기도 하다.

- 미래의 군사투쟁에서 주도권을 장악하기 위해서는 우주 군사력의 대대적인 발전이 필수적이다.
- 우주 부대 건설은 전략미사일 등 군의 종합적 전투력을 향상시킬 수 있다.
- 20세기의 선진국은 해양에서 세력을 확충하며 자국의 이익을 확대했다. 21세기 지구의 자원은 부족하며, 해양 일부를 제외하면 개발 가능한 자원은 대단히 한정되어 있다. 우주는 새로운 자원개발의 무대가 되고 있다.
- 지구상의 영토, 영공, 영해는 기본적으로 그 귀속 국가가 결정되어 있지만, 우주에서는 어떤 부분이 어떤 국가의 것인지 명확한 구분이 없다.
- 미래의 전쟁은 육, 공, 해양, 우주, 전자, 사이버라는 6개 방면의 전장戰場에서 이루어지며, 우주 부대 창설은 국가의 안전을 지키기 위한 새로운 길이다.

우주의 평화적 이용이라는 표면적인 말과는 동떨어진 군사전략이 적나라하게 적혀 있다고 할 수 있다. 앞에서 언급했던 일본 방위연구소의 전임 연구자이기도 한 히라마쓰 시게오 전임 교린대학 교수는 "군의 최고 엘리트를 육성하는 학교의 교재에 이런 내용이 적혀 있다는 사실은 대단히 중요하다. 우주 부대 건설이 군의 기본전략으로서 정착되고 있음을 의미한다"라고 지적하고 있다.

또한 앞의 항목에서 언급했던 전략 이론서에서는 공군 출신의 저자가 향후 중국공산당 중앙군사위원회가 우주 부대 창설과 관련된 연구를 추진한 뒤에, 공군이 우주 부대를 직접 지휘 · 관리하기 위한 조직을 만들어야 한다고 제언하고 있다.

그들이 강하게 의식하고 있는 것은 미국과 러시아의 우주 부대 조직이다. 이러한 교재들에서는 미국과 러시아의 노력이 참고 사례로서 빈번하게 인용되고 있다. 예를 들면 『군대건설학』은 미군이 1985년 합동우주사령부를 설립하고, 1998년 중장기 우주 부대 건설 계획인 '2020년 구상'을 발표했던 것을 소개하고 있다(미국 우주군은 2002년에 전략군으로 통합됨). 러시아에 대해서는 1992년 군사 우주 부대를 창설하고 잠시 미사일 방어부대와 합병했다가, 2001년 다시 군사 우주 부대를 부활시킨 경위 등을 상세히 기록하고 있다.

미국과 러시아를 포함해 그 어떤 국가도 현시점에서 우주병宇宙兵이 대기권 바깥에서 우주 전쟁을 벌이는 상황을 상정하고 있지는 않다. 단지 중국의 문서에서 드러나고 있는 것은 미국과 러시아를 필사적으로 뒤쫓아가고자 하는 자세이다.

스타워즈가 촉발

앞에서 언급한 바와 같이, 중국의 우주기술 개발계획은 당초에 미국의 스타워즈 계획, 이른바 전략방위구상SDI에 자극을 받아 만들어진 것이다.

중국의 우주기술 개발은 1986년 3월에 있었던 4명의 과학자의 제안에서부터 시작되었는데, 그 제안자 중 1명인 왕다헝王大珩[7]은 다음과 같이 회고하고 있다.[8]

1983년, 미국은 훗날 스타워즈 계획이라고 불릴 전략방위구상을 제기했다. 서유럽 각국은 곧 이것이 군사 발전계획이자 첨단기술 발전계획이며, 신기술 혁명이 이 스타워즈 계획을 촉진시킨 것과 동시에 스타워즈 계획의 발전이 곧 신기술 혁명이라는 사실을 인식했다.

미국이 제기한 전략방위구상은 예상치 못한 것이었다. 이후 격렬한 논의 끝에 서유럽에서는 「유레카 계획(유럽 첨단기술 개발전략)」이 수립되었고, 소련과 일본에서도 대소동이 났으며, 우리나라도 이 국제적인 압력에 대해 논의를 하고 적극적으로 대책을 강구하게 되었다. 또한 나와 다른 동지들에게 점차 이 문제가 명확해졌다.

왕다헝 등 4명의 과학자는 논의 끝에 우주기술과 첨단기술, 정보기술 등 7개 분야의 선진 과학기술 연구를 중점적으로 추진하는 구상을 정리하고, 1986년 3월 3일 최고 실력자 덩샤오핑에게 중점연구에 관한

---

7) 왕다헝(王大珩, 1915~2011), 일본 도쿄(東京)에서 출생했으며, 중국 광학계(光學界)의 중요한 개척자이자 지도자였다. 중국공정원(中國工程院) 원사 등을 역임했다. _옮긴이 주

8) 王大衍, 「讓 '863計劃' 光耀中華」, http://big5.chinabroadcast.cn/gate/big5/gb.cri.cn/27824/2011/08/01/107s3324265.htm.

의견서를 제출했다. 2일 후에 덩샤오핑은 "이 제안은 대단히 중요하다"라며 관계 부문에 연구를 지시했고, 이는 「831계획(첨단기술 연구발전계획)」으로서 구체화되었다.

중국에서는 1950년대에 마오쩌둥 주석이 '양탄일성兩彈一星'(원자폭탄·수소폭탄과 인공위성)의 개발이라는 안전보장상의 커다란 목표를 세우고 이를 실현하고자 했다. 문화대혁명(1966~1977년)이라는 권력투쟁이 얽힌 정치적 대혼란과 기근 등의 고난, 서방 선진국과 비교되는 기술적 후진성에도 굴하지 않고 중국은 1964년에는 원자폭탄, 1967년에는 수소폭탄 개발에 성공했다. 1970년에는 최초의 인공위성을 발사하고, 소련, 미국, 프랑스, 일본에 이어 우주기술 대국이 되었다. 중국에서는 양탄일성의 성공을 '중화민족의 빛나는 위업偉業'이라고 규정하고 있다.

민주주의 국가에서는 경제력, 생활수준의 향상과 비례하는 형태로 폭넓게 과학기술이 발전해나가는 것과 달리, 중국은 특정 분야에 인력, 재료, 자금을 집중적으로 투입함으로써 그 분야만을 발전시키는 것이 가능하며, 이는 양탄일성으로 증명되었다. 「863계획」도 양탄일성의 성공에 입각해 7개 분야에 전략적으로 투자하려는 목적을 가지고 있었다.

논의가 이루어진 1983~1986년은 중국이 막다른 곳에 이른 계획경제에서 방향을 전환해 시장 경제화, 개혁·개방정책을 이제 막 추구하기 시작했을 무렵이다. 이때는 아직 베이징의 거리에 가로등조차 제대로 없었고, 누구나 동일한 인민복을 입었으며, 여성의 파마가 점차 퍼지기 시작했던 시기이다. 민생기술의 발전이 지지부진한 상황 아래에서도 우주기술의 개발을 우선했던 것이다.

1992년 1월, 장쩌민 국가주석의 주도 아래 「863계획」을 더욱 발전시킨 형태인 '유인 우주 비행' 계획 「921계획」이 수립되었다. 이는 2003년 10월, 양리웨이 비행사의 우주 비행으로 실현되었다.

양탄일성은 중국이 미국의 핵무기로부터 위협을 받는 가운데 결정된 군사적인 색채가 짙은 정책이었는데, 「863계획」 역시 군사 분야를 포함해 국제경쟁에서의 우위를 확보하려는 노림수가 있었던 것은 명백하다고 할 수 있다.

미사일 요격 시스템

중국은 2010년 1월 11일, 지상 배치형 탄도미사일 요격 시스템의 기술 실험을 처음으로 실시했다. 중국은 구체적인 장소를 공표하지 않았지만, 영국의 유력 싱크탱크 '국제전략문제연구소International Institution for Strategic Studies: IISS'는 쓰촨성의 시창에서 발사된 미사일을 신장웨이우얼 자치구 쿠얼러庫爾勒 부근의 이동식 발사대에서 발사한 요격 미사일로 격추시켰을 것이라 추측하고 있다. 중국 측은 "소기의 목적을 달성했다"라고 표명하고 성공을 선언했다.

필자는 이 보도를 접했을 때 다소 충격을 받았다. 왜냐하면 중국은 일본과 미국의 '미사일 방어MD'에 일관되게 반대해왔기 때문이다.

'미사일 방어'는 날아오는 적의 탄도미사일을 조기 경계 레이더 등으로 탐지해 격추하는 시스템이다. 일본에서는 1998년에 조선민주주의인민공화국(북한)이 '대포동 1호'의 미사일 발사 실험을 하면서 관심이 높아졌고, 2004년부터 미국과의 공동 연구와 배치가 시작되었다.

그러나 중국은 이를 '세계의 전략 균형을 무너뜨린다'라며 반대해왔다. 요격 미사일에 의해 중국의 미사일이 무력화된다면 요격 미사일을 배치한 국가는 안전해지며, 결국 힘의 균형이 무너진다고 하는 논리는 그 나름대로 이치에 맞는다. 그런데 필자는 중국 자신이 반대하는 와중에도 요격 미사일을 개발했을 것이라고는 생각하지 못했다.

미사일 공격과 미사일 요격의 기술은 우주개발 기술과 불가분의 관계에 있다. 로켓으로 인공위성과 우주선을 발사하는 기술은 탄도미사일을 발사하는 기술과 기본적으로 같다. 2012년 4월에 북한이 인공위성이라고 주장하며 미사일을 발사했을 때도 이 점이 화제가 되었다(발사는 실패로 끝났다). 유인 우주선을 정확하게 예정 지점에 낙하시키는 기술은 미사일의 탄두를 공격 목표에 맞추는 기술과 연계되어 있다.

중국은 2007년 1월에 노후화한 인공위성을 미사일로 파괴했다. 지구의 대기권 밖을 도는 위성의 궤도를 파악하고 격추하는 기술은 미사일 요격기술의 기본이 된다. 미사일의 비상과 요격은 발사 직후의 가속 단계, 대기권 밖에서 관성 비행하는 중간 단계, 대기권에 재돌입한 이후의 낙하 단계로 나누어진다. 일정한 속도로 관성 비행을 하는 대기권 밖에서의 요격은 위성 파괴 기술에 가깝다. 2011년의 미사일 요격 실험도 이러한 위성 파괴 기술의 연장선상에 있었다.

요격 실험 당시, 중국 측의 짧은 발표문에는 '중단中段: 중간 단계'이라는 두 글자가 있었다. 중간 단계에서의 요격은 고도가 높고 비거리가 길기는 하지만 목표물이 일정 속도로 비행하기 때문에, 기술적으로는 다른 두 가지 단계의 요격보다 쉽다고 알려져 있다. 그렇다 해도 중국이 이 기술을 착실하게 쌓아가고 있는 점은 놀라웠다.

중국 측의 발표에는 '기술 실험'이라고 되어 있었기 때문에 실험 직후에는 컴퓨터 시뮬레이션이 아닌가 하는 견해도 있었지만, 미국 국방부는 대기권 바깥에서 2개의 미사일이 충돌한 것을 확인했다. 실험 직전에 미국이 타이완에 지대공 유도미사일 패트리엇(PAC-3)을 매각한다는 계획을 공표했고, 중국은 이에 강력하게 반발했다. 그 때문에 이 매각에 대한 견제로서 실험이 이루어졌다는 견해도 있었지만, 실험이 그렇게 단기적인 시야로 행해진 것은 아니었다.

국영통신 신화사新華社가 보도한 중국의 발표문 말미에는 "방어적인 실험으로, 타국을 겨냥한 것이 아니다"라고 강조되었다. 베이징의 일본 외교소식통은 "이제까지 중국 외교부가 일본의 '미사일 방어' 배치 반대를 표명할 때마다 일본이 해명하며 사용한 말이다. 이제부터 일본의 방어적인 '미사일 방어'에 중국이 불평을 할 자격이 없어졌다"라며 쓴웃음을 지었다.

우주기술이 극비 사항으로 취급된다는 사실을 생각하면, 요격 실험이 성공했다는 뉴스는 중국 외교부에도 청천벽력이었을지 모른다.

우주정거장으로

중국의 '유인 우주 비행' 계획은 3단계로 추진되었는데, 제1단계가 2003년의 '선저우神舟 5호'로 시작된 유인 우주 비행, 제2단계가 우주 실험실과 우주선의 도킹, 그리고 제3단계가 2010년 전후를 목표로 한, 장기 체류가 가능한 우주정거장의 건설이었다.

실제로 2005년에 '선저우 6호'로 두 번째의 유인 우주선을 발사했고, 2008년에는 '선저우 7호'를 통해 최초로 우주선 외부의 활동을 실시했다. 2011년에는 무인 우주 실험실 '톈궁天宮 1호'를 발사했으며, 2012년 6월에는 유인 우주선 '선저우 9호'와의 도킹에 성공했다. 계획을 일정대로 실현시키고 있는 것이다. '유인 우주 비행' 프로젝트 담당자에 의하면, 제2단계까지의 투자액은 390억 위안(약 6조 8,000억 원)에 달한다.

한편 2004년에 달 탐사 계획을 결정하고, 2007년에는 달 주회周回 위성 '창어嫦娥 1호'의 발사에 성공했다. 2010년에 두 번째 주회 위성을 발사했으며, 2030년 무렵에 유인 달 탐사를 목표로 하고 있다.

네 번째 유인 우주 비행선인 '선저우 9호'가 무사히 귀환한 2012년 6월, '유인 우주 비행' 프로젝트의 간부가 기자회견을 열었다.

세계의 우주 클럽은 현재 중국, 미국, 러시아 3국으로 정립鼎立되어 있다. 미국의 투자가 감소하는 가운데, 중국은 우주개발의 주도권을 미국으로부터 쟁취하려 하는가?

이와 같은 기자의 질문에 대해 해당 간부는 다음과 같이 대답했다.

중국의 우주개발은 정부의 계획과 목표에 따라 추진되며, 어떤 특정 국가를 초월하려 하거나 그 국가와 경쟁하려는 의도는 없다.

미국과 러시아, 일본 등 중국을 제외한 15개국이 참가해 만든 국제우주정거장ISS이 2020년을 전후로 운용이 종료될 것이라는 지적이 있다. 중국의 우주정거장 계획은 이를 염두에 두고 주도권을 확보하기 위한 것이라는 견해에 대해, "2020년을 전후로 중국의 우주정거장만이 남아 있을지의 여부를 지금 말하는 것은 시기상조다. 중국의 유인 우주개발 사업은 공간 이용을 위한 것이며, 선두에 선다든지 하는 문제는 생각하지 않고 있다"라며 시종일관 신중하게 대답했다.

그러나 미국 등 경쟁 상대는 당연히 중국의 동향을 의식하고 있다. 부시George W. Bush 미국 대통령은 중국 최초의 유인 우주선 발사가 성공한 이듬해인 2004년에 새로운 우주탐사 계획을 발표했다. 1970년대에 행해졌던 유인 달 표면 탐사를 2020년까지 실현하겠다는 계획이었다. 오바마 정권이 출범한 이후에는 궤도를 수정해 달보다 더욱 먼 곳으로 사람을 보내는 목표를 설정했으며, 2030년까지 화성 궤도에 도달하겠다고 밝혔다.

우주기술 개발이 국제사회의 전략 균형에 중요하다는 인식은 미국 역시 갖고 있는 것이다.

제4장

외부 발표와 다른 또 하나의 틀
— 국방비

중국인민해방군 창설 10주년 기념행사

자료: http://goo.gl/n4Y12G

결정 회견

중국의 정기 국회에 해당하는 전국인민대표대회(전인대)는 매년 3월 상순에 약 10일 동안 개최된다. 1990년대에는 3월 하순에 개최된 적도 있었는데, 최근에는 개막일이 3월 5일로 고정되어 있다. 약 2주간의 긴 춘절春節: 구정 연휴 휴가가 끝난 뒤인 이때부터 중국의 1년이 움직인다.

첫날인 5일에는 과거 1년을 총괄하고 해당 1년간 이루어진 노력을 점검하는 '정부활동 보고'가 총리에 의해 낭독된다. 이어서 재정부장에 의해 새해 예산안이 제시된다. 그런데 2005년 이후로는 개막되기 하루 전인 4일에 이루어지는, 전인대 대변인에 의한 기자회견 자리에서 국방 예산의 숫자가 공표되는 사태가 이어지고 있다. 언제나 외국인 기자가 질문하고 대변인이 강조하는 포인트 역시 '국방비의 투명성'과 '방어적 국방정책'으로 매년 유사하다.

2012년 영국 기자의 질문에 리자오싱李肇星[1] 전인대 대변인은 국방비가 전해보다 11.2% 증가한 6,702억 7,400만 위안(약 117조 1,600억 원)이라고 밝혔다. 또한 다음과 같은 몇 가지 사실을 부각시켰다.

> 국방비는 주로 인원의 생활비, 훈련유지비, 장비비의 세 가지로 구성된다.

---

1) 리자오싱(李肇星, 1940~), 산둥성(山東省) 칭다오시(青島市)에서 출생했으며, 베이징대학(北京大學) 서어과(西語系)를 졸업했다. 2003년부터 2007년까지 중국 외교부장을 역임했으며, 현재 전인대 상무위원회 위원이다. _옮긴이 주

중국은 평화적 발전의 길을 걷고 있으며, 방어적인 국방정책을 실행하고 있다.

지금 갑자기 옛 속담이 생각났다. '인간이 고민에 빠지면 신神은 웃는다'라는 속담이다. 지금 나는 신을 웃기고 있는 것 같다. 내가 고민하고 있는 것은 어째서 서방 측의 수많은 기자들이 매년 중국의 군사비 문제에 이렇게 관심을 갖는가 하는 것이다. 숫자는 중요하지만, 이 숫자들은 매우 투명하다. 게다가 더 중요한 것은 우리의 국방과 외교는 모두 평화유지를 위한 것이라는 점이다.[2)]

'갑자기 생각났다'라는 말을 꾸며낸 티가 풀풀 나지만, 대변인이 이와 같이 강조한 것은 군사비가 투명하지 않다는 타국의 불신을 중국이 강하게 의식하고 있음을 보여준다. 또한 최근의 공격적인 군비軍費 확장이 평화적 목적을 위한 것이 아니라는 의심을 받는다는 사실 역시 알고 있음을 보여준다.

그러나 대변인의 발언은 적절한 반론이 아니었다. 일반적인 논의에서 '투명하지 않다'라는 지적에 반론하려면 구체적인 자료를 제시해 논증해야 한다. 또 '장비가 평화적 목적을 위한 것이 아니다'라는 말을 들었다면 평화적 · 방어적 목적으로 장비를 발전시키고 있다는 예증例證을 들어 반론해야 할 것이다. 그렇지만 대변인은 말로만 '투명하다', '평화

2) 新華網, http://big5.qstheory.cn/gate/big5/www.xinhuanet.com/politics/2012lh/zhibo/20120304/wz.htm.

적이다'라고 반복할 뿐이었다. 이것으로는 누구도 납득시킬 수 없으며, 특히 의심을 품고 있는 사람을 설득하기는 불가능할 것이다.

다만 필자는 "신형 무기의 모든 연구, 실험, 구입, 유지 비용도 국방비 예산에 포함되어 있다"라는, 전년에 없었던 발언을 들었을 때 이것은 혹시 필자의 기사에 대한 '반론'이 아닌가 하고 멋대로 받아들였다. 필자는 2011년 10월, 신형 무기 구입에서 부분적으로 '국방비와는 별개의 틀이 있다'라고 보도한 바 있기 때문이다.

재정부에 별도 예산

대변인의 발언도 구태의연하지만, 중국의 국방비가 실태를 반영하지 않는다는 언론의 비판도 새로운 것이 아니다. 이제까지 군사 전문가와 미국 국방부 등 외국 기관이 누차 지적해온 사항이기 때문이다.

미국 국방부가 매년 발표하는 「중국의 군사 동향에 관한 보고서」는 최근 몇 년간 계속해서 실제 군사비가 국방비보다 크다는 점을 지적하고 있다. 2011년판에서는 2010년도 예산에 나온 공식적인 중국 국방비(공표 액수: 5,321억 위안 = 약 850억 달러)의 실제 규모가 약 1.9배에 상당하는 '1,600억 달러 이상'일 것이라고 추계하고 있다. 스웨덴의 '스톡홀름 국제평화연구소'는 같은 연도에 대해 1,190억 달러의 추정치를 발표했으나, 구체적인 근거는 제시하지 않고 있다.

실태를 반영하지 않는다고 지적하려면, 이쪽 역시 구체적인 증거를 기반으로 논증해야 할 것이다. 그런 생각으로 오랜 시간 자료를 찾는 와중에 발견한 것이 중국의 장비 관리에 관한 전문서적 『부대장비관리개론部隊裝備管理概論』(國防大學出版社, 2009)이다.

중국인민해방군의 장비 전문가 장항장張航江이 집필한 이 책은 부대장비의 조달, 사용, 관리 등 일련의 과정을 논하고 있다. 국방비와 군의 재무를 전문적으로 논하지는 않지만, 마지막 장인 제10장에서 '부대장비의 재무관리'를 다루고 있다.

조금 자세하게 관련 부분을 아래에 인용해보도록 하겠다.

이 장章에서는 "장비 예산이란 국가의 예산에서 분배되는 것으로, 군대 장비의 과학연구, 구입, 유지관리에 사용되는 경비이다"라고 설명한 후에 ① 장비 구입비, ② 장비 유지 · 수리 · 관리비, ③ 국방과학연구 시험비, ④ 장비 과학연구비, ⑤ 전항專項 경비, ⑥ 군무비軍貿費 등의 비목費目을 열거하고 있다. 각각의 비목에 대한 설명도 있는데, 여기서는 ③ 국방과학연구 시험비와 ⑤ 전항專項 경비에 주목하고자 한다.

③ 국방과학연구 시험비에 대해서는 "국방과학연구 시험비는 새로운 장비의 검사와 설계, 시험 등에 사용하기 위해 재정부가 직접 군대에 지출하는 경비"라고 규정하고 있다. 국방비는 일반적으로 군의 최고결정기관인 중앙군사위원회를 통해 각 부대, 관계 부문에 할당되는데, 이 문구는 재정부로부터 직접 부대에 지출되는 별도의 틀이 있다는 것을 말하고 있는 것이다.

⑤ 전항 경비에 대해서도 "전항 경비는 재정부가 지출하며, 특별한 장비와 기자재의 구입에 소요되는 경비에 사용된다. 예를 들면 Su-27

과 Su-30 및 C-300 미사일 등의 수입 경비가 해당된다"라고 쓰여 있다. '전항 경비'는 '특별 경비' 정도의 의미에 해당한다. 제시하고 있는 실례實例는 모두 러시아제 무기이며, 고가의 무기를 구입하는 데 사용되는 특별 지출이 '전항 경비'라는 사실을 추측할 수 있다.

이와 같은 내용은 국방비 이외에도 군사 관련비가 존재하고 있음을 보여주는 유력한 증거라 할 수 있을 것이다.

문서는 또한 '장비 예산 외 경비'의 존재에 대해서도 언급하고 있다. "장비 예산 외 경비란 각 급級의 장비 예산 경비 외에 장비나 기자재의 할인 구입, 장비의 퇴역·폐기처리, 장비 시험 활용에 의한 사업 등의 과정에서 얻은 경비 수입을 지칭한다"라고 설명한 뒤에, 이를 다음과 같이 크게 세 가지 종류로 분류했다. ① 장비의 할인 구입과 무기의 퇴역·폐기처리에 의한 수입, ② 조직의 장비, 기술, 인재 등을 활용한 생산과 가공, 수리 등의 과학연구 사업에 의한 수입, ③ 은행 이자 등의 잡수입이 그것이다.

이 역시 국방예산 외의 군사 관련비를 인정하고 있는 것이라 볼 수 있을 것이다. 그렇지만 이 같은 문서는 대중에게 공개되지 않고 있다.

두 개의 라인에서 관리

실제로는 그 밖에도 군의 자료를 입수했다. 장비에 관한 과학연구부대의 전문서적[3]에는 다음과 같이 적혀 있다.

군대의 통상 경비와 국방과학연구 시험비는 '두 개의 라인'에 의해 관리되고 있다. 군대의 통상 경비에 대한 관리제도는 총후근부가 제정하고, 국방과학연구 시험비에 대한 관리제도는 총장비부와 국가 재정부가 합동으로 제정한다.

중앙군사위원회 총부가 지출하는 것을 군대의 통상 경비라고 부른다. 이 경비는 주로 부대 인원의 생활, 공무, 기본 건설에 사용한다. 국가재정으로부터 직접 나가는 경비를 국방과학연구 시험비라고 부르며, 이것은 과학연구 시험 임무에 사용한다. 이 밖에 부대에는 소량의 예산 외 수입이 있으며, 이를 통해 경비 부족을 충당한다.

이 내용도 중앙군사위원회로부터 분배되는 국방비와는 별도로 재정부와 이어진 루트가 있음을 명백히 보여준다. 이제까지 별도의 군사 관련비가 어디에 숨어 있었는지 확실치 않았지만, 적어도 그중 일부는 재정부에 있다고 보아도 좋을 것이다.

이 문서에는 예산 외 수입에 대해서도 매우 흥미로운 사실을 언급하고 있다.

외부와 협력해 실시되는 과학연구 중 외국의 위성과 국내 상업위성의 발사 수입은 총장비부 후근재무後勤財務 부분이 담당한다.

외부에 협력해 실시되는 과학연구에 의한 수입 가운데 20%는 상층

---

3) 『科學研究試驗部隊後勤管理概論』(軍事科學出版社, 2010).

부에 바친다.

이것은 장비부裝備部가 행하는 위성발사 사업 수입 가운데 80%는 예산 외 수입으로서 군에 축적되고 있다는 것을 시사한다. 수년 전에 '예산 외 경비'의 개혁이 행해졌다는 보도가 나오기도 했지만, 상세한 내용은 명확하지 않다.

중국의 군사 동향에 정통한 가야하라 이쿠오茅原郁生 다쿠쇼쿠대학拓植大學 명예교수(전임 일본 방위성 방위연구소 부장)는 이러한 자료에 대해 "별도의 틀이 존재하는 것은 확실하다. 중국군이 거짓말을 하고 있다는 것은 명백하지만, 군은 체면을 중시하기 때문에 이를 곧이곧대로 인정하지 않을 것이다"라고 말했다. 또한 재정부가 지출하는 군사비에 대해서 "재정부 예산에는 '경제건설비'라는 비목이 있으며 거액의 예산이 여기에 계상되고 있는데, 연구개발비와 전문 경비가 여기에 포함되어 있을 가능성이 있다"라고 지적했다.

재정부에 별도 틀이 있다는 것에 대해서는 중국 외교부와 국방부에 사실관계 조회를 요구했지만, 아쉽게도 회답을 얻지 못했다.

사라진 대사관의 웹페이지

중국 정부는 국방비 외의 군사 관련비가 존재한다는 의혹을 완강하게 부정하고 있지만, 실제로는 주일 중국대사관이 공식 웹사이트에 그 존재를 인정하는 문장을 게재했던 적이 있다.

다음 글은 중국의 잡지 ≪군사문적軍事文摘≫에 게재된 「중국의 국방지출을 전면적으로 독해한다」(2006년 4월 17일 자)라는 제목의 글을 번역한 것이다. 다소 길지만 아래에서 인용해보도록 하겠다.

중국이 발표하는 국방백서에는 확실히 국방과학 연구비, 민간방위와 민병·예비역 관련 비용은 포함되지 않고 있으며, 연안·국경 경비와 내부 방위를 담당하는 방대한 무장경찰 부대의 비용도 안전지출로 계상되고 있다. 이러한 계산방법을 취하는 것은 관행일 뿐만 아니라 중국의 통계관청 나름의 이유가 있기 때문이다. 예를 들어 중국의 제2공업부부터 제8공업부까지는 1980년대 이전만 해도 무기 장비를 연구·제조했는데, 여기에 들어간 비용은 국방비가 아니라 국무원(정부)의 지출로 계상되었다. 그 이후 이 7개 기관은 모두 민생물자의 생산을 주로 하되, 공동으로 군사 물품을 생산하는 집단공사로 개편되었다. 그리고 현재 국방기업의 생산액 대부분은 민생물자 생산단체에 의해 발생하고 있으며, 민생산업으로써 군사산업을 양성하는 방식으로 대량의 과학연구비를 충당할 수 있다. 이렇게 얻는 과학연구비와 생산 자금을 국방비로 넣는 게 좋을지, 민생 항목에 넣는 게 좋을지는 일괄적으로 결정할 수 없다. 나아가 국방과학기술공업위원회와 제2포병부대가 장악하고 있는 전략 로켓부대는 우주개발도 겸무하고 있으며, 최근 발사된 유인우주선 '선저우神舟'는 군민 양용이 가능하다. 또한 외국의 위성발사 사업으로 획득한 외화도 부대의 자금 수요에서 커다란 부분을 충당할 수 있다.

이는 앞에서 언급한 전문서적 『부대장비관리 개론』의 설명과 완전히 일치한다. 국방과학 연구비는 국방비에 포함되어 있지 않으며, 위성사업에서 나오는 이익이 부대 예산에 포함되어 있음을 인정하고 있는 것이다. 이 웹페이지는 2011년 11월까지는 열람이 가능했지만, 그 이후에 갑자기 삭제되어버렸다.

이 기사의 취지는 국방비와 관련된 별도의 틀은 확실히 존재하지만, 2005년에 미국 국방부가 작성한 「중국의 군사 동향에 관한 보고서」에서 지적했던 "(국방비의) 2~3배"라는 수치는 너무 크다는 점을 알리는 것이다. 또 "미중 쌍방의 계산에는 범주의 차이가 있는데, 가령 서방 측의 계산 기준에 따라 …… 무장경찰 부대, 민간방위 및 군민 양용의 과학연구비를 추가한다 해도 기껏해야 몇 십 퍼센트가 증가하는 정도로, 공표 수치의 3배에 도달하는 일은 결코 없다"라고 강조했다.

이와 같은 논문은 중국 국방비의 투명성을 높이고, 국외의 신용을 얻는 데 필요한 귀중한 자료이다. 그럼에도 당국이 이를 삭제한 것은 "숨겨진 국방비는 존재하지 않는다"라는 공식견해와 어긋나, 자신들이 불리해진다고 생각했기 때문일 것이다.

실질은 1.5배

중국의 군사 전문서적에는 중국어로 '군비軍費: 군사 경비'라는 용어가 빈번하게 사용되며, 이는 앞서 언급한 문서도 마찬가지이다. 그런데 중국 정부가 예산을 발표할 때는 '국방비'라는 용어를 사용한다. 중국 당국은 이 '군비'와 '국방비'를 교묘하게 나누어서 사용하고 있는 것은 아닐까?

그렇게 생각하게 된 것은 물류logistics에 관한 중국군의 어떤 전문서적[4]을 발견했기 때문이다. 여기에서 중국인민해방군 국방대학의 교관을 맡고 있는 전문가는 2010년도의 군비에 대해 국방비보다도 훨씬 많은 액수를 기술하고 있다. 2010년도의 국방비는 전년도 예산에서 10.6% 증가한 5,321억 위안이었다. 그렇지만 2009년 가을에 발간된 이 문서는 2010년도의 군비를 7,880억 위안(약 137조 7,000억 원), 즉 약 1.5배나 큰 값으로 추측했다.

당시 2009년도의 국방비는 이미 4,806억 위안으로 결정되어 있었기 때문에 7,880억 위안이라면 64%가 증가한 것이다. 전문가가 전년도에서 갑작스레 64%나 급증할 것으로 예측했다고는 생각하기 어렵다. 국방비와는 별도의 개념으로 군비라는 비목이 있다고 생각하지 않을 수 없다.

이 국방비와 군비의 정의 및 범위의 차이에 대해서는 일본 방위대학교 특별연구원 쓰치야 다카히로土屋貴裕가 2011년에 전문적인 분석을 실

---

4) 仲晶, 『信息化後勤保障力生成模式硏究』(北京: 國防大學出版社, 2009).

시했다. 그는 군사재무 체계상의 지출 항목에 '국방비'와 '군사 경비'라는 별개의 개념이 존재하고 있음을 밝혔고, 국방비는 국가가 사용하는 군사건설과 전쟁 관련 경비인 '군사 경비의 구성 부분'에 지나지 않는다는 사실을 논증했다.[5)]

쓰치야 다카히로의 연구에서도 국방비를 포함하는 군사 경비의 규모와 금액은 해명되지 않았다. 다만 그는 "최근의 연구 보고 등은 대체적으로 1.5배 정도로 수렴하고 있다"라고 지적한다. 2005년에 '공표했던 것의 2~3배'라고 했던 미국 국방부는 2010년에는 1,600억 달러(약 1.9배)라고 수치를 변경했다. 스웨덴의 '스톡홀름 국제평화연구소'는 2010년도에 대해 1,190억 달러(약 1.5배), ≪밀리터리 밸런스Military Balance≫를 발행하고 있는 영국의 유력 싱크탱크 '국제전략문제연구소'는 2010년도에 대해 7,530억 위안(약 1.4배)으로 추측하고 있는데, 이는 점차 중국인민해방군 국방대학의 교관이 제시한 숫자에 접근해가고 있는 모습이다.

상세한 일본의 예산 공표

중국의 군비(군사 경비)는 공표된 국방예산에만 한정해서 보더라도 2009년까지 21년 연속으로 두 자릿수 신장률을 보이고 있다. 2010년

---

5) 土屋貴裕,「中國の『國防費』と『軍事經費』」, 2011年度アジア政經學會東日本大會提出論文.

도의 당초 예산은 7.5% 증가해 22년 만에 한 자릿수 증가에서 멈추었지만, 2011년은 전년도 실적 대비 12.7%가 늘어 다시 두 자릿수 증가를 이어나가고 있다.

2007년도에는 중국의 군비가 일본의 방위 관계비關係費를 처음으로 넘어섰다. 2012년도 예산은 전년도 실적 대비 11.2%가 증가한 약 6,702억 7,400만 위안(약 117조 1,600억 원)으로 일본 방위 관계비 4조 7,138억 엔의 1.8배의 규모가 되었다.[6)]

그러나 이 공표 금액마저 총액을 말해주고 있을 뿐이며, 그 상세한 내역은 거의 알려져 있지 않다. 이제까지의 설명 중 그나마 가장 상세한 것은 ① 병사의 생활비, ② 훈련의 유지비, ③ 장비비裝備費라는 3개 항목을 주된 비목으로 하며, 각각 34.04%, 33.73%, 32.23%의 비율(2009년도)이라는 설명이다(2010년 국방백서). 국방비의 증가 이유에 대해서는 ① 장교와 병사의 대우 개선, ② 물가 상승 수요에 대한 대응, ③ 군사 변혁을 위한 장비 등 방위력의 향상을 들고 있다.

일본의 방위성防衛省: 국방부은 제180회 정기 국회에 맞춰 2012년의 방위 관계비 당초 예산에 대한 설명서를 공표했는데, 여기에는 전체 83쪽에 이르는 상세한 비목이 명시되어 있다. 예를 들어 병사의 생활비 항목에는 직원 기본급에서 시작해 단신單身 부임 수당과 주거 수당, 여비, 자녀 수당 등이 계속해서 이어진다. 장비 관련 항목은 항공비 구입비

---

6) 2014년도 중국의 국방비(국방예산)는 전년 대비 12.2%가 증가한 8,082억 3,000만 위안으로 결정되었다. 한편 2014년도 일본의 국방비(방위예산)는 전년 대비 2.9% 증가한 4조 8,900억 엔으로 책정되었다. _옮긴이 주

948억 3,463만 엔, 함선 정비비整備費 1,203억 8,457만 1,000엔 등으로 명시되었고, 함정 정비비는 함정 건조비, 함정 제조 여비 등으로 세분화되어 있으며, 나아가 2011년도 잠수함에 필요한 경비 52억 1,185만 5,800엔, 2012년도 갑甲 III형 경비함 건조에 필요한 경비 2억 8,142만 7,000엔까지 적혀 있다. 극도로 대략적인 중국의 예산서에 익숙해진 상태에서 일본의 것을 보면 '이렇게 다 보여줘도 괜찮은가?'라는 걱정이 생긴다.

예산 분배 방식이 명확히 공개되면, 이를 통해 국가의 정책이 드러나게 된다. 중국 등의 해양 전력에 대한 대응 강화가 국가 정책이라면, 이는 잠수함에 대한 예산으로 나타난다. 현재는 오키나와에 주둔하고 있는 미美 해병대의 괌 이전이 화제인데, 명세서에는 이전 사업비 지출금 등이 계상되어 있다.

중국 정부는 방어적인 국방정책을 취하고 있다고 강조하는데, 실제의 예산 배분을 살펴보지 않고서는 그것의 진위 여부를 검증할 수 없다. 일본에서는 전략 폭격기와 공격형 항공모함은 전수專守 방위의 이념에서 일탈한다고 보아 보유하지 않고 있지만, 이러한 사실도 예산의 할당을 살펴보는 것을 통해 진위 여부의 확인이 비로소 가능해진다.

현재와 같이 세목細目을 일절 공개하지 않는 한, 중국이 아무리 '평화적 발전의 길을 향해 나아가고 있다', '방어적 국방정책이다'라는 말을 반복한다 해도 이를 믿는 나라는 없을 것이다.

중국의 국방비 액수는 미국 다음가는 세계 2위이다. 그렇지만 중국이 강조하는 것처럼 인구 13억 명을 보유한 국가의 규모에서 본다면,

결코 지나치게 많은 액수는 아니다. 2010년도 중국 국방비의 국내총생산GDP 대비 비율은 1.28%, 관련 군사비를 포함해도 2.1% 정도로 추정된다. 미국이 4.8%, 군사비 3위인 영국은 2.7%이다(SIPRI, 2011). '미국, 영국보다도 낮다'(리자오싱 대변인)는 주장은 맞다. 그럼에도 세계의 주목을 모으는 것은 그 불투명함으로 인한 측면이 크다.

미군의 군부 수장인 마틴 뎀프시Martin Dempsey 합동참모본부the Joint Chiefs of Staff: JCS 의장이 2012년 6월 7일에 국방부에서 기자회견을 했을 때에도, 중국에 국방비의 투명성을 한층 높여줄 것을 요구할 생각이라고 강조했다. 미국 국방부에서 「중국의 군사 동향에 관한 보고서」를 공표하는 것 역시 중국에 의해 개시開示되는 정보가 적은 것에 대한 견제의 의도가 있다는 것은 명백하다.

파악이 불가능?

그렇다면 중국은 왜 국방비를 포함한 군사 정보를 이렇게까지 공표하지 않는 것일까? 또한 왜 국방비 외의 군사 관련비의 존재를 인정하지 않는 것일까? 최대 이유는 공산당에 의한 일당독재 체제의 영향으로 국내에서 공개 압력이 작용하지 않기 때문이다. 다당제가 정치의 기본이 되는 민주주의 국가에서는 집권 여당의 국방정책에 대해 야당의 엄격한 감시가 이루어진다. 당연히 예산에 대해서도 적정하게 배분되고 있는지, 낭비가 없는지를 추궁 받는다. 정부가 제출한 예산안은 국회의

심의를 거쳐 검증되며, 중의원·참의원 양원兩院을 통과해 완성될 때까지 2개월 가까이 걸리는 것이 보통이다.

그러나 중국에서는 예산안이 전인대의 개막일에 제출되고, 약 10일 후인 폐막일에 반드시 가결된다. 일본 등의 국회에서 이루어지는 엄격한 과정에 비하면, 전인대는 민주주의라는 겉모습을 꾸미기 위한 통과의례일 뿐이다. 국방비는 총액이 게시될 뿐 그 이상의 세목은 극히 일부의 담당자밖에 모르며, 별도 틀의 존재도 알 수 없다. 정부 내에서도 외교부의 고관조차 알지 못한다.

두 번째 이유는 군의 비밀 체질이다. 필자는 2010년 3월에 중국군의 싱크탱크 군사과학원軍事科學院의 연구원인 뤄위안羅援[7] 소장少將에게 일본의 방위 관련비의 비목별 리스트를 보여준 뒤, 중국도 이처럼 할 수 없는지 물었던 적이 있다. 이때 뤄위안은 그 자세한 내용에 다소 놀라는 모습을 보인 후, "우리의 군사력은 아직 뒤처져 있으며, 비밀도 안전을 지키는 수단이다. 우리는 강력한 국가와는 다르다. 일본과는 국정國情이 달라 같은 형태로는 할 수 없다"라고 말해, 비밀도 안보전략의 일환이라는 인식을 보였다. 즉, 손바닥 안을 보여주지 않는 것이 상대에게 위협을 준다는 생각이었던 것이다.

국방비를 명확히 공개하지 않는 또 하나의 이유로 재무 체계의 복잡

---

7) 뤄위안(羅援, 1950~), 쓰촨성 광위안시(廣元市) 창시현(蒼溪縣)에서 뤄칭창(羅青長)의 아들로 태어났다. 중국인민해방군 국제관계학원(國際關係學院), 중국인민해방군 국방대학을 졸업했으며, 현재 군사과학원 세계군사연구부(世界軍事硏究部) 부부장(副部長), 연구원, 박사 지도교수이며, 중국군사과학학회(中國軍事科學學會) '상무이사'이다. _옮긴이 주

함을 들 수 있다.

대사관 웹사이트에 게재되었던 기사에도 나왔듯이, 계획경제 시기에 정부의 일부였던 군수軍需 부문은 이후 사업 단위로 떨어져 나갔다. 따라서 이곳이 무기 개발 등에 관여하게 될 경우, 군사비의 대상인지 아닌지 그 경계선이 확실하지 않게 된다. 또한 2008년까지 '무기 개발' 지도에 관여했던 국방과학기술공업위원회 역시 공업과정보화부에 통합되어 그 산하에 국가국방과학기술공업국國家國防科學技術工業局이라는 이름으로 배치되었는데, 이 예산이 국방비에 포함되어 있는지도 애매하다.

뤄위안도 항공모함 건조비建造費가 국방비에 포함되느냐는 질문에, "큰 사업의 경우 군민 겸용의 분야가 있어서 어디까지가 국방비에 들어가는지 확실하지 않은 부분이 있다"라고 대답해 애매함을 인정했다.

중국군의 간부교육기관인 국방대학의 어느 대교大校는 비공식 취재에서 다음과 같이 말했다.

> 정부가 군대에 넘기는 경비 외에도 군에는 독자적인 예산이 있다. 아래에서 쓰이는 숫자와 위로 보고되는 숫자가 다르다. 기술을 위해 지출했다고 기록된 돈이 건물의 건설에 사용되는 일도 있다. 외부에 공개할 수 있을 정도로 체계화되어 있지 않다.

실태를 정확하게 파악하는 것은 어렵다는 말이다. 필자는 이것이 실상이라고 생각한다. 회색지대grey zone의 돈이나 기업 등을 떠돌다 무기가 되어 돌아오는, 수출로 벌어들인 매상에서 무기가 태어나는 등 복잡한 시스템이라 그 누구도 정확한 내용을 알 수 없는 현실인 것이다.

자급자족하던 군대

중국군 내부에서도 군사비의 관리·감독 부족의 문제가 인식되기 시작하고 있다. 군의 다른 내부 문서[8]에는 다음과 같이 적혀 있다.

> 우리나라의 군사비는 과거 오랫동안 심각하게 부족했고, 군사비의 감독 관리는 전적으로 군대의 자체 관리에 맡겼다. 군대 내부에 자리 잡은 근면하게 절약하는 전통은 낭비를 억제해왔다. 전인대와 정부, 민중 여론의 감독 기능은 아직 발휘되지 않고 있다. 최근 군사비 부족은 완화되었으며, 군사비를 얼마나 잘 관리하고 이용할 것인가의 문제가 대단히 중요해지고 있다.

과거의 중국 정부에는 군대에 충분한 군사비를 제공할 여유가 없어, 군대 스스로가 군수 산업 등의 사업을 일으켜 군사비를 충당했던 역사가 있다. 이 문서는 그 전통의 결과 군사비의 사용법이 애매해져서, 감독이 구석구석 미치지 못하는 점을 인정하고 있다.

이 문서는 앞으로의 과제로서 자금의 배분과 프로젝트에 대한 투자

8) 王法安,『中國和平發展中的强軍戰略』(北京: 軍事科學出版社, 2011).

가 경제적 합리성에 부합되는지, 또 군인이 횡령하는 등의 부패행위가 없는지 이 두 가지를 점검하는 것이라고 지적하고 있다.

> 시장경제하에서 국방예산은 기업과 국민의 세금을 기초로 하고 있으며, 그 용도는 군대를 양성해 국가와 국민의 안전을 보장하는 것이다. 현대 민주법제의 원칙에 따르면 납세자는 군대를 양성하는 자금을 낼 의무가 있으며, 또한 군사비의 사용 상황을 감독할 권리가 있다.

위와 같이 적고 있는 것은 매우 흥미롭다. 민주적인 국방예산 관리제도로 이행하려는 의사를 내비치고 있는 것이다. 장차 투명성이 향상되기를 기대해본다.

미국의 5분의 1

타국의 군사비와 비교해보면 중국의 군사비는 어느 정도일까?

스웨덴 '스톡홀름 국제평화연구소'가 2012년 4월에 발표한 2011년의 세계 군사비(일부 추계)에 의하면 당연히 1위는 미국으로 전년 대비 1.2% 감소한 7,110억 달러(약 761조 544억 원)에 달한다. 2위는 중국으로 전년 대비 6.7% 증가한 약 1,430억 달러(추계치)인데, 미국의 5분의 1 수준이라 규모의 차이는 여전히 크다. 3위 러시아가 9.3% 증가한 719억 달러, 4위 영국은 0.4% 감소한 672억 달러, 5위 프랑스는 1.4%

감소한 625억 달러, 6위는 일본으로 전년 대비 플러스마이너스 0%인 593억 달러로 그 뒤를 잇고 있다.

국내총생산GDP에서 군사비가 차지하는 비중을 보면, 미국 4.7%, 중국 2.0%, 러시아 3.9%, 영국 2.6%, 프랑스 2.3%, 일본 약 1.0% 정도로 나타난다. 경제 규모로 보는 한, 중국의 군사비는 공표보다 많은 추계치라 해도 그렇게 많다고는 할 수 없다.

또한 SIPRI는 중국의 군사기술이 미국에 비해서 1, 2세대는 뒤처져 있다고 지적한다.

마찬가지로 세계의 군사비 추계를 발표하고 있는 영국의 유력 싱크탱크 '국제전략문제연구소'는 2012년 3월 중국의 2010년 군사비가 물가 수준을 반영한 구매력 평가로 환산하면 약 1,780억 달러(약 190조 5,300억 원)로 공표치의 2배가 넘을 것이라고 시산試算을 한 뒤에, 항공모함으로 발착할 수 있는 함재기를 아직 보유하고 있지 않은 점과 군의 '통합 연습' 경험이 부족하다는 점을 약점으로 지적하고 있다.

SIPRI가 2012년 3월에 발표한 2007~2011년 세계 무기 거래에 관한 보고서에는 인도를 비롯한 아시아 국가들의 무기 수입 통계가 나와 있다. 인도는 무기 수입국 가운데 톱으로 세계 무기 수입의 10%를 차지했다. 한국 6%, 파키스탄 5%, 중국 5%, 싱가포르 4% 등으로 그 뒤를 잇고 있다. SIPRI는 이에 대해 중국과 동남아시아 국가들이 남중국해에서 영유권 문제로 분쟁을 벌이고 있는 것이 원인이라고 분석하며, 중국의 군비 확장에 따라 아시아의 주변국들도 군비를 확장하는 상황이라는 점을 부각시켰다.

중국의 항공모함 개발에 대항하려는 일환으로 항공모함에 위협이 되는 잠수함의 신규 조달이 두드러지고 있다. 일본도 2010년의 「방위계획 대강」에서 잠수함을 현재의 16척에서 22척으로 증강하기로 결정했다. 말레이시아, 베트남도 신규 구입을 결정했고, 필리핀도 이를 검토하고 있는 것으로 알려져 있다.

제5장

공격은 최선의 방어
— 국방정책

하와이 앞바다에서 미 해군과 합동훈련 중인 중국인민해방군 해군

자료: http://www.flickr.com/photos/usnavy/9715570707/

적극 방어 이론

중국의 국방정책을 공식적으로 설명하는 가장 기본적인 문서는 국방백서에 해당하는 『중국의 국방中國的國防』이다.

이 문서는 1998년부터 2년마다 중국 국무원 신문판공실(중국공산당 대외선전부 판공실과 동일 조직)에서 발표하고 있다. 2010년판은 첫 페이지부터 중국은 '방어적 국방정책'을 이행한다고 강조하고 있다.

중국은 기회가 있을 때마다 방어적 국방정책을 호소하고 있다. 2011년 8월, 미국 국방부가 「중국의 군사 동향에 관한 보고서」를 발표하며 해군의 적극적인 해양진출에 대한 우려를 보였을 때에도, 중국 외교부의 마자오쉬馬朝旭 대변인은 "중국은 방어적인 국방정책을 취하고 있으며, 아시아 · 태평양 지역과 세계의 평화 촉진을 위해 노력하고 있다"라고 반발했다. 이것만 들으면 일본의 '전수專守 방위'와 비슷한 의미인 것처럼 받아들일 수도 있다.

그런데 국방백서에는 실려 있지 않지만, 이 국방정책의 아래에는 '적극(적인) 방어'의 군사전략이라는 또 하나의 독트린이 있다. 이 두 가지 표현은 일견 비슷해 보이지만, 이 '적극적인'이라는 수식어가 수상하다.

중국공산당의 간부교육 기관인 중앙당교의 기관지 ≪학습시보學習時報≫ 2011년 7월 18일 자에는 「적극 방어 전략은 영원히 찬란함을 발한다」라는 논문이 실렸다. 거기에는 다음과 같이 적혀 있다.

> 적극 방어 전략의 성질은 방어이지만, 본질은 적극이다. 방어란 전

략상의 방어적 지위, 또한 전략상의 자위自衛의 입장을 지칭한다. ……
그 목적은 정치적 · 외교적으로 주도적 입장을 유지하는 것이다. 적극이란 전쟁 준비와 전역戰役 · 전투상의 공격을 중시하는 것으로 전역 · 전술상의 공격을 통해서 방어의 목적을 달성한다.

전략, 전역, 전술의 정의는 애매하지만, 여기에서 '전략'은 높은 수준의, 대국적大局的인 방침 정도의 의미일 것이다. 전역, 전술은 구체적인 전투에서의 운용방법을 지칭한다. 즉 '공격을 받았기 때문에 공격을 하는 것이다'라는 자위의 대의大義를 유지하며 외교적 · 정치적 주도권을 장악하되, 실제 전투에서는 적극적으로 공격한다는 사고이다. 중국의 '적극 방어'의 해석을 둘러싸고 논의가 이어지고 있지만, 공격중시를 이 정도로 노골적으로 보여준 공식 논문은 별로 없었기 때문에 군사 관계자 사이에서 화제가 되었다.

게다가 이 논문의 저자는 중국인민해방군의 차세대 지도자로서 가장 유력시되고 있으며 군사이론가로서도 명망이 있는 장친성章沁生[1] 부총참모장이었다.

'적극 방어'라는 용어는 중국의 초대 지도자 마오쩌둥 주석 시대에서부터 사용되었는데, 그 해석은 시대와 함께 변화하고 있다. 이 논문도

---

1) 장친성(章沁生, 1948~), 산시성(山西省) 샤오이현(孝義縣) 출신이며, 중국공산당 제17기 중앙위원, 중국인민해방군 광저우 군구(廣州軍區) 사령원, 중국인민해방군 총참모부 부총참모장(副總參謀長) 등을 역임했다. 2013년 3월에 전인대 재경위원회(財經委員會) 부주임 위원으로 선발되었다. 2010년에 중국인민해방군 상장(上將)이 되었다. _옮긴이 주

건국 전의 혁명전쟁 시대부터 그 이후의 항일전쟁 시대, 건국 이후 미국과 대립했던 시대까지 일관되게 '적극 방어'가 이어져 내려왔다는 것을 논술하고 "영원히 찬란함을 발하고 있다"라고 말하고 있다.

논문에서도 지적하고 있지만, 마오쩌둥이 건국 전에 국민당 등과 싸웠던 때에는 게릴라전으로 '적을 깊은 데로 유인하고' 그 뒤를 친다는 의미로 '적극 방어'라는 말을 사용했다. '미美 제국주의'와 대치했던 시대에는 '적극 방어'와 '후발제인後發制人: 우선 상대가 공격하게 한 후에 제압한다'이 한 세트set로 사용되었다. 그 후에는 점차 '적극 방어' 쪽에만 힘이 실리게 된다.

이 논문은 '적극 방어'에 두 가지 특징이 있다고 하며 다음과 같이 지적한다.

> 첫째는 전략상의 방어와 전역·전투상의 공격을 유기적으로 결합한다는 점이다. 총체는 방어이지만, 구체적인 작전행동은 방어에 얽매이지 않으며, 전략방어의 과정으로서 적극적인 공격행동을 채택한다. 둘째는 전략방어가 적절한 전략반격, 전략공격으로 전환된다는 점이다. 즉, 전략방어가 만들어낸 유리한 상황을 충분히 이용해 전략반격을 행하고, 방어적인 입장을 전환해 전략공격을 이어나감으로써 전쟁에서 승리하는 것이다.

조금 어렵지만 현장에서 공격적으로 임해 주도권을 장악하고, 전쟁에서 승리한다는 '공격은 최선의 방어' 전략으로 이해할 수 있다.

2011년 작성된 미국 국방부의 「중국의 군사 동향에 관한 보고서」도 중국의 방어적인 정책 변경의 가능성을 시사하고 "중국군이 방위 명목으로 선제적으로 나서는 것"에 대한 우려를 드러내고 있다.

중국은 1992년 남중국해의 거의 전역을 포함하는 「영해법」을 제정했다. 이 법률에 따르면 베트남과 필리핀이야말로 침략적으로 중국을 도발하고 있기 때문에 중국은 방어적 입장에 서게 된다.

대중을 향해 '해양 전력海洋戰力'의 중요성을 호소하고 있는 군인이 집필한 계몽서적 『중국 해권中國海權』(人民日報出版社, 2009)에서도 저자인 장스핑張世平은 적극 방어의 해석을 수정해야 한다고 말하고 있다.

> 오늘날의 적극 방어는 단순히 적을 현관 바깥으로 내보내는 데 그치는 것이 아니라 (외측의) 바다에서 제압해야 한다. …… 국가의 경제 발전이 훌륭한 성과를 거둬 멋진 현관과 창문이 만들어졌고 자산도 있는데, 적이 안으로 들어오는 것을 용납할 필요가 있을까?

마오쩌둥이 주장했던 '적을 유인한 후의 공격'은 이미 시대에 맞지 않다고 강조하고 있다.

근해는 공격적으로

이와 같은 '적극 방어' 사상의 함의를 고려해보면 중국은 역시 주변국에게 위협이 된다.

전략, 전역, 전술 등의 용어는 애매하긴 하지만 공간의 규모를 구분할 때도 사용된다. 지구地球 규모는 '전략', 지역 규모는 '전역', 영토 등의 근린近隣 지역은 '전술' 정도의 위치로 설정된다. 그렇다면 미국은 전략적 대상이며, 근해는 전술적 대상이 된다. 중국은 최근 남중국해에서는 베트남과 필리핀, 동중국해에서는 일본과 영유권을 둘러싸고 대립하며 긴장감을 높이고 있다. 이 상황을 고려하면 "동중국해 등 중국 근해와 영토를 둘러싼 주변국과의 분쟁에서는 공격적으로 대응한다는 의미로도 볼 수 있을"(베이징의 외교소식통) 것이다.

실은 그러한 견해를 뒷받침하는 듯한 자료도 있다. 그것은 중국군의 싱크탱크 군사과학원이 3년에 걸쳐 정리한, 미래의 군사전략을 묘사한 보고서 『강군전략强軍戰略』이다. 군사과학원은 군의 전략을 연구·제안하는 두뇌집단으로, 미래의 군의 방향을 예측하는 연구로 알려져 있다.

이 보고서에서는 해군의 발전방향에 대해 "근해를 통제하고 양양兩洋: 태평양과 인도양으로 들어가 세계에 대한 영향력을 갖는다. 즉 황해, 동중국해, 남중국해에서 (군사적) 우세를 확립하고 …… 태평양과 인도양 해역에서 효과적으로 국가이익을 보호하며, 세계의 각 해역에서 일정한 영향력을 보인다"라고 되어 있다.

근해를 전술, 태평양과 인도양을 전역, 세계의 각 해역을 전략으로 치환해 읽어보면, 중국이 자국이 주장하는 영역을 통제하기 위해 공격적으로 나올 가능성을 부정할 수 없다.

중국에서는 미국의 해군 전략가 알프레드 마한Alfred Thayer Mahan에 대한 연구가 왕성하다. 그는 해양 지배가 강대국의 국가전략에 필수적이라고 지적해, 현재 세계 각 대양에 함대를 배치하는 미국 해군전략의 기초를 닦았다. 마한의 이론으로 보아도 중국이 강대국이 되려면 반드시 태평양으로 통하는 출구를 확보해야 한다. 이를 위해서도 근해인 동중국해와 남중국해의 제해권 확보가 필요할 것으로 보인다.

타이완의 위치설정도 변화

중국에게 타이완의 통일은 민족적 비원悲願이며, 군사력 증강 역시 모두 타이완의 통일이라는 목적을 위한 것이라고 알려져 있었다. 그렇지만 현재는 타이완의 통일이 갖는 위치도 미묘하게 변화하고 있다. 중국이 태평양으로 통하는 출구를 확보하기 위해서야말로, 통일이 필요하다는 관점이다.

군사과학원의 군인 연구자가 집필한, 앞서 언급했던 『중국 해권』은 다음과 같이 쓰고 있다.

> 타이완의 군사적 가치는 그곳이 3만 6,000m^{2}의 '침몰하지 않는 항공모함'이라는 점에 있다. 타이완은 중국이 대양大洋으로 나아가기 위한 가장 중요한 해로이며, 중국 해양의 생명선이다. …… 중국이 바다로 나아가 해양의 세기에서 주인공이 되려면, 반드시 타이완 문제를 해결하고 조국통일을 실현해야 한다.

여기에서 타이완 통일은 목적이 아니라 중국의 발전을 위한 수단이 되고 있다.

공군 간부가 공군전략에 대해 논술한 내부의 이론서적2)에는 다음과 같은 내용이 있다.

> 중국의 국익 확장을 막는 최대 장애물은 미국이 깔아놓은 (오키나와, 타이완, 필리핀을 잇는) 제1도련第一島鏈과 (오가사와라 제도小笠原諸島, 괌, 인도네시아를 잇는) 제2도련第二島鏈이다. 중국의 태평양과 인도양 진출을 봉쇄하기 위해 미국은 기를 쓰고 있다. 강력한 항공 전력을 구축해 이를 돌파하고 미군의 활동 공간을 축소시켜야 한다.

군사전략상의 해상 라인line인 도련島鏈에 대해서는 '미국이 먼저 정의했다'와 '중국이 스스로 그었다'라는 두 가지 설이 있는데, 적어도 1980년대의 중국은 이것을 자국의 근해 방위 라인으로 규정하고, 대미對美 방어선으로 삼았다. 그런데 국력이 증강하고 해양자원 개발과 해상 수송 라인의 안전 확보 등 국익이 원양遠洋으로 확대된 결과, 발상이 역전되어 '장애물'이 된 것이다.

중국은 오랜 시간 '근해 방어'를 기본으로 삼아왔다. 제1도련의 안쪽을 자국의 바다로서 지켜왔다. 그런데 최근 해양력海洋力과 공군력의 작전 능력을 확대하고 있는 것은 명백하다. 1996년, 중국은 타이완 총통

---

2) 朱暉 主編, 『戰略空軍論』(北京: 藍天出版社, 2009).

〈그림 5-1〉 중국이 지배력 확대를 노리고 있는 해역

선거에서 독립파의 후보로 나선 리덩후이 총통에게 압력을 가하기 위해 미사일 발사 등 군사 연습을 실시한 적이 있다. 하지만 이때 미국의 항공모함이 접근해 맞설 수 없었다. 이런 경험으로 인해 중국은 우선 타이완 해협에 대한 제해권, 제공권을 확보하려 하는 것이다. 다만 최근의 움직임에서는 타이완 방위를 넘어 아시아・태평양으로 진출하기 위해 자국의 지배권을 확대하려는 의욕을 엿볼 수 있다.

반접근 · 영역거부 전략

미국은 중국의 이러한 움직임이 미군 등을 접근시키지 않기 위한 '반접근 · 영역거부Anti-Access/Areal Denial; A2AD' 전략이라고 해 경계심을 드러내고 있다. 이것은 어디까지나 미국 측이 붙인 이름으로 중국이 스스로 'A2AD 전략'을 공언한 것은 아니지만, 중국 측도 그 의도를 숨기려 하지는 않고 있다.

일본과 해역을 접하고 있는 동중국해에서도 중국군은 활발하게 활동하고 있다. 2010년 4월, 중국 해군의 잠수함 2척과 미사일 구축함 등 총 10척의 함정이 오니카와 본도本島와 미야코 섬宮古島 사이의 공해상을 항행했다. 8일과 21일에는 함재 헬리콥터가 경계 감시 중인 해상자위대 호위함에 약 90m 거리까지 접근한 적도 있었다. 이에 일본 정부는 '위험한 행동'이라고 항의했다.

그 후 5월 3일에는 아마미오 섬奄美大島에서 북서쪽으로 약 320km 떨어진 동중국해 해상에서 일본 해상보안청의 측량선 '쇼요昭洋호'가 해저탐사를 하고 있을 때, 중국의 해양감시선이 무선으로 중지를 요구하고 추적해와 일시적으로 조사를 중지한 일이 있었다. 중국 선박이 추적해왔던 곳은 동중국해의 '배타적 경제수역EEZ'을 구분하는 중일中日 중간선의 일본 쪽 방향이었다. 원래 중국은 중간선을 인정하고 있지 않았지만, 이 정도로 강경한 행동을 취한 전례는 없었다. 과거 2008년 12월에 중국의 해양감시선이 센카쿠 열도 부근의 일본 영해로 침입해, 일본 측의 추적에도 굴하지 않고 9시간 동안 항행했던 적이 있기는 하다. 그런데 이번에는 중국 측이, EEZ라고는 해도 '추적하는 측'이 되면서 중일 간의 입장이 역전되었다.

이제까지 자국의 바다를 지키지 않았던 것이 이상했다.

해양감시선 추적에 일본이 항의하자 중국군의 퇴역 소장少將 쉬광위[3]가 홍콩 언론을 통해 했던 말이다. 그는 또한 "우리는 타국을 침략하지 않으며, 국익을 지킬 뿐이다"라고도 말했다.

중국은 센카쿠 열도(중국명 댜오위다오) 주변 해역에서 석유 자원이 발견된 이후인 1970년대 초부터 센카쿠 열도의 영유권을 주장하기 시작했는데, 국제사회는 여기에 그다지 주목하지 않았다. 그런데 40년 가까이 선전을 계속한 결과, 이를 받아들이는 국제사회의 태도도 변했다. "양국 간에 영유권 문제는 존재하지 않는다"라는 일본 정부의 입장은 불변이지만, 미국 국방부마저 "센카쿠 열도 영유를 둘러싸고 중일이 계쟁係爭 상태에 있다"(2009년 중국의 군사 동향에 관한 보고서)라고 명시하게 되었다. "영유권 문제는 존재하지 않는다"라는 공식 견해가 설득력을 상실하고 있는 것이다.

---

3) 쉬광위(徐光裕, 1934~), 중국의 유명한 군사 전문가로서, 1988년에 중국인민해방군 소장(少將)이 되었으며, 1994년에 퇴역했다. 중국인민해방군 총참모부 소속 부부장(副副長), 중국인민해방군 화학학원(化學學院) 원장, 중국군사과학학회 이사 등을 역임했다. 현재 하얼빈공정대학(哈爾濱工程大學) 겸직 교수, 삼략연구원(三略硏究院) 고급 고문이다. 저서로 『核戰略縱橫』(北京: 國防大學出版社, 1987) 등이 있다. _옮긴이 주

다만 국제법상 실효 지배하는 국가의 입장이 강한 것은 명백하기 때문에, 중국 역시 자신들이 불리한 입장이라는 것을 인정하지 않을 수 없다. 그러한 가운데 "더욱 실질적인 활동을 통해 존재감을 보여야 한다는 의견이 강해졌다"라고 중국공산당의 한 소식통은 말한다. 중국의 국력 향상과 고조되는 민족주의가 이를 뒷받침했다.

국가해양국國家海洋局은 2009년 3월, 동중국해에서 이루어지는 순시의 정기화와 범위 확대 등 활동 강화를 결정했다. 중간선의 일본 쪽 방향과 센카쿠 열도 해역에서 활동 실적을 쌓아, 해역을 지배하는 세력 간의 관계를 바꾸려는 노림수일 것이다.

1960년대부터 중국의 군사 동향을 연구해온 히라마쓰 시게오 전임 교린대학 교수는 "냉전 시대에는 구소련이 북방 영토 주변에서 비슷한 해상 활동을 해 일본과 미국이 함께 몰아냈다. 그런데 현재 미국의 힘은 저하되었다. 중국은 미국이 어떻게 나오는지를 보면서 장기적으로 동중국해를 자신의 바다로 만들려는 계획일 것이다"라고 분석한다.

센카쿠에 대한 장기 전략

중국은 1970년대부터 착실하게 남중국해에 대한 실효 지배를 확대해왔다. 1974년에 '시사 군도西沙群島'에서 베트남과 무력 충돌해 이곳을 군사점령했다. 1988년에는 '난사 군도'에서 베트남과 충돌해 실효 지배를 확대했다. 또 점령 후에는 군 주도로 건조물을 세우는 등의 노력을 기울여 기정사실화를 추진해왔다. 1995년에는 필리핀이 영유권을 주장하던 난사 군도의 '팡가니방 산호초Mischief Reef'에 기습적으로 진출, 군사 시설을 건설해버렸다.

동중국해에 있는 센카쿠 열도는 중국에서 볼 때, 제1도련의 안쪽에 있으며 근해 방위전략 대상에 포함된다. 더구나 중국에게는 남중국해의 전례前例가 있는 만큼, 일본으로서는 "다음은 동중국해, 센카쿠 열도가 타깃이다"라고 경계하지 않을 수 없다. 실제로 실효 지배를 향한 과정도 매우 유사하다. 처음에는 어선이 출몰하고, 그 어선을 보호한다는 명목으로 해군 등 공선公船이 나오는 패턴이다. 센카쿠 열도 부근에서도 어선의 강경한 행동이 두드러지고 있으며, 2010년 9월에는 일본 해상보안청 소속의 함선과 충돌하는 사건이 일어났다.

중국은 남중국해에서 필리핀과 영유권을 다투고 있는데, 이 지역에 출몰하는 중국 어선에 대해 중국 정부가 보조금을 지급하고 있었다는 사실이 밝혀졌다. 정부가 적극적으로 문제 해역에 어선을 출항시켜 기정사실화를 도모하고 있는 것으로 볼 수 있다. 센카쿠 열도 부근에 출항하는 어선에게도 동일한 조치가 취해지고 있는 것 같다.

또 중국 해군은 자국의 어민들 사이에 민병民兵 조직을 구축하고 있다. 어민을 국방에 동원시키기 위해서이다. 남중국해와 동중국해의 문제 해역에 출항하는 어민이 민병의 지위를 가지고 있을 가능성도 부정할 수 없다.

그렇다면 동중국해도 남중국해와 마찬가지로 어선에 이어서 군이 곧바로 진출해올까? 반드시 그렇지는 않다고 생각한다. 점령될 당시의 베트남, 필리핀과 일본 사이에는 군사력을 포함한 커다란 국력의 차이가 있다. 또한 중국이 베트남으로부터 시사 군도를 빼앗았을 때, 미국은 개입하지 않았다. 중국이 팡가니방 산호초에 진출한 것은 1993년에 미군이 필리핀에서 철수한 직후로, 미국은 여기에도 개입하지 않았다. 일본은 일단 미일동맹을 통한 미군의 후원이 있다. 또한 경제적 영향력도 크기 때문에, 정면에서 군사적으로 충돌하는 것은 중국 역시 지금은 바라고 있지 않다.

한 해양문제 연구가는 『탈냉전 시대의 유라시아 국제관계의 변화』(時事出版社, 2011)[4]라는 연구서에서 다음과 같이 지적한다.

> 우선 일본 측에 댜오위다오의 주권 문제를 둘러싼 분쟁이 있다는 사실을 인식시킨 다음, 쌍방이 이 문제에 대해 대등한 협의를 행해야 한다. 그다음, 댜오위다오와 그 주변 해역에 대한 일본의 경비 태세를 약체화시킨다. 이어서 댜오위다오 방위 측면에서 타이완을 어떻게 활용할 것인가를 고려해 중국 · 타이완 양안에서 해양문제에 대한 협력 틀을 만들고, 타이완을 중일 간 협의에 참가시키는 것을 고려한다. 주권 귀속문제로 중일 간 타협이 불가능하다면, 국제사법 재판소에 제소하는 것도 고려한다.

---

4) 이 책의 구체적인 서지 사항은 다음과 같다. 上海社會科學院世界經濟與政治研究院 主編, 『後冷戰時代歐亞國際關係的演進』(北京: 時事出版社, 2011). _옮긴이 주

이 연구서의 내용은 어느 연구자의 사적인 견해에 불과하지만, 2009년 중국 어선과 일본 해상보안청의 순시선이 충돌하는 사건이 벌어졌을 때, 중국 측의 전문가는 입을 모아 "일본은 우선 분쟁의 존재를 인정하라"고 호소했다. 이 점에 대한 광범위한 합의가 있는 것이다.

또 최근 중국 해군과 해양감시선 등이 센카쿠 열도 주변에서 활발히 활동하는 것은 경비 태세를 약화시키는 움직임이라고 할 수 있다. 그의 주장은 중국 지도부의 인식에 가까울 것이다. 일단 중일이 협의의 틀을 구축한다면, 타이완의 참가를 제안하는 일도 충분히 예측할 수 있다.

동중국해의 해양감시선을 관할하는 국가해양국 당국자는 2012년 3월 21일 자 ≪인민일보≫에서 센카쿠 열도 부근에서 순시활동을 하는 목적에 대해 "일본이 40여 년간 강화해온 실효 지배를 약화시키고, (약 50년 동안의) 실효 지배로 성립된 시효時效로써 이곳을 절취하려는 일본의 의도를 타파하는 것"이라고 말하고 있다.

중국 쪽에는 50년을 방치하면 '시효時效'가 성립해, 일본의 영유권이 정착되어버릴 것이라는 초조함이 있다. 다만 이 50년 시효설의 근거는 확실치 않다.

센카쿠를 탈환하자는 강경론도

중국군 내부에는 당연히 무력행사를 포함한 강경론도 있다. 앞에서 언급된 『중국 해권』의 저자 장스핑은, 2008년 12월 중국 해양감시선이 센카쿠 열도에 접근했다가 일본으로부터 항의를 받은 일에 대해 다음과 같이 말하고 있다.

> 전후 줄곧 유유낙낙唯唯諾諾하게 머리를 숙이고 있던 일본이 왜 이처럼 완고하게 되었는가? …… 자국의 선박이 댜오위다오로 갈 수 없는데도 왜 중국은 굽실굽실 머리를 숙이는가? …… 중국은 지금까지 실력행사로써 실효 지배를 빼앗는 조치를 취하지 않았으며, 일본인이 댜오위다오와 그 부근에서 행하는 도발행위를 제지하는 조치도 취하지 않았다. 댜오위다오 문제를 해결하기 위해서는, 8년간 싸웠던 항일전쟁처럼 '청룡도青龍刀로 왜적의 목을 치는 것'과 같은 중국인의 자세가 필요하다.

이것은 대중이 읽는 일반 서적에서 저자가 개인적으로 드러낸 견해일 뿐이다. 그런데 군軍 내부에는 중국 정부의 현재 대응이 저자세라고 비판하는 세력도 있다. 향후 센카쿠 열도에 대한 중국 측의 대응은 이러한 중국 내 온건파와 강경파 사이의 균형balance에 의해 좌우될 것임에 틀림이 없다.

다만 지도부는 더욱 장기적인 관점으로 사태를 보고 있을 것이다. 약 40년에 걸쳐 중국의 영유권 주장을 세계에 확산시킨 것처럼, 실효 지배를 향한 움직임도 국제여론에 손을 쓰며 서서히 좁혀 들어오고 있다. 만일 지금 중국군이 센카쿠 열도를 무력 침공한다면, 중일 양국은 군사적으로 충돌할 것이고 국제사회의 비난은 피할 수 없다. 섣부르게 무력 침공을 하지 않더라도 동중국해 일대를 '중국의 바다'로 만들어버리면, 그 안에 있는 댜오위다오도 자연스럽게 자신들의 것이 된다고 계산하고 있는 것이다.

센카쿠 열도 주변에서 이루어지는 중국 해군의 활동은 조금씩 증가하고 있다. 2012년 8월 15일에는 홍콩 민간 운동가에 의한 센카쿠 열도 '상륙 사건'이 일어났다. 민간 중국인의 상륙은 2004년 3월 이래 약 8년 만의 일이다. 이러한 사건이 조금씩 증가하고 있고, 어선의 수도 조금씩 늘고 있으며 …… 그 존재감을 높여가고 있다. 국제사회에서도 일본에서도 중국의 영유권 주장에 수긍하는 사람을 조금씩 늘려가려 하고 있다.

연안 경비대 구상

중국의 대일對日 공작은 대對타이완 공작과 비슷한 부분이 있다. 중국이 자국의 영토로 간주하는 타이완과의 관계는 강력하게 독립을 지향한 리덩후이(국민당, 2000년까지)와 천수이볜陳水扁[5](민주진보당民主進步黨, 2008년까지) 정권 때 악화되었다. 중국인민해방군 내에는 '무력 침공도 불사한다'라는 목소리까지 있었다. 그렇지만 그 이후 중국이 취한 전략

---

5) 천수이볜(陳水扁, 1950~), 타이완 타이난시(臺南市)에서 출생했으며, 타이완대학(臺灣大學) 법학과를 졸업했다. 2000년부터 2008년까지 타이완 총통(總統)을 역임했다. _옮긴이 주

은 경제를 중심으로 은혜를 베풀어 타이완을 천천히 삼켜버리는 것이었다. 현재 중국은 타이완 경제에 엄청난 영향력을 행사하고 있고, 타이완 언론마저도 중국 측으로부터 얻는 광고 수입에 의존하는 구조가 되면서 독립파는 세력을 상실했다.

일본에 대해서도 힘으로 센카쿠 열도를 빼앗는 것보다는 주변에서부터 공략하는 전략일 것이다(50년 후에 문득 정신을 차려보니 어느새 중국의 손에 떨어져버린 상황이 될 수도 있다).

중국의 군인이자 군사과학원 연구원인 뤄위안羅援은 2012년 3월, 전인대 개회 중에 중국의 '연안 경비대' 구상을 제창했다. 이 '연안 경비대' 구상에는 해군이 전면에 나섬으로써 중일의 군사 대립이 고조되는 것을 피하려는 의도가 엿보인다.

2007년에 해군출판사에서 『중국 해안 경비대 건설 연구中國海岸警衛隊組建研究』라는 연구서가 발행되었다. 이것이 연안 경비대 구상의 기초가 된 것으로 보인다. 이 책에서는 해안 경비대가 필요한 이유 중 하나로 영유권 문제의 군사적 해결은 중국의 평화적 발전, 경제 발전에 바람직하지 않다는 점을 들고 있다. 이 연구서가 나올 당시에는 그다지 들어본 적이 없는 지적이었다. 그런데 필자는 이 같은 냉정한 인식이 중국군의 공통인식으로서 확산될 것인지 궁금했다. 뤄위안은 해군과 국가해양국, 농업부 어정국漁政局 등 복수의 기관에서 해양을 관할하는 것에 대해 "힘을 집중시키고, 지휘권의 분산을 줄이며, 효율을 높여야 한다"라고 말하며 효율화의 중요성도 강조했다. 이 연구서에 나온 것과 거의 같은 내용이었는데, 약 5년의 시간을 거쳐 중국의 정책으로 부상했다고 봐도 좋을 것이다.

중국 해군이 동중국해에서 활발하게 활동하는 것은 틀림없지만, 영유권 문제에 대해 전면적으로 나서는 것은 자제하는 듯한 모습이다. 2010년 9월에 중국 어선 '충돌 사건'이 일어나 중일 간에 긴장이 높아졌던 때도, 군이 앞으로 나서서 강경한 발언을 하는 흔적은 살펴볼 수 없었다. 주로 외교부 등의 정부 부문이 대응했다.

2012년 9월, 일본 정부가 센카쿠 열도를 국유화했을 때 홍콩의 신문은 5대 군구軍區가 '전투 준비' 태세에 들어갔다는 등의 내용을 보도했다. 그렇지만 중국 측이 실제로 취한 보복은 민중의 반일 시위 용인과 중일 교류의 정지, 경제 보복 등 비군사적 조치였고, 군은 "(중국에게는) 지금 이상의 행동을 취할 권리가 있다"라고 위협 발언을 하는 데 그쳤다. 일본의 국유화 조치가 센카쿠 열도에 대한 중국군의 대처 원칙에 어떠한 영향을 주었는지는 당분간 관찰이 필요하다. 중국은 센카쿠 열도 해역에 연이어 감시선을 파견하는 시위 행동을 늘리고 있기 때문에, 중일 양국이 우발적으로 충돌할 위험은 높아지고 있다. 그렇지만 일방적인 무력 침공과 군사 충돌은 최대한 피한다는 기본선base line을 무너뜨리지는 않을 것이다.

일본은 센카쿠 열도를 둘러싼 문제에서 중국의 군사력에 대한 대응 이상으로 중국의 이러한 교활하고 장기적인 전략에 대한 대응도 고려해야 할 것이다.

또한 영토를 둘러싼 문제의 귀추는 결국 그 국가의 종합국력에 달려 있다. 군사력뿐만 아니라 국제사회에서의 정치력, 경제력, 문화적 소프트파워soft power와 영유권의 정당성에 대한 국제적인 발신력發信力 등 다양한 요소가 종합국력을 구성하며, 상대국과의 세력관계를 결정한다. 군사력에서 상대보다 우월하다고 해서 안심할 수는 없다.

이익변강의 사상

중국군에게는 '이익변강利益邊疆 사상'이라고 하는 또 하나의 주목받는 이론이 있다. 국익에 따라 관여하는 영역area을 확대하려 하는 발상이다. 이 사고방식 역시 주변국과 아시아 · 태평양 국가들의 눈에는 불길하게 보인다. 중국군이 센카쿠 열도 주변에서 활동하는 것은 기본적으로 중국의 주권을 과시하려는 목적이지만, 중국 측의 해양진출에는 아시아 · 태평양으로의 창구를 확보하고 나아가 원양遠洋에서의 활동 공간을 확대한다는 더 큰 목적이 있다.

해상 수송은 항공기가 발달한 현재에도 최대의 수송 수단이다. 중국이 대국으로서 발전을 이어나가기 위해서는 해상교통을 확보하는 것이 불가결하다. 태평양으로 나아가는 창구로서 오키나와 본도와 미야코섬宮古島 사이의 '미야코 수도宮古水道' 등이 중요해지게 된다.

우리나라는 현재 하나의 내륙, 내해 국가에 지나지 않으며, '출해권出海權'에 제약이 있다(『中國海岸警衛隊組建硏究』).

이것이 중국의 인식이다. 2009년 1월 4일 자 ≪해방군보解放軍報≫에는 아덴 만Aden Bay 해적에 대한 대책으로, 소말리아 해협에 중국 해군 함대가 파견된 것의 의의를 전하는 어느 군인의 논평이 게재되었다.

우리나라의 종합국력은 부단히 증강되고 있으며, 국가이익이 넓은 공간으로까지 확대되었다. 국가이익은 이미 전통적인 영토, 영해, 영공의 범위를 넘어 해양, 우주, 전자 공간으로 확장되기 시작했다.

국가이익이 확대된 모든 곳에서는 우리 군의 사명 역시 확대된다. 새로운 역사적 사명의 요청에 기초해, 우리 군은 국가의 영토 경계뿐만 아니라 '이익경계'도 방위해야 한다.

≪해방군보≫의 어느 군인 기자가 쓴 논평인데, 결국 군은 국경에 그치지 않고 중국의 경제활동 등 국익에 관계된 곳이라면 어디든 방위에 나서야 한다는 내용이다. 중동의 원유에 에너지를 의존하고 있기 때문에, 해적에 대한 대책으로서 함대를 파견하는 것은 그 첫걸음이다. 그런데 현재 중국은 전 세계로까지 무역 관계가 넓어지고 있기 때문에 이익변강 역시 무한히 확대되게 된다.

논평은 자국의 변화를 다음과 같이 솔직하게 기록하고 있다.

건국 당초에 우리나라 경제의 대외 의존도는 높지 않았고, 국가안전과 발전의 근본이익은 대륙에 있었으며, 육군 주체의 해방군이 만리의 국경을 방위하는 임무를 맡았다. …… 지금은 해상교통로가 중국 경제

사회 발전의 중요한 생명선이 되었다.

전통적인 근해 방위라는 간판은 내리지 않았지만, 중국은 원양遠洋을 포함한 더욱 넓은 지역에 전력戰力을 투사하기 시작했다. 그것은 '해양대국'으로서 피할 수 없는 길이지만, 근린近隣 국가들의 입장에서 군사력을 수반하는 전략변강戰略邊疆 사상은 간과할 수 없는 것이다.

서태평양을 시야에

현재 중국 해군 전략의 중점은 '원양遠洋 해군', '원해遠海 방위'의 강화이다. 항공모함 건조 역시 그 일환이다. 근해 방위 중시에서 전환되고 있는 것이다. 그렇다면 구체적으로 중국군은 어디까지 영향력을 확대하고자 하는 것일까?

앞에서 언급한 『강군전략』에는 장기 목표에 대해 "근해를 통제하고, 양양兩洋: 태평양과 인도양에 들어가며", "동경 165도 이서以西, 남위 35도 이북以北의 태평양과 인도양 해역에서 유효하게 국가이익을 보호한다"라고 쓰여 있다.

또 중국 해군은 전통적으로 근해 방위를 중시했지만, 중국이 발전함에 따라 근해 방위만으로는 국가이익의 확장과 대국의 책임을 다할 수 없게 되었다고 지적하고, 해군의 역할 변화를 강조하고 있다.

양양兩洋이란 구체적으로 '서태평양'과 '북부 · 중부 인도양'을 가리킨다. 여기에는 북한北限과 서한西限이 적혀 있지 않지만, 다른 부분에는 '군사력이 미쳐야 할 범위'로서 "대략적으로 북위 55도에서 남위 35도, 동경 30도에서 165도의 지역"이라는 언급이 있다. 이 범위의 경우 서쪽으로는 페르시아 만,[6] 동쪽으로는 미크로네시아까지 포함된다.

구체적인 원양 방위능력으로서 항공모함 등의 대형 수상함정, 원자력 잠수함 및 통상 공격형 잠수함을 들고 있다.

근해 방위에 대해서는 "제1도련 내에서 커다란 군사적 우위를 확보하고, 역내에서 효과적인 방어 작전을 실시하며, 군사적으로 위협적인 존재"가 되며, 안전보장 영역을 그 바깥에 있는 제2도련의 외측까지 확장한다고 되어 있다. 사실상 제1도련 안쪽을 '자국의 바다'로 선언하는 것으로 볼 수 있다.

센카쿠 열도는 제1도련 내에 있고, 중국이 이곳을 유효한 통제하에 두려 하는 것은 명백하다. 발해, 황해, 동중국해, 남중국해에서 '수면 공격력, 수면하水面下 공격력, 항공 공격력, 상륙작전 능력이 일체화'된 근해 방위 능력을 지향하는 중국을, 일본은 경계하지 않을 수 없다.

최근 수년간 오키나와 근해와 가고시마현鹿兒島縣 앞바다의 오스미大隅 해협 등에서 동중국해로부터 태평양으로 빠져나가는 중국 해군 함대의 활동이 빈번히 보고되고 있다. 양양兩洋의 지배권 확보를 위한 훈련 등의 실적 쌓기가 착실하게 진전되고 있음을 보여준다.

---

6) 페르시아 만(Persian Gulf), 아라비아 반도와 이란 사이의 만(灣)으로, 아라비아 반도의 국가들은 아라비아 만(Arabian Gulf)이라고 부른다. _옮긴이 주

미국은 중국이 중동으로 이어지는 해상교통로sea lane를 따라 미얀마와 파키스탄 등 우호국에 해군 거점을 설치하는 '진주 목걸이 전략'[7]을 쓰고 있다고 본다. 중국 자신은 '진주 목걸이 전략'이라는 말을 한 적이 없지만, 원해 방위를 본격적으로 강화하고자 한다면 이는 필연적인 길이라 할 수 있다.

---

7) 중국의 이른바 '진주 목걸이(String of Pearls) 전략'에 대한 유용한 논의로는 다음을 참고하기 바란다. Itamar Y. Lee, "Deepening Naval Cooperation between Islamabad and Beijing," *China Brief: A Journal of Analysis and Information*, Vol.9(Washington DC: The Jamestown Foundation, 2009), pp.11~13. _옮긴이 주

제6장

당의 군대
— 문민통제

중국공산당 제18차 당대회
자료: http://goo.gl/qpsJ3N

주석도 알지 못하는 군사 행동

중국의 군부와 문민文民 지도부 사이에 의사소통이 결여되어 있다. 후진타오 국가주석과 공산당이 군을 통제하고 있다는 데에는 의심할 여지가 없지만, 문민 측에 충분한 군사 정보가 들어가고 있지 않다.

2011년 1월에 방중한 로버트 게이츠Robert Gates 미국 국방장관이 후진타오와 회담한 이후에 한 발언이다.

게이츠가 중국에 머무르고 있을 때, 쓰촨성 청두成都에서는 차세대 스텔스 전투기로서 주목을 받던 'J-20'의 첫 시험비행이 이루어졌다. 게이츠는 그 직후 후진타오와의 회담 자리에서 이를 언급했는데, 이때 후진타오가 시험비행에 대해 파악하고 있지 못한 듯한 인상을 받았던 것이다. 게이츠는 중국 방문 직후, 일본을 방문해 게이오대학慶應大學에서 강연을 할 때 이 문제에 대해 언급했다.

그는 시험비행 외에도 2009년에 미 해군 조사선 '임페커블Impeccable호'가 남중국해에서 항행하던 중 중국 함선에 의해 항행 방해를 받은 사례와 2007년에 중국이 탄도미사일로 인공위성을 파괴하는 실험을 한 것에 대해서도, 문민 지도부가 사전에 "알지 못했을 가능성이 있다"라고 지적했다.

해양진출과 같이 활발해지는 중국인민해방군의 활동과 군비 확장 경향에 대한 우려가 점점 확산되는 가운데 미국 국방장관이 군에 대한 중국공산당의 문민통제civilian control에 우려를 보여 화제가 되었다.

그런데 문민통제란 무엇인가? 공산당이 일당독재를 하고 있고, 국정國政 수준의 보통선거 제도가 없는 중국에는 국민의 대표가 군사를 감시하고 정책의 최종결정권을 지닌다는 의미에서의 '문민통제'는 존재하지 않는다. 중국인민해방군은 중국공산당을 위한 군대이며, 군에 대한 감시, 통제를 할 수 있는 존재는 오직 중국공산당뿐이다.

중국 역사를 보면, 중국공산당은 국민당과의 국공내전에서 군사적으로 승리하며 중국을 통일했다. 이 때문에 "정권은 총구에서 나온다"라는 마오쩌둥의 말처럼 중국인민해방군의 역사적 공적은 크며, 국가통치에서도 군의 중요성은 널리 인식되고 있다. 국민도 장기간 타국의 침입에 고통을 겪었던 경험으로 인해 국방력의 중요성에 공감하고 있다.

군사의 통수권統帥權을 장악하고 있는 것은 중국공산당 중앙군사위원회이며, 국가나 정부가 아니다. 일본의 경우 자위대의 최고지휘관은 총리이다. 반면 중국의 원자바오 총리는 당 중앙군사위원회의 구성원이 아니기 때문에 군에 대한 지휘권이 없다.[1]

형식상으로는 국가중앙군사위원회國家中央軍事委員會[2]라는 조직이 있어 국가가 군의 지휘권을 장악하는 형태를 취하고 있지만, 당 중앙군사위원회와 완전히 동일한 구성원으로 이루어졌기 때문에 사실상 기능하고 있지 않다. 원자바오가 지휘하는 국무원(정부) 내에 국방부가 있긴 하지만, 국방부에도 군에 대한 지휘권이 없다.

---

1) 마찬가지로 리커창(李克强) 중국 현임 총리도 당 중앙군사위원회 및 국가중앙군사위원회의 구성원이 아니기 때문에, 중국인민해방군에 대한 지휘권이 없다. _옮긴이 주

2) 1982년에 성립된 중화인민공화국 중앙군사위원회를 지칭한다. _옮긴이 주

2008년 5월 12일 쓰촨성에서 대지진이 일어났을 때, 원자바오 총리가 당일 바로 현지로 들어가 구조 활동 등의 진두지휘를 맡았다. 그렇지만 당 중앙군사위원회 주석을 겸무하는 후진타오가 16일에 현지로 들어갈 때까지 군의 움직임이 굼떴다는 지적이 있다.

베이징대학 정부관리학원政府管理學院의 바이즈리白智立 부원장은 지진 발생으로부터 약 2주 뒤, "중국의 군대는 정부의 군대가 아니기 때문에 초동初動이 늦어졌을 가능성이 높다. 원자바오는 군 간부를 격렬히 질책했지만, 최종적으로 군의 수장인 후진타오 국가주석이 현지에 들어갈 때까지 군의 구조 활동은 본격화되지 않은 듯하다"라고 말했다.

일본의 2012년판 『방위백서』도 중국인민해방군과 중국공산당 간의 관계에 대해 언급했다.

> 군사력 근대화에 따라 군의 전문화가 이루어지고 임무가 다양해지는 등 군을 둘러싼 환경이 크게 변화하는 가운데, 공산당 지도부와 인민해방군 간의 관계가 복잡해지고 있다는 견해와 대외정책 결정에서 군의 영향력이 변화하고 있다는 견해도 있으며, 이러한 상황에 대해서는 위기관리상의 과제로서 주목해야 한다.

'복잡해지고 있다'라고 에둘러 말했지만, 각주에는 '군이 안전보장상의 문제에 대해 태도를 표명하는 경우가 증가하고 있다'는 지적 등을 사례로 제시했다. 중국 지도부가 제대로 군을 통제할 수 있느냐는 우려가 깊어지고 있는 것이다.

허구의 국방부

베이징시 내부를 돌아다니다 보면, 거대한 문의 양옆에 군인이 서 있는 시설을 여기저기에서 볼 수 있다. 그 어떤 곳에도 간판은 없다. 이러한 건물은 대체로 군과 관련된 시설이다. 도대체 얼마나 많은 군사시설이 있는지는 외국인은 물론이고 중국의 서민조차 알지 못할 것이다.

중국 정부는 해군, 공군, 제2포병부대 본부의 소재지와 군의 사령탑인 4총부四總部, 즉 총참모부總參謀部, 총정치부總政治部, 총장비부總裝備部, 총후근부總後勤部의 소재지를 밝히지 않고 있다.

간판이 없는 군사시설이라도 가까이에 사는 주민은 어떤 시설인지 알고 있다. 필자도 직접 걸어 다니며 조사해보았다. 해군 사령부와 공군 사령부는 베이징의 번화가 서쪽, 환상環狀 3호선과 교차하는 하이뎬구海淀區 신싱차오新興橋 부근에 있다. 제2포병부대 사령부는 베이징 북쪽 교외인 하이뎬구 칭허淸河에 있었다. 육군 사령부를 겸하고 있는 총참모부는 둥청구東城區 황쓰다제黃寺大街에 있다. 총정치부도 그 부근인 안더리安德里에 있다.

총참모부의 정보 관련 부문, 2부二部에 속해 있는 전임 해외 주재 무관들도 이 황쓰다제 부근에서 근무하고 있다.

식물원 등이 있는 베이징시 서쪽 교외 산간부에도 다양한 군사시설이 있다. 청나라 때 건축된 이궁離宮의 잔존물, 원명원圓明園의 서쪽에는 국방대학國防大學이 있고, 거기에서 더 서쪽에는 군사과학원이 있다. 그 주변의 지명을 샹훙치廂紅旗라고 하며, 샹훙치에서 북쪽 산 방향으로 올

〈그림 6-1〉 베이징시 내부의 주요 군사시설

라가면 막다른 골목인 둥쓰무董四墓에 군사시설이 있다. 총참모부의 작전부作戰部가 아닐까 추측된다. 그 북측의 산간부, 한자촨韓家川이라는 장소에도 거대한 군사시설이 있는데, 정보 계통의 시설처럼 보이지만 입구가 주택지이며 안쪽의 시설에는 접근조차 할 수 없도록 되어 있다. 구글 어스Google Earth를 통해 이 시설의 형태를 확인할 수 있다.

간판을 내걸고 있는 거의 유일한 건물은 중국 국방부 외사판공실外事辦公室이다. 이곳은 황쓰다제에서 가깝다. 왜 하필 이 장소냐면, 국방부 외사판공실은 중국인민해방군 총참모부의 외사국外事局과 사실상 일체이기 때문에 총참모부와 같은 장소에 배치되어 있는 것이다.

애초에 국방부가 허구의 조직이라는 말은 군 관계자로부터 몇 번이나 들었다. 실제 활동이 있는 것은 주로 대외 교류를 담당하는 외사판공실이며, 그나마도 총참모부가 겸무하고 있다.

국방부장은 량광례와 차오강촨曹剛川[3]과 같이 총참모장을 지냈던 인물이 되는 것이 통례다.[4] 게다가 부부장副副長: 차관 같은 것은 애초에 존재하지도 않는다.[5] 부부장을 대신해 외국 요인과의 회담 등에 나서는 것은 정보 계통의 담당자인 부총참모장副總參謀長이다.

민주주의 국가에서 국방부는 문민통제의 핵심이며, 문민이 대신大臣: 장관으로 취임해 무관을 지휘한다. 그렇지만 중국의 국방부에는 그러한 구조가 없다.

---

3) 차오강촨(曹剛川, 1935~), 허난성(河南省) 우강현(舞鋼縣) 출신이며, 미사일 전문가이다. 국방과학기술공업위원회 주임, 중국인민해방군 총장비부 부장, 중국공산당 중앙정치국 위원, 당 중앙군사위원회 부주석, 국가중앙군사위원회 부주석, 국방부장 등을 역임했다. 1998년에 중국인민해방군 상장(上將)이 되었다. _옮긴이 주

4) 중국의 역대 국방부장과 그 재임 기간은 다음과 같다.
펑더화이(彭德懷, 1954.9~1959.9), 린뱌오(林彪, 1959.9~1971.9), 예젠잉(葉劍英, 1975.1~1978.3), 쉬샹첸(徐向前, 1978.3~1981.3), 겅뱌오(耿飈, 1981.3~1982.11), 장아이핑(張愛萍, 1982.11~1988.4), 친지웨이(秦基偉, 1988.4~1993.3), 츠하오톈(遲浩田, 1993.3~2003.3), 차오강촨(曹剛川, 2003.3~2008.3), 량광례(梁光烈, 2008.3~2013.3), 창완취안(常萬全, 2013.3~). _옮긴이 주

5) 중국 국방부에는 과거에 다음과 같은 부부장(副部長)이 존재했다. 황커청(黃克誠), 탄정(譚政), 샤오징광(肖勁光), 왕수성(王樹聲), 샤오커(肖克), 리다(李達), 랴오한성(廖漢生), 리위(栗裕), 뤄루이칭(羅瑞卿), 천경(陳庚), 쉬광다(許光達), 쉬스유(許世友), 류야러우(劉亞樓), 양더즈(楊得志). _옮긴이 주

특수한 당군 관계

중국공산당의 당규약黨規約에는 "중국공산당은 인민해방군과 기타 무장역량武裝力量에 대한 지도를 견지한다"(총칙)라고 명기되어 있다. 그것을 구현하는 것이 군의 최고결정기관인 중국공산당 중앙군사위원회를 정점으로 하는 당 조직이다.

한편 중국 헌법에도 "중화인민공화국 중앙군사위원회가 전국 무장역량을 지도한다"(제93조)라고 명기되어 있다. 형식상으로는 두 개의 지도부가 있는 것이 된다. 하지만 앞에서 언급한 바와 같이, 당 중앙군사위원회와 국가중앙군사위원회는 동일한 구성이다. 어느 곳에 실세가 있는지 따져보면, 틀림없이 당 중앙군사위원회 쪽이다. 통상 5년에 한 번, 가을에 개최되는 중국공산당 당대회 개최 시기에 당 중앙군사위원회의 구성원이 선출되고, 이듬해 3월 전인대에서 같은 구성원이 국가중앙군사위원회의 구성원으로 추인된다. 국가중앙군사위원회가 헌법에 명기된 것은 1982년의 헌법 개정 때로, 이 시기에는 국가에 의한 중앙군사위원회의 기능 강화를 목표로 했던 것으로 보인다.

또 헌법은 "중국 각 민족 인민은 공산당의 지도하에서 인민민주전제人民民主專制를 견지한다"(서문)라며 중국공산당이 국가를 지도하는 것을 규정하고 있다(공산당 이외의 정당이 여당이 되는 것은 헌법 위반이 된다. 정치가 민주화되려면 우선 이 헌법부터 개정해야 할 것이다).

2012년 9월 시점에서 당 중앙군사위원회는 총 12명으로 구성되어 있으며, 주석은 중국공산당의 1인자 후진타오 총서기(국가주석)가 겸무하고 있다.[6] 부주석은 차기 당대회에서 후진타오로부터 바통을 이어받게 되는 시진핑 국가부주석과 군인 출신의 2명[7]으로 총 3명이다. 이 밖의 위원[8]으로는 4총부의 1인자와 해군, 공군, 제2포병부대의 사령관 및 국방부장이 있다.

당 중앙군사위원회를 정점으로 한 중국의 군대는 각급各級마다 당 조직이 거미줄처럼 전개되어 있다. 그리고 사령관司令員과 나란히 당무黨務를 장악하는 정치위원政治委員이 있으며, 대등한 2인의 톱top이 병존하는 특이한 '쌍두제雙頭制'를 채택하고 있다. 연대, 사단, 대군구大軍區 등 각각에 사령관과 정치위원이 있다. 15년 이상의 군 이력이 있는 친구의 말을 들어보면, 대군구까지는 사령관보다 당무를 장악하는 정치위원 쪽의 힘이 강하다고 한다. 이러한 인사 체제를 통해 중국공산당에 의한 통제를 가능하게 하고 있다.

다만 4총부, 해군, 공군, 제2포병부대의 사령관 같은 최고 레벨에서는 사령관 쪽이 정치위원보다 위가 된다. 이는 중앙군사위원회에 사령

---

6) 2014년 12월 현재, 당 중앙군사위원회는 총 11명으로 구성되어 있다. 주석은 시진핑 당 총서기 및 국가주석이 겸무하고 있으며, 부주석은 판창룽(範長龍), 쉬치량(許其亮)이며, 위원으로는 창완취안(常萬全), 팡펑후이(房峰輝), 장양(張陽), 자오커스(趙克石), 장유샤(張又俠), 우성리(吳勝利), 마샤오톈(馬曉天), 웨이펑허(魏鳳和)이다. _옮긴이 주

7) 당시 궈보슝(郭伯雄) 중국인민해방군 상장(上將)과 쉬차이허우(徐才厚) 중국인민해방군 상장(上將)을 지칭한다. _옮긴이 주

8) 2012년 9월 당시 당 중앙군사위원회 위원은 량광례(梁光烈), 천빙더(陳炳德), 리지나이(李繼耐), 랴오시룽(廖錫龍), 창완취안(常萬全), 징즈위안(靖志遠), 우성리(吳勝利), 쉬치량(許其亮)이다. _옮긴이 주

관만 참석하고, 정치위원이 없다는 것을 보아도 명백하다. 아마도 실무적인 이유 때문일 것이다. 수장의 자리에서 작전을 지휘하는 지휘자가 일일이 정치위원과 상담을 하고 있을 수는 없다.

그런데 하위의 대군구 등도 전투 상태에 돌입할 경우 쌍두제가 작전 수행에 지장을 초래하지 않을까? 전시에는 즉단즉결卽斷卽決이 요구되기 마련이며, 당의 판단을 마냥 기다릴 수는 없는 사태도 일어날 수 있다.

「군대 당 위원회 전시 공작규정軍隊黨委員會戰時工作規定」에 이에 대한 답이 있다. "긴급 상태에서는 수장首長: 사령관이 상층부의 작전 의도에 따라 당의 결정 사항을 과감하게 실행해도 좋다. 그렇지만 반드시 신속하게 당 위원회에 보고해 확인을 받는다"라고 쓰여 있다. 유사시에는 사후 보고를 해도 좋다는 말이다.

다만 군부에 대해 상세히 알고 있는 사람에 의하면, 정치위원과 사령관이 대립하는 일은 평시의 업무에서도 이따금 있다고 한다. 사이가 나쁠 경우 한쪽이 다른 한쪽을 배제하게 되는데, 어느 쪽이 배제되는가는 그 두 사람의 정치적인 역량에 의해 정해진다고 한다. 즉, '대군구 이하에서는 반드시 정치위원이 강하다'라고 볼 수만은 없는 것으로 보인다.

군인의 정치력

중국공산당은 모세혈관과 같은 당 조직과 쌍두제를 통해 당의 강력한 지도를 유지하고 있다.

최근에는 중국인민해방군의 군비 확장 경향을 근거로, 군이 폭주하고 있다는 견해도 있다. 다만 최고의사결정기관인 중국공산당 중앙정치국 상무위원회(현재 9명)에는 현역 군인이 없다.[9] 만약 군부의 힘이 증대되었다면 정치력을 확보하기 위해 정치국 상무위원의 자리를 요구했을 것이다.

실제로 장쩌민 전임 지도부 시대에는 군인이 정치국 상무위원에 취임했던 적이 있다. 1992년의 당대회에서 군인인 류화칭劉華淸 당 중앙군사위원회 부주석이 정치국 상무위원이 된 것이다. 이때는 양상쿤楊尙昆[10] 국가주석과 그의 조카인 양바이빙楊白冰[11] 총정치부 주임이 정치적 영향력을 확대한 시기였다. 그리고 총서기 경험이 일천한 장쩌민이 군부를 충분히 통솔할 수 없었기 때문에, 덩샤오핑이 2명을 은퇴시키고 방어책으로서 류화칭을 특별히 정치국 상무위원회에 들어가게 했던 것으로 알려져 있다. 현재 양상쿤과 같은 군의 대물大物은 없다.

또한 당 중앙군사위원회는 주석 책임제로 주석이 최종결정권을 갖고 있다. 정치국 상무위원회는 주석 책임제가 아니며, 당 총서기는 회의를

---

9) 2015년 2월 현재 중국공산당 중앙정치국 상무위원회는 시진핑 당 총서기를 포함해 총 7명으로 구성되어 있으며, 마찬가지로 현역 군인이 없다. _옮긴이 주

10) 양상쿤(楊尙昆, 1907~1998), 충칭(重慶) 출신이며, 중화인민공화국 주석, 중국공산당 중앙정치국 위원, 당 중앙군사위원회 비서장 등을 역임했다. 그의 딸 양리(楊李)는 중국인민해방군 총참모부 소속 소장(少將)이다. _옮긴이 주

11) 양바이빙(楊伯冰, 1920~2013), 충칭(重慶) 출생으로 본명은 양상정(楊尙正)이다. 중국공산당 중앙위원, 당 중앙군사위원회 비서장, 중국인민해방군 베이징 군구 정치위원 등을 역임했다. 1988년에 중국인민해방군 상장(上將)이 되었다. _옮긴이 주

주재하지만 의견이 나뉘어 표결을 할 경우 오직 1표를 행사할 수 있을 뿐이다. 당 중앙군사위원회 주석에게는 당 총서기 이상으로 강한 권한이 부여되어 있다.

필자는 중국에서 기자로 일하며 날마다 중난하이中南海(중국공산당과 정부의 소재지)를 중심으로 하는 정치의 물밑 움직임을 취재했지만, 중국군의 그림자는 보이지 않았고 군인의 이름도 거의 등장하지 않았다. 중국의 정계와 중난하이의 움직임을 잘 아는 소식통들도 군과 관련된 일에서는 아는 것이 많지 않다. 필자뿐만 아니라 중국정치를 뒤쫓는 외교관들도 마찬가지 인상을 받고 있다. 이것은 간접적이지만 군이 정치의 주요 행위자main player가 아니라는 것을 보여주는 증거라고 할 수 있을 것이다.[12)]

암묵적인 공생관계

그럼에도 최근 중국군의 움직임을 살펴보면, 후진타오가 자신의 생각대로 군을 지휘하고 있는지에 대한 우려가 생긴다.

한 사례로 중국인민해방군 해군에서 항공모함을 개발한 일을 들 수 있다. 제1장에서 소개한 것처럼, 항공모함 계획은 장기간의 프로세스를

---

12) 이러한 표면적인 관찰과 인식에도 불구하고, 중국인민해방군을 둘러싼 정군(政軍) 관계의 중요성과 국가 위기 및 정치적 불안정 시기의 중국인민해방군의 역할에 대한 평가는 결코 홀시(忽視)할 수 없다. _옮긴이 주

통해 천천히 추진되어왔다. 랴오닝성 다롄 항에서 바랴그의 개수가 진행되고 상하이시 창싱다오에서 국산 항공모함에 대한 준비가 정비되자, 2006년 무렵부터 군 간부들이 항공모함 건조에 대해 적극적으로 발언하기 시작했고, 이에 중국의 국내 여론도 항공모함 건조를 지지하는 쪽으로 기울었다.

최종적으로 베이징 올림픽이 종료된 이후인 2008년 9월 무렵, 확대 중앙군사위원회를 개최해 국산건조 계획을 승인한 것으로 알려져 있다. 그런데 당시 당 중앙군사위원회의 구성원 11명 가운데 비非군인은 후진타오 1명뿐이었다. 군사 전문가들로 포위된 상황에서 항공모함 건조에 의문을 보이는 것조차 불가능했던 분위기는 아니었을까?

군의 사정에 정통한 어떤 중국인 연구자는 "지도부는 군으로부터 항공모함을 건조해야 한다는 강렬한 요구를 받았고, 국위國威가 발양될 수 있다고 판단해 이를 받아들였다"라고 설명했다. 이는 후진타오도 수세적인 입장이었다는 것을 시사한다.

다른 군 관계자는 "군인이 정치에 참견하지 않는 대신, 장비 등 군사 기술적인 문제는 군에서 주도한다는 암묵적인 공생관계가 있다"라고 설명한다. 정치국 상무위원회에 군인의 자리를 두지 않는 대신, 항공모함 건조 등 군사적인 일에 정치가가 쓸데없는 참견을 하게 두지 않겠다는 의지가 느껴진다.

또 한 가지의 사례는 동남아시아 국가들과 영유권을 다투고 있는 남중국해를 중국의 '핵심적 이익'이라 부르는 문제이다. 핵심적 이익이란 국체國體의 유지와 공산당의 지도, 영토 주권, 국가의 안전 등 타국에 의한 개입을 용납하지 않는 대상이다.

중국 측은 2010년 3월 무렵, 방중한 제임스 스타인버그James Steinberg 미국 국무부 부장관副長官과 제프리 베이더Jeffrey A. Bader 미국 백악관 국가안보회의National Security Council: NSC 아시아 담당 선임보좌관에게 "남중국해는 중국의 핵심적 이익"이라고 표명했다. 중국의 군 관계자에 의하면, 미국 측과의 회담에 동석했던 중국인민해방군 해군 측의 장관將官이 한 말이라고 한다.

중국 외교부는 이후에도 몇 차례에 걸쳐 이 표현을 미국 측과의 교섭 자리에서 사용했다. 그렇지만 미국과 동남아시아 국가들의 반발은 예상 이상으로 강했다. 클린턴 미국 국무장관은 4개월 후인 7월에 베트남의 하노이Hanoi에서 개최된 '동남아시아국가연합 지역포럼ARF' 각료회의 폐막 후 마련된 기자회견 자리에서, 남중국해에서 벌어지는 중국과 동남아시아 국가들의 다툼에 대해 "(해결은) 미국의 국익이다"라고 말해 미국이 더 강하게 관여하겠다는 의지를 보였다. 다음 달 8월에 베트남은 미국과의 국교정상화 15주년을 기념하는 군사교류의 일환으로 미국 항공모함을 불러들이는 움직임에 나섰다. 과거 베트남 전쟁에서 격렬하게 싸웠던 '과거의 적'을 중국에 대항하기 위해 불러들인 것이다.

> 핵심적 이익이라는 말을 쓰는 것은 그만뒀다. 반발이 너무 강하다. 원래 공개된 자리에서는 사용하지 않는 말이었다.

같은 해 말에, 어느 중국 외교관이 솔직하게 털어놓았다. 군도 지금은 "남중국해가 핵심적 이익이라는 것은 일개 군인의 발언이며, 공식적인 견해가 아니다"(중국인민해방군 산하의 중국국제전략학회)라는 입장을 취하고 있다. 그렇지만 경위를 다시 살펴보면, 지도부와 정부가 군인의 발언에 휘둘렸다는 인상을 지울 수 없다.

제1세대 지도자 마오쩌둥, 제2세대 덩샤오핑은 혁명전쟁에 참가했던 군인 출신 최고지도자였다. 하지만 제3세대 장쩌민에게는 군 관련 이력이 없어 군을 장악하는 데 고생했으며, 1989년 11월에 당 중앙군사위원회 주석에 취임한 직후부터 군을 빈번하게 방문하며 인간관계를 쌓았다. 제4세대 후진타오도 마찬가지로 군 관련 이력이 없다. 다만 장쩌민이 2004년까지 15년간 주석으로 근무했던 것에 비해 후진타오는 8년으로 그 기간이 짧다.

또한 장쩌민이 군 간부와의 교류와 인맥 만들기에 열심이었던 것에 비해, 후진타오는 담백하다는 말을 군 관계자로부터 들은 적이 있다. 상장上將 진급 기념행사와 군 회의 등 군 간부와 접촉할 기회가 있어도 행사를 마치면 바로 돌아가버렸다고 한다. 상세한 내용은 명확하지 않지만, 중국공산주의청년단[13]이라는 당의 청년 엘리트 조직에서부터 출세의 계단을 밟아온 우수한 테크노크라트technocrat인 후진타오다운 이야기라 할 수 있다.

13) 중국공산주의청년단(中國共産主義青年團), 약칭 공청단(共青團)으로 불린다. _옮긴이 주

당에 대한 절대적 충성

2009년 초부터 중국군 내부에서 '현대 혁명군인의 핵심적 가치관'이라는 주제로 공산당에 대한 충성을 철저히 하는 사상교육이 장기간 이어졌다. 이러한 정치 캠페인도 이념 정당이 지배하는 국가가 아니고는 있을 수 없는 일이다.

이 캠페인은 당 중앙군사위원회 주석을 겸무하는 후진타오가 2008년 말에 군 회의에서 중요 연설을 한 뒤에 시작되었다. 연설은 "(군인은) 당에 충성을 다하고, 인민을 뜨겁게 사랑하며, 국가에 봉사하고, 사명에 헌신하며, 명예를 존중한다"라며 가장 먼저 당을 언급하고 있다. 인민과 국가는 그 이후이다. 후진타오는 "당에 대한 충성이란 군대에 대한 당의 절대적인 지도를 자각하고, 언제 어떠한 상황에서도 당의 지휘에 복종하는 것"이라고도 강조하며, 날마다 군대에서 학습활동을 전개하도록 했다.

후진타오는 개인적인 인맥으로 군을 장악하기보다는 정치교육과 '당에 대한 충성'이라는 규칙rule을 철저히 함으로써 군을 장악하고자 했다.

후진타오 지도부가 들어서면서부터 "법률에 따라 군대를 다스리는 방침"(2010년 『중국의 국방』)도 현저해졌다. 또한 「인민해방군 규율조령人民解放軍規律條令」의 개정과 「무기장비 품질관리 조례武器裝備品質管理條例」의 제정 등, 군사 관련 법제의 정비도 추진되고 있다.

혁명 세대의 지도자와 같은 카리스마적 리더십을 갖고 있지 않은 전후 세대에게는 불가피한 길일 것이다.

다만 당에 대한 군의 충성은 최근에 시작된 것이 아니다. 그럼에도 새삼 캠페인을 하는 것은 그만큼 군 내부의 충성이 동요하고 있기 때문이다. 대외개방의 영향으로 확산된 '군대의 국군화國軍化' 논조에 대한 지도부의 경계심도 그 배경이라고 할 수 있다.

후진타오의 연설을 잇듯 2009년 1월, 쉬차이허우徐才厚[14] 당 중앙군사위원회 부주석은 당의 정치이론지 ≪구시求是≫에서 「우리는 왜 군대의 국가화에 반대하는가」라는 논문을 발표해 "(서방 측) 적대 세력이 군대의 비非정치화 · 국가화를 선전하는 가운데, 당에 충성을 맹세하는 정치 품격이 중요하다"라며 위기감을 드러냈다. 4월에는 총정치부의 리지나이 주임, 5월에는 우성리 해군 사령원 역시 국군화에 반대하는 논문을 ≪구시≫에 실었다.

중국에서 당의 군대를 근대화시키고 국가의 군대로 만들어야 한다는 논의는 개혁 · 개방노선으로 전환된 이후 누차 제기되었다. 덩샤오핑 시대에도 군의 국군화를 추진하고자 했다. 1982년의 헌법에서 국가중앙군사위원회를 설치한 것도 그러한 흐름일 것이다. 그렇지만 1989년 6월의 민주화운동을 무력으로 진압한 천안문 사건 이후, 당에 대한 군

14) 쉬차이허우(徐才厚, 1943~), 랴오닝성(遼寧省) 와팡뎬(瓦房店) 출생이며, 하얼빈군사공정학원(哈爾濱軍事工程學院)을 졸업했다. 중국공산당 중앙정치국 위원, 당 중앙서기처 서기, 당 중앙군사위원회 부주석, 국가 군사위원회 부주석, 중국인민해방군 총정치부 주임 등을 역임했다. 1999년에 중국인민해방군 상장(上將)이 되었으나 부정부패 혐의로 2014년 10월에 중국공산당 당적(黨籍)과 함께 중국인민해방군 군적(軍籍)에서 제거되었으며, 상장(上將) 직책도 삭탈되었다. _옮긴이 주

의 충성이 재검토되며 국군화 노선은 부정되었다. 천안문 사건의 탄압 당시, 당의 지시를 듣지 않았던 부대가 있었던 것이다.

2008년에 쓰촨 대지진이 벌어졌을 때 군과 관련된 직책이 없는 원자바오 총리가 군대 출동을 지도했기 때문에, 후진타오 국가주석이 현장으로 갈 때까지 초동이 굼떴던 것 같다는 이야기를 앞서 소개했다. 그런데 이때에도 민간에서부터 "군을 국군화해야 한다"라는 목소리가 나왔다. 정보화 사회에서 중국군이 일개 정당政黨의 군대로 계속 남아 있는 것에 의문을 갖는 사람들은 확실히 증가하고 있다. 국방대학의 궁팡빈公方彬 교수는 '핵심적 가치관'의 의의를 설명하는 글에서 다음과 같이 말하고 있다.

> '서방 국가의 군대는 당의 지도를 받지 않고 국가가 부여한 임무를 맡지만, 전투력을 갖추고 있는 것은 마찬가지이다. 그런데 왜 우리는 계속해서 당의 지도를 받아야 하느냐?'고 묻는 사람이 있는데, 우리 군과 서방 측의 군은 발전 과정에서 근본적인 차이점이 있다.
>
> 서방 측은 다당多黨 정치를 하기 때문에, 군대가 한 개의 정당에 속하는 것이 불가능하다. 그렇지만 우리 군은 정권을 쟁취한 이래 줄곧 당의 군대였다. 그리고 현재의 중국도 일당 전제專制이다.

이 같은 문장을 읽어보면 의문을 갖고 있는 사람이 얼마나 많은지 상상할 수 있다.

2012년에 들어서 군부에서 으뜸가는 이론가로 알려져 있던 장친성 부참모장(상장上將)이 중국군의 국군화를 주장했기 때문에, 당 중앙군사 위원회로부터 정직 처분을 받았다는 보도가 있었다. 만일 사실이라면 군 내부의 동요가 상당히 크다는 것을 시사하는 일이라 할 수 있다.

외교부도 겉모습뿐

군사 정보에 관해서는 중국 외교부 등 정부의 당국자조차 발표되는 것 이상의 실태를 알지 못하는 경우가 많다.

2004년 11월 10일, 중국 해군의 091형 원자력 잠수함(NATO의 코드네임은 한급漢級)이 오키나와의 사키시마 열도先島列島 해역에서 일본의 영해를 침입하는 사건을 일으킨 적이 있다. 중국 외교부에 문의를 해도 "보도는 알고 있는데, 사실 관계에 대해서는 파악하지 못하고 있다"라는 대답만 반복되었다. 중국 외교부가 중국의 원자력 잠수함임을 확인하고 일본 측에 유감의 의사를 보낸 것은 그로부터 6일이 지난 16일이었다.

2008년 12월에는 중일 정상회담 직전에 중국의 해양감시선이 센카쿠 열도 부근에서 영해를 침입하는 사건이 일어났다. 2척의 감시선은일본의 경고를 무시하고 약 9시간 동안 영해 내를 항행해 정상회담에 찬물을 끼얹었다. 이때에도 중국 외교관은 "이런 타이밍에 해군이 이런 일을 할 줄은 몰랐다"라며 속내를 드러내 보였다.

중국 외교부의 외교관에 의하면, 국가해양국의 해양감시선이나 농업부 관할의 어업감시선은 출항하기 전에 외교부에 연락해 "주권을 보여주기 위해 출발한다"라고 알려오지만, 군으로부터는 이러한 연락이 일절 없었다고 한다.

군의 항행은 연간 계획에 따라 실시되며, 이를 실시할 때 사전에 외교부에 통고되는 일은 없다. 기본적으로 외교부와 군의 의사소통 루트는 중국 국방부 외사판공실이다. 중국의 외교관에게 국방부에 외사판공실 외에 어떤 부문이 있으며, 어떤 활동을 하고 있는지를 물어도 그들 역시 자세하게 답하지 못한다.

제2장에서 소개했지만, 전략 핵무기를 다루는 제2포병부대의 교재는 핵의 선제 불사용 원칙에 대해서 '비상사태'에는 정책 조정을 할 가능성이 있다고 했다. 이것을 보도했을 때, 필자의 지인知人인 중국 외교관으로부터 즉시 "사실 무근이다"라고 부정되었다. 그것은 그들이 선제 불사용이라는 원칙밖에 알지 못했기 때문이다. 겉모습 이상의 것은 그들도 알지 못한다. 중국공산당이 직접 군을 지도하고 있어 횡적橫的으로 정보가 공유되지 못하고 있는 것이다.

중난하이의 정국政局과 인사 정보를 상세히 알고 있는 저널리스트와 연구자들도 군사 이야기에 대해서는 거의 아는 것이 없다. 그리고 필자가 관심을 보이면 "군사에는 접근하지 않는 편이 좋다"라며 완곡하게 경고한다. '군사 기밀'이라는 거대한 베일에 싸여 있어서 접근할 수 없게 되어 있는 것이다.

제7장

해이와 부패
— 이면의 군 조직

보도기관에 공개된 중국인민해방군 의장대의 훈련 장면

자료: 저자 촬영

부모의 후광

중국인민해방군 조직 내부의 인간관계와 4군종四軍種: 육군, 해군, 공군, 제2포병부대 간의 협조관계 등 조직 내의 사정은 어둠에 휩싸여 있다. 군의 기관지 ≪해방군보解放軍報≫와 해방군보 산하에서 대중을 위해 출간되는 ≪중국국방보中國國防報≫는 외부인이 군의 움직임을 알 수 있는 귀중한 정보원이다. 그렇지만 표면적으로 단결과 엄격한 규율을 강조하기 때문에 위와 같은 내용은 일절 설명하지 않고 있다.

중국공산당과 정부 고관의 인사는 당국이 발표하고 국영통신인 신화사가 보도하는데, ≪해방군보≫는 간부의 인사이동에 대해서조차 명확한 발표를 하지 않는다. 그렇다면 기자들은 어떻게 군의 인사를 파악하는가? ≪해방군보≫가 전하는 뉴스에 나오는 직책을 체크한다. 가령 천빙더陳炳德[1]는 원래 총장비부 부장이었는데, 2007년 9월 22일에 갑자기 총참모장이라는 직함을 달고 우간다의 군 사령관과 회담했다는 뉴스가 보도되었다. 기자들은 이를 통해 그의 직책이 변했다는 것을 알 수 있었다. 이런 인사 파악 방법은 북한 관련 보도와 가까운 점이 있다.

다만 2010년 7월에 중국군의 싱크탱크 군사과학원의 마오신위毛新宇 부부장이 소장少將으로 승진했을 때는, 몇몇 중국 신문이 보도해 화제가 된 적이 있다. 연령이 40세로 가장 젊은 소장이었던 데다, 중국 건국의

---

1) 천빙더(陳炳德, 1941~), 장쑤성(江蘇省) 난퉁(南通)에서 출생했으며, 중국공산당 중앙위원, 당 중앙군사위원회 위원, 국가중앙군사위원회 위원, 중국인민해방군 총참모장 등을 역임했다. 2002년에 중국인민해방군 상장(上將)이 되었다. _옮긴이 주

지도자 마오쩌둥의 손자였기 때문에 중국 내에서도 화제가 된 것이다. 마오신위는 마오쩌둥의 차남 고故 마오안칭毛岸青[2]과 사오화邵華[3] 사이에서 태어난 아들로 1971년 출생했다. 마오쩌둥의 유일한 손자이다.[4]

그는 국정 조언기관인 전국정치협상회의(전국정협)의 위원도 맡고 있으며 때때로 미디어에도 모습을 드러내는데, 이야기 중 갑자기 딴소리를 하거나 지도자가 해서는 안 될 말을 하는 등, 무례를 무릅쓰고 말하자면 군 간부답지 못한 인물이다. 2011년 3월의 전인대 개회 중에는 조금 과도하게 살찐 몸을 흔들며 회의장인 인민대회당에 나타난 마오신위를 수많은 보도진이 둘러싼 일도 있었다.

그는 또 "마오쩌둥의 자손으로서 나에게는 엄청난 압박pressure이 있다"라고 말하기도 했다. 어떻게 소장少將이 될 수 있었는가? 중국의 언론이 "오늘날의 당신의 지위가 가정 배경과 관련이 있다고 생각하는가?"라는 노골적인 질문을 하자, 다음과 같이 대답했다.

---

2) 마오안칭(毛岸青, 1923~2007), 마오쩌둥과 첫째 부인 양카이후이(楊開慧) 사이에서 차남으로 태어났다. _옮긴이 주

3) 사오화(邵華, 1938~2008), 본명은 천안윈(陳安雲)이며, 마오쩌둥의 아들 마오안칭의 부인이다. 중국인민해방군 군사과학원(軍事科學院) 백과부(百科部) 부부장(副副長) 및 군사과학학회(軍事科學學會) 부비서장(副秘書長) 등을 역임했으며, 중국인민해방군 소장(少將)의 직책에 있었다. _옮긴이 주

4) 이밖에 마오쩌둥의 외손자로 중국인민해방군 난징국제관계학원(南京國際關係學院) 영어과를 졸업하고, 중국인민해방군 총참모부에서 일을 했던 적이 있는 쿵지닝(孔繼寧, 1962~)이 있다. _옮긴이 주

물론이다. 그것은 객관적인 사실이며, 나도 부정하지 않는다. 사람들은 마오쩌둥에 대한 뜨거운 사랑을 나에게 투사하고 있다. 어머님의 양육과 내 노력의 결과이기도 하지만 말이다.

부모의 후광이 있었다는 점을 솔직하게 인정하는 흔치 않은 발언이었다. 민주적 정책 결정을 명분으로 하는 중국공산당의 입장에서 본다면, 이것은 해서는 안 될 말이었다.

관계자에 의하면, 그 자신도 군인이었던 모친 사오화는 아들을 장군으로 만드는 것이 비원悲願이었기에 몇 번이나 중국공산당 중앙에 탄원을 했다. 그녀는 2008년 6월에 사망했는데, 사망하기 전에도 당 중앙앞으로 "마오쩌둥의 유일한 손자인 (마오)신위가 장군이 되지 못한다면, 마오쩌둥도 눈을 감고 잠들 수 없을 것이다"라는 내용의 탄원서를 보냈다. 그녀의 유언 때문에 중국공산당은 군의 최고결정기관인 당 중앙군사위원회까지 열어, 최종적으로 그를 소장으로 진급시키기로 결정했다고 한다.

본인이 인정했던 바와 같이, 모친의 영향이 컸던 것이다. 다만 마오신위는 마오쩌둥의 군사사상을 제멋대로 해석해 TV 등에서 떠들고 다니기 때문에, 군으로서는 골머리를 썩고 있다.

이 결정 과정에서도 살펴볼 수 있는 바와 같이, 군의 인사에서는 2세와 혈통이 무시할 수 없는 요소이다. 투명성이 낮고 사회와 언론의 감시가 구석까지 미치지 않는 군의 인사는 능력과 적성適性, 경험뿐만 아니라 '인간관계', '정치자본政治資本'이 중요하다. 군에는 군 간부의 2세,

당의 고급간부를 부모로 둔 '태자당太子黨'이 많으며, 이들이 활개를 치고 다닌다는 사실은 많은 중국인들도 인지하고 있다.

2010년 7월 20일, 군사과학원에서 마오신위에게 소장의 계급장을 수여하는 사진이 인터넷에 게재되었다. 사진 속에서 계급장을 건네주며 가볍게 악수하고 있는 인물은 군사과학원의 당 조직 1인자 류위안劉源[5] 정치위원이었다. 관계자에 따르면, 당시 류위안은 복잡한 심경이었다고 한다. 류위안은 마오쩌둥의 박해를 받아 비참하게 사망한 류사오치劉少奇[6] 전임 국가주석의 아들이기 때문이다. 자신의 부친을 거의 살해한 것과 다름없는 마오쩌둥의 손자에게 자신이 직접 계급장을 수여하는 일을 하며 다소의 감개感慨가 있었던 것은 당연할 것이다.

류위안은 이후 2011년 1월에 군의 병참兵站을 담당하는 총후근부의 정치위원으로 승격되었다. 포스트 후진타오 시대에 군의 지도부를 담당할 인재가 된 것은 확실하다.

---

5) 류위안(劉源, 1951~), 류사오치의 아들로 베이징에서 태어났으며, 베이징사범학원[北京師範學院, 현재의 서우두사범대학(首都師範大學)]을 졸업했다. 허난성(河南省) 정저우시(鄭州市) 부시장, 허난성 부성장(副省長) 등을 역임했고, 이후 무장경찰총부(武裝警察總部) 부정치위원(副政治委員)으로 근무하다가 2005년 12월부터 2010년 12월까지 중국인민해방군 군사과학원 정치위원, 2010년 12월부터 현재까지 중국인민해방군 총후근부 정치위원을 맡고 있다. 중국공산당 제17기 및 제18기 중앙위원이다. 2009년에 중국인민해방군 상장(上將)이 되었다. 주요 저서로 『非戰爭軍事行動中的政治工作』(北京: 軍事科學出版社, 2009) 등이 있다. _옮긴이 주

6) 류사오치(劉少奇, 1898~1969), 후난성(湖南省) 닝향현(寧鄉縣) 출신이며, 1959년부터 1968년까지 중화인민공화국 주석을 역임했으나, 마오쩌둥이 주도한 문화대혁명으로 인해 정치적으로 실각한 이후 비참한 최후를 맞이했다. _옮긴이 주

류위안뿐 아니라 군의 중추에도 태자당과 2세가 두드러진다. 전략미사일 부대인 제2포병부대의 정치위원 장하이양張海陽[7] 상장上將은 장전張震[8] 전임 당 중앙군사위원회 부주석의 아들이다. 해군의 정치위원 류샤오장劉曉江[9] 상장은 1980년대에 실각한 후야오방 전임 총서기의 사위이다. 해군의 우성리 사령관의 부친은 저장성浙江省의 전임 부성장副省長이었던 우셴吳憲[10]이다. 공군의 쉬치량許其亮[11] 사령관은 전임 공군 정

---

7) 장하이양(張海陽, 1949~), 상하이(上海)에서 출생했으며, 중국인민해방군 정치학원(政治學院)에서 수학했다. 중국인민해방군 베이징 군구(北京軍區) 부정치위원 등을 지냈으며, 2009년 12월부터 2014년 12월까지 중국인민해방군 제2포병부대 정치위원을 역임했다. 2014년 12월에 퇴역했다. 현재 중국공산당 중앙위원이다. 2009년에 중국인민해방군 상장(上將)이 되었다. _옮긴이 주

8) 장전(張震, 1914~), 후난성(湖南省) 핑장현(平江縣) 출신으로 본명은 장젠성(張見生)이다. 중국공산당 중앙군사위원회 부주석, 중국인민해방군 총참모부 부총참모장(副總參謀長) 등을 역임했다. 1988년에 중국인민해방군 상장(上將)이 되었다. 아울러 그의 장남 장샤오양(張小陽) 소장(少將)은 중국인민해방군 총정치부 3부(三部) 부부장을 지냈으며, 차남 장롄양(張連陽) 소장(少將)은 중국 총참모부 군대국(軍代局) 국장을 역임했으며, 사남(四男) 장닝양(張寧陽) 소장(少將)은 중국인민해방군 총후근부 군사교통운수부 부부장을 역임했다. _옮긴이 주

9) 류샤오장(劉曉江, 1949~), 산시성(陝西省) 시안(西安)에서 출생했으며, 그의 부친은 류하이빈(劉海濱) 장군이며, 그의 부인은 중국공산당 총서기 후야오방(胡耀邦)의 딸인 리헝(李恒)이다. 현재 중국공산당 제18기 중앙위원, 중국인민해방군 해군 정치위원이다. 2011년에 중국인민해방군 해군 상장(上將)이 되었다. _옮긴이 주

10) 우셴(吳憲, 1915~2001), 허베이성(河北省) 우차오현(吳橋縣) 출신으로, 저장성(浙江省) 부성장(副省長), 항저우시(杭州市) 시장 등을 역임했다. _옮긴이 주

11) 쉬치량(許其亮, 1950~), 산둥성(山東省) 린취현(臨朐縣) 출신으로, 중국인민해방군 부총참모장(副總參謀長), 중국인민해방군 공군 사령원 등을 역임했다. 현재 중국공산당 중앙군사위원회 부주석, 국가중앙군사위원회 위원이다. 2007년에 중국인민해방군 공군

치위원 쉬러푸許樂夫[12]의 아들이다.

한 단계 아래라 할 수 있는 지방 군구軍區에도 태자당은 많다. 선양 군구瀋陽軍區의 장유샤張又俠[13] 사령관의 부친은 장쭝쉰張宗遜[14] 전임 부副총참모장이다. 난징 군구南京軍區의 친웨이장秦衛江[15] 부사령관은 중앙군사위원회 위원을 맡은 적이 있는 친지웨이秦基偉[16]의 아들이다. 공군지휘학원空軍指揮學院의 부원장으로 전자, 레이더 기술의 전문가인 주허핑朱

상장(上將)이 되었다. _옮긴이 주

12) 쉬러푸(許樂夫, 1922~1997), 산둥성(山東省) 린취현(臨朐縣) 출신으로 중국인민해방군 선양 군구(瀋陽軍區) 공군 정치위원, 베이징 군구(北京軍區) 공군 정치위원, 중국인민해방군 공군 부정치위원(副政治委員) 등을 역임했다. 1998년에 중국인민해방군 중장(中將)이 되었다. _옮긴이 주

13) 장유샤(張又俠, 1950~), 베이징에서 태어났으며, 중국인민해방군 베이징 군구(北京軍區) 부사령원, 선양 군구(瀋陽軍區) 사령원 등을 역임했으며, 현재 중국공산당 제18기 중앙위원, 당 중앙군사위원회 위원, 중국인민해방군 총장비부 부장이다. 2011년 7월에 중국인민해방군 상장(上將)이 되었다. _옮긴이 주

14) 장쭝쉰(張宗遜, 1908~1998), 산시성(陝西省) 웨이난현(渭南縣) 출신으로 중국인민해방군 개국 상장(上將, 서열 3위)이었으며, 중국인민해방군 부총참모장(副總參謀長), 총후근부 부장 등을 역임했다. 저서로 『張宗遜回憶錄』(北京: 解放軍出版社, 1990) 등이 있다. _옮긴이 주

15) 친웨이장(秦衛江, 1955~), 후베이성(湖北省) 훙안현(紅安縣) 출신이며, 중국인민해방군 난징통신공정학원(南京通信工程學院)을 졸업하고 국방대학에서 군사학 석사학위를 취득했다. 중국인민해방군 베이징 군구(北京軍區) 부참모장, 난징 군구(南京軍區) 부사령원 등을 역임했다. 2012년에 중국인민해방군 중장(中將)이 되었다. _옮긴이 주

16) 친지웨이(秦基偉, 1914~1997), 후베이성(湖北省) 훙안현(紅安縣) 출신이며, 1930년에 중국공산당에 가입했다. 중국공산당 중앙정치국 위원, 당 중앙군사위원회 위원 등을 역임했다. 1988년에 중국인민해방군 상장(上將)이 되었다. 그의 아들 친톈(秦天)은 국방대학 과연부(科研部) 부장으로 중국인민해방군 소장(少將)이다. _옮긴이 주

和平[17] 소장은 '건군의 아버지'로 일컬어지는 주더朱德[18] 원수(1976년 7월 사망)의 손자이며, 더욱 낮은 간부 자제들까지 포함할 경우 태자당은 줄줄이 있다. 다만 천빙더 총참모장과 량광례梁光烈 국방장관처럼 2세가 아닌 간부도 있어, 군 내부에는 태자당 대 풀뿌리 파派라는 구도가 있다고도 할 수 있다. 이것은 지도부 전반에도 해당된다.

태자당 천하

중국군에는 내외 언론을 통해 적극적으로 발언하거나 기고하는, 대변인과 같은 인물들이 있는데 이들 중에도 태자당이 많다. 예를 들면 일본에 대한 강경한 발언을 하거나 체제 민주화의 필요성을 언급하는 등 여러 가지로 화제를 만드는 국방대학교 정치위원 류야저우劉亞洲[19]

---

17) 주허핑(朱和平, 1952~), 중국인민해방군 공군지휘학원(空軍指揮學院) 부원장을 역임했으며, 2008년에 제11기 전국정협 위원으로 선발되었다. 현재 중국인민해방군 공군 소장(少將)이다. _옮긴이 주

18) 주더(朱德, 1886~1976), 쓰촨성(四川省) 이룽현(儀隴縣) 출신으로 본명은 주다이전(朱代珍)이다. 청조(淸朝) 시기 육군 중장(中將)이었고, 항일 전쟁 시기에 국민혁명군 상장(上將)이었으며, 중국인민해방군 총사령(總司令)이었다. 1955년에 중화인민공화국 원수(元帥)로 추대되었다. 그의 손자 주취안화(朱全華)도 중국인민해방군 해군 장비부 부부장(副部長)을 역임했다. _옮긴이 주

19) 류야저우(劉亞洲, 1952~), 저장성(浙江省) 닝보(寧波)에서 중국인민해방군 장군이었던 류젠더(劉建德)의 아들로 출생했으며, 중국인민해방군 청두 군구(成都軍區) 공군 정치위원, 중국인민해방군 공군 부정치위원(副政治委員) 등을 역임했다. 현재 중국공산당

상장은 부친이 란저우 군구蘭州軍區의 전임 부副정치위원이며, 그의 부인은 리셴녠李先念[20] 전임 국가주석의 딸인 리샤오린李小林[21]이다.

국정 조언기관인 전국정치협상회의 위원이자 군사과학원의 연구자로서 이 책에서도 몇 번 언급된 뤄위안의 부친은 건국 시기의 군인이며 건국 후에는 국가안전부 부장을 맡았던 뤄칭창羅青長[22]이다. 2005년에 미국이 타이완 문제에 군사적으로 개입한다면 중국은 미국에 핵공격을 할 용의가 있다고 말해 주목을 받았던 국방대학의 주청후도 주더의 손자이다.

거침없이 이야기하는 경향은 비단 군인에 한정되지 않는 태자당의 일반적 경향으로, 부모라는 배경을 가진 인물은 실언을 두려워하지 않

제18기 중앙위원, 중국인민해방군 국방대학 정치위원, 중국인민해방군 공군 상장(上將)으로 군사 평론가이기도 하다. 그의 친동생 중에 미국 카터 센터(Carter Center)의 '중국 프로그램' 디렉터인 류야웨이(劉亞偉) 박사가 있다. 주요 저서로 『贏在制空權』(北京: 航空工業出版社, 2014) 등이 있다. _옮긴이 주

20) 리셴녠(李先念, 1909~1992), 후베이성(湖北省) 훙안현(紅安縣) 출신으로, 중원 군구(中原軍區) 사령원이었다. 또한 중화인민공화국 주석, 전국정협 주석, 제11기 및 제12기 중국공산당 중앙정치국 상무위원 등을 역임했다. 그의 아들 리핑(李平)은 중국인민해방군 소장(少將)으로서 현재 베이징 군구 부참모장이다. _옮긴이 주

21) 리샤오린(李小林, 1953~), 후베이성 훙안현 출신으로, 중국 우한대학(武漢大學)에서 공부했으며 미국 UCLA에서 미국 역사를 공부하여 석사 학위를 취득했다. 현재 전국정협 상무위원회 위원, 중국인민대외우호협회(中國人民對外友好協會) 회장이다. _옮긴이 주

22) 뤄칭창(羅青長, 1918~2014), 쓰촨성 창시현(蒼溪縣) 출신으로, 중국 국무원 부비서장(副秘書長), 중국공산당 중앙군사위원회 연락부(聯絡部) 부부장(副部長), 당 중앙조사부 부부장 등을 역임했다. 그의 차남 뤄팅(羅挺, 1952~)은 중국인민해방군 해군 소장(少將)을 역임했다. _옮긴이 주

고 하고 싶은 말을 할 수 있는 여유를 어느 정도 느낀다. 장쩌민 국가주석 시대에 비서 역할을 맡았던 전임 국가부주석 쩡칭훙曾慶紅[23]과 2012년 4월에 아내[24]의 살인사건 등으로 실각한 전임 충칭시 1인자 보시라이薄熙來[25]가 그 전형적인 예였다. 쩡칭훙은 대일 관계가 미묘한 때에도 일본의 노나카 히로무野中廣務[26] 전임 자민당 간사장 등과 회담을 하며 즉흥적인 태도로 대화에 임했다. 관료의 계단을 한 걸음 한 걸음 올라온 여타 간부들은 은연중에 준비된 말만 입에 담는 경우가 많다.

물론 모든 인사가 태자당과 얽혀서 움직이고 있는 것은 아니며, 군인 가운데 2세가 많은 것은 다른 국가에서도 볼 수 있는 현상이다.[27] 다만

---

23) 쩡칭훙(曾慶紅, 1939~), 장시성(江西省) 지안현(吉安縣) 출신으로 쩡산(曾山)의 장남이다. 위추리(余秋里) 중국인민해방군 중장의 비서를 역임했으며, 중국공산당 중앙서기처 서기, 중국공산당 중앙당교 교장, 당 중앙조직부장, 당 중앙판공청 주임, 중화인민공화국 부주석 등을 역임했다. 남동생 쩡칭위안(曾慶源)은 중국인민해방군 공군 후근부 부부장(副部長)이며, 여동생 쩡하이성(曾海生)은 중국인민해방군 총참모부 판공청 부주임(副主任)이다. _옮긴이 주

24) 구카이라이(谷開來, 1958~)를 지칭한다. 그녀는 중국인민해방군 소장(少將)이었던 구징성(谷景生, 1913~2004)의 딸이다. _옮긴이 주

25) 보시라이(薄熙來, 1949~), 베이징에서 출생했으며, 보이보(薄一波)의 차남이다. 랴오닝성(遼寧省) 다롄시(大連市) 시장, 다롄시 당 위원회 서기, 랴오닝성 성장, 중국 상무부장(商務部長), 충칭시(重慶市) 당 위원회 서기 등을 역임했다. _옮긴이 주

26) 노나카 히로무(野中廣務, 1925~), 1998년 7월부터 1999년 10월까지 일본 내각(內閣) 관방장관(官房長官)을 역임했다. _옮긴이 주

27) 한국에서도 고(故) 박정희(朴正熙) 대통령의 장남 박지만 EG 회장이 1977년 육군사관학교 37기 생도로 입학해, 1986년 대위로 예편한 바 있다. 육군사관학교 37기 동창회는 일명 '한뜻회'로 불리며, 주요 인물로는 이재수 중장(제3야전군사령부 부사령관, 전임 국군기무사령관), 신원식 중장(합동참모본부 작전본부장, 전임 수방사령관), 전인범 중장

그 수가 이 정도로 많은 것은 우연이 아니라 그 자신의 네트워크와 부친의 부하 등으로부터 후대 받는 일이 많기 때문이다.

중국군 계통의 연구조직과 대외우호단체에도 2세, 태자당 관계자가 적지 않다. 그들은 군의 의향을 체현하며 대외교류 등을 행하고, 이를 통해 중앙에 대한 영향력을 갖는다.

베이징 교외에 있는 중국국제전략연구기금회中國國際戰略硏究基金會는 연구와 학술교류를 하는 조직이지만, 구성원 가운데에는 전임 주재 무관이 많고 군의 계급을 가진 사람도 있다.

비서장인 천즈야陳知涯[28] 소장少將은 유명한 군인 가문 출신이다. 그의 부친 천경陳賡[29]은 중화민국이 대륙을 지배했을 때 설립된 황포군관

(특수전사령관), 엄기학 중장(1군단장), 김영식 중장(육군 항공작전사령관, 전임 5군단장), 양종수 중장(육군사관학교장, 전임 2군단장), 박찬주 중장(육군 참모차장, 전임 7군단장), 조보근 중장(국방부 국방정보본부장), 승장래 소장(국방부 조사본부장), 강병주 소장(국방부 전략자원실장), 황우웅 소장(국방부 인사복지실장), 팽준호 소장(육군본부 동원전력실장), 이상욱 소장(1군단 부군단장), 윤종성 소장(청와대 경호실 전임 33경호대장), 김희철 소장(청와대 국가안보실 전임 위기관리비서관), 서용석 준장(청와대 국가안보실 정보융합비서관), 고명현 준장(남재준 전임 국가정보원장 국방보좌관) 등이 있다. "'박지만 동기' 육사 37기 사람들: '부친이 입교 권유' …… 장군의 아들 유난히 많은 '로열 기수'", ≪동아일보≫, 2013년 11월 9일 자. _옮긴이 주

28) 천즈야(陳知涯, 1949~), 중국인민해방군 소장(少將)이며, 중국국제전략기금회의 비서장(秘書長), 군사과학원(軍事科學院) 외군연부(外軍硏部) 연구원이다. _옮긴이 주

29) 천경(陳賡, 1903~1961), 본명은 천수캉(陳庶康)이며, 후난성(湖南省) 샹향(湘鄉) 출신이다. 중국 공농홍군(工農紅軍) 및 중국인민해방군의 주요 지도자였다. 1951년 중국인민지원군 부사령원(副司令員)으로 한국전쟁에서 작전을 지휘했으며, 1955년에 중국인민해방군 대장(大將)이 되었다. 그 이후 중국인민해방군 부총참모장, 중국 국방부 부부장(副部長), 당 중앙군사위원회 위원 등을 역임했다. _옮긴이 주

학교黃埔軍官學校의 1기생으로 중국공산당의 혁명전쟁에 참가했으며, 건국 후에는 부총참모장을 맡았다. 지금은 없는 대장大將 계급을 갖고 있었으며 10대 대장[30]이라 불린 거물 군인 중 1명이었다.

천경의 아들 5명은 모두 군 관련 일에 종사하고 있다. 장남 천즈페이陳知非[31]는 우주기술 부문의 기술자이며, 장녀 천즈진陳知進[32]은 인민해방군 병원의 의사이고, 차남 천즈젠陳知建[33]은 충칭 경비구 부사령관(퇴역)이며, 삼남 천즈수陳知庶[34]는 간쑤성 군구 사령관, 그리고 사남이 천즈야이다.

'천陳 패밀리'는 군 내부에서 폭넓은 네트워크를 갖고 있어 군의 태자

---

30) 1955년 9월, 중화인민공화국의 건국 과정에서 혁혁한 공을 세운 10명의 군사지도자[주더(朱德), 펑더화이(彭德懷), 린뱌오(林彪), 류보청(劉伯承), 허룽(賀龍), 천이(陳毅), 뤄룽환(羅榮桓), 쉬샹첸(徐向前), 녜룽전(聶榮臻), 예젠잉(葉劍英)]에게 '개국 원수(開國元帥)' 또는 '10대 원수(十大元帥)'의 호칭이 주어졌다. 또한 이들 외에 그에 준하는 공을 세운 군사지도자 10명[쑤위(粟裕), 쉬하이둥(徐海東), 황커청(黃克誠), 천경(陳庚), 탄정(譚政), 샤오진광(蕭勁光), 장윈이(張雲逸), 뤄루이칭(羅瑞卿), 왕수성(王樹聲), 쉬광다(許光達)]에게도 '개국 대장(開國大將)' 또는 '10대 대장(十大大將)'이라는 호칭이 주어졌다. _옮긴이 주

31) 천즈페이(陳知非, 1929~), 상하이(上海)에서 출생했으며, 현재 중국인민대학(中國人民大學)의 전신인 화북대학(華北大學)을 졸업했다. 그 이후 항천부(航天部) 등에서 일을 했다. _옮긴이 주

32) 천즈진(陳知進), 천경의 딸이며, 그녀의 남편 자오덩핑(趙登平)은 중국인민해방군 소장(少將)이다. _옮긴이 주

33) 천즈젠(陳知建), 천경의 차남으로 하얼빈공정대학 유도탄공정과(導彈工程系)를 졸업했다. 현재 충칭(重慶) 경비구 부사령원이다. _옮긴이 주

34) 천즈수(陳知庶), 천경의 삼남으로서, 중국인민해방군 소장(少將)이며, 현재 간쑤성(甘肅省) 당 위원회 상무위원, 간쑤성 군구(甘肅省軍區) 사령원이다. _옮긴이 주

당 인맥의 한 기둥이라 일컬어진다. 베이징의 일본 대사관 역시 천즈야가 여러 연결 통로, 심지어는 후진타오 국가주석에게 메시지를 전할 수 있는 통로까지 갖고 있는 것에 주목했다. 일본 대사관의 수뇌는 "중국 외교부를 통한 외교 루트와는 별개의 루트로서 귀중하다"라고 말했다.

기금회의 연구부 주임으로 중국의 영자英字 신문 ≪차이나 데일리 China Daily≫ 등에서 적극적으로 발언하고 있는 장퉈성張沱生 상교上校는 중일 국교정상화 과정에 진력했던 지일파知日派 외교관 장샹산張香山[35]의 아들로 역시 태자당의 한 자리를 차지하고 있다.

일본과의 교류가 많은 중국국제우호연락회中國國際友好聯絡會는 민간 교류단체의 형식을 취하고 있지만, 사실 군 계통의 조직으로 직원들도 군의 계급을 지니고 있다. 부회장은 덩샤오핑의 삼녀 덩룽鄧榕[36](마오마오毛毛)이다.

중국인민대외우호협회 역시 민간 교류단체이다. 이곳의 여성 회장 리샤오린은 앞에서 소개한 바와 같이, 리셴녠 전임 국가주석의 딸이자 류야저우 중장의 부인이다. 리샤오린의 전임 천하오쑤陳昊蘇[37] 회장도

---

35) 장샹산(張香山, 1914~2009), 저장성(浙江省) 닝보(寧波) 출신으로, 왕자샹(王稼祥)의 '정치 비서'였다. 중국공산당 중앙대외연락부 부부장(副部長), 중일우호21세기위원회(中日友好21世紀委員會) 중국 측 수석 위원, 중국 외교부 고문, 전국정협 상무위원 등을 역임했다. _옮긴이 주

36) 덩룽(鄧榕, 1950~), 충칭(重慶)에서 덩샤오핑의 셋째 딸로 태어났으며, 어렸을 때의 이름은 마오마오(毛毛)이다. 중국인민해방군 총정치부 조직부 부처장(副處長)을 역임한 바 있으며, 그녀의 남편 허핑(賀平)은 중국인민해방군 소장(少將) 출신이다. _옮긴이 주

37) 천하오쑤(陳昊蘇, 1942~), 장쑤성(江蘇省) 푸닝(阜寧) 출생으로, 천이(陳毅) 원수의 장

외교부장을 담당했던 천이 원수의 아들이다. 천이의 아들 천단화이陳丹淮[38]도 군 총장비부의 소장이다.

왜 태자당 군인 중에는 군 당무 계통의 정치위원과 연구직, 대외교류 활동에 종사하고 있는 경우가 많은 것일까? 군의 작전 지휘 등 실무적인 자리에는 특별한 기술과 지식이 요구되지만, 대외 교류 · 정보 수집 등의 분야는 비교적 자격 요건이 자유로우며 태자당의 넓은 인맥과 정치력이 도움이 되기 때문인 것으로 여겨진다.

육군에 대한 불만

해군과 공군의 약진에 비해 육군이 무장력을 강화한다는 말은 별로 들리지 않는다. 오히려 인원 삭감의 대상이 되고 있다. 그렇지만 중국군의 주류는 여전히 육군이다. 2010년의 군 내부 문서[39]에 다음과 같은 내용의 논문이 게재되었다.

남이다. 중국인민해방군 군사과학원(軍事科學院)에서 종사한 바가 있으며, 1981년에 중국공산주의청년단(공청단) 중앙서기처 서기가 되었다. 그 이후 베이징시(北京市) 부시장, 중국인민대외우호협회 회장 등을 역임했다. _옮긴이 주

38) 천단화이(陳丹淮, 1943~), 강쑤성(江蘇省) 위타이현(盱眙縣) 출생으로, 하얼빈군사공정학원(哈爾濱軍事工程學院)을 졸업했다. 중국인민해방군 공군 및 국방과학기술공업위원회 등에서 활약했으며 중국인민해방군 소장(少將)으로 퇴역했다. _옮긴이 주

39) 丁步東 · 王興宏, 『戰略空軍建設論』(北京: 藍天出版社, 2010).

군에는 '대大 육군 사상'이 깊게 뿌리박혀 있으며, 여전히 많은 사람들이 전쟁이 벌어졌을 때는 최종적으로 육군에 의지할 수밖에 없다는 인식을 가지고 있는데, 이는 시대에 뒤처진 것이다. 오랜 시간 동안 육군의 군사비는 군사 예산의 절반을 차지했으며, 해군과 공군, 제2포병부대가 남은 절반을 나누어 써왔다. (1949년) 건국 이래 공군과 해군에는 사령부가 있었지만, 육군에만 없는 것도 '대 육군 사상'과 관계가 있다. 국지적인 '첨단기술 전쟁'이 요구되는 시대에 육군의 지위는 저하하고 있지만, 우리나라 육군은 여전히 세계 1위의 규모이다. 장래에 일어날 수 있는 전쟁에 승리하기 위해서 군대 편성과 지도 이념 방면의 개혁이 필요하다.

육군에 대한 통렬한 비판이다. 육군을 공군과 해군의 사령부보다 격이 높은 총참모부에서 직접 관할하고 있는 것과, 총참모부의 1인자인 총참모장이 육군 출신으로 사실상 육군사령관도 겸무한다는 점에 불만을 표명하고 있다. 이 글은 공군의 연구자가 쓴 것인데, 이 정도로 노골적인 비판은 흔치 않다. 공군과 해군의 속내를 보여주고 있는 것이다. 베이징에 주재한 무관 서클circle에 의하면 중국의 해군이나 공군에 소속된 군인과 잡담을 해보아도 "중심은 결국 육군 일당들이니까"라는 불만 혹은 체념으로도 받아들일 수 있는 발언을 듣는 경우가 있다고 한다.

중국군은 건국 전에 내전을 치른 무장 조직이 발전한 군대로, 전통적으로 육군을 중시하는 경향이 이어져왔다. 해군 등의 '후발조後發組'로서는 불만이 나올 수밖에 없다.

〈사진 7-1〉 선양시 훈련장의 중국인민해방군

자료: http://goo.gl/MXyvC9

중국군의 창설은 대륙에서 힘을 떨치던 국민당에 대해 무장 봉기를 일으킨 1927년까지 거슬러 올라간다. 공군은 건국된 해인 1949년에, 해군은 1950년에 창설되어 정규군으로서의 형태를 갖추게 되었다. 군을 현대화하는 과정에서 육군에 편중된 현상을 재검토하기도 했지만, 군의 최고결정기관인 중국공산당 중앙군사위원회(주석은 후진타오 국가주석, 총 12명)는 지금도 총 10명의 군인 출신 부주석과 위원 가운데 6명이 육군 출신이다.[40] 제2포병부대 출신은 2명, 해군, 공군은 각각 1명

---

40) 2012년 12월 시점에서 당 중앙군사위원회 총 12명 중 중국인민해방군 육군 출신 장성은 궈보슝(郭伯雄), 쉬차이허우(徐才厚), 량광례(梁光烈), 천빙더(陳炳德), 랴오시룽(廖錫

에 지나지 않는다.

그럼에도 현재까지 육군이 중시되는 것은 광대한 국토에 티베트족과 위구르족 등 분리 독립을 희망하는 세력이 있으며, 국내 치안유지에서도 대단히 중요한 역할을 하고 있기 때문이다.

현재 육군의 목표는 '구역방위區域防衛'에서 '전역기동全域機動'으로 전환하는 것이다. 육군은 국내 어디라도 신속하게 이동해, 분리 독립 세력 등에 대응하는 것을 목표로 삼고 있다.

2008년 3월에 티베트의 라싸 등에서는 정부에 불만을 품은 티베트족이 대폭동을 일으켰다. 또한 2009년 7월에는 신장웨이우얼자치구의 중심지 우루무치에서 대폭동이 일어났다. 두 사건 모두 무장경찰과 군이 출동했다. 최근에는 소수민족뿐 아니라 정부에 불만을 가진 이들이 중국 각지에서 항의활동과 폭동을 일으키는 경우가 늘고 있다. 경찰만으로는 이를 진압하는 데 어려움이 따르기 때문에 육군의 치안유지 기능이 점차 중시되는 추세이다.

공군도 반격

2011년 1월 16일 오전, 쓰촨성 청두시 교외에 위치한 대형 항공기

龍), 창완취안(常萬全) 등 6명이다. 그리고 2015년 2월 현재 당 중앙군사위원회 총 11명 중에서 육군 출신 장성은 판창룽(範長龍), 창완취안(常萬全), 팡펑후이(房峰輝), 장양(張陽), 자오커스(趙克石), 장유샤(張又俠) 등 6명이다. _옮긴이 주

〈사진 7-2〉 활주 시험 중인 J-20

자료: 저자 촬영

제조회사 '청두비행기成都飛機'의 비행장에서 제트엔진의 굉음이 울렸다. 펜스 반대편 활주로에는 어두운 녹색에 둥그스름하고 굵은 동체를 가진 전투기가 이동하고 있었다. 이 회사에서 개발 중인 최신형 차세대 스텔스 전투기 J-20의 활주 시험이 행해진 것이다.

길을 가던 사람들은 굉음에 놀라 발걸음을 멈추고 휴대전화로 전투기를 촬영했다. 부근에는 경찰도 있었지만 촬영을 제지하지 않았다. 연말부터 인터넷에서 동일한 모양의 전투기 사진이 유포되긴 했지만, 일반인이 이를 육안으로 확인한 것은 이번이 처음이었다.

전체 길이는 약 20m로 2기의 엔진을 탑재했다. 전문가에 의하면 엔진을 식히기 위해 벤틸레이터ventilator 형상의 공랭식 냉각기를 쓰는 등 최신 기술이 도입되었다고 한다.

이 J-20의 테스트 비행을 실시한 것은 5일 뒤인 11일이었다. 마침 이날 중국을 방문 중이던 게이츠 미국 국방장관이 후진타오 국가주석과 회담을 가졌다는 이야기는 앞의 장에서 다루었다.

같은 시기에 후진타오 국가주석은 중앙군사위원회의 주석으로서 공군장비연구원空軍裝備研究院의 엔진 기술자 간샤오화甘曉華에게 "핵심적인 기술로 중요한 진전을 달성했다"라며 1등공로상을 수여했다. 이 일을 보도한 8일 자 ≪해방군보≫는 J-20과의 관련성에 대해서는 언급하지 않았지만, J-20이 신형 국산 엔진을 탑재했기 때문에 간샤오화도 이 엔진 개발에 대한 공헌으로 표창을 받았을 가능성이 높다. 실전 배치는 2018년 무렵으로 추측되고 있다.

스텔스 전투기는 제5세대 전투기로 불리며, 미국의 스텔스 전투기 F-22는 고도의 스텔스 성능과 초음속 순항능력을 겸비하고 있다. 국산 엔진을 사용한 J-20은 초음속에 도달하지 못했고, 성능을 보더라도 F-22에 비교해 열세이다. 그런데 원래 전투기를 개발하는 사업에는 400억~600억 달러 정도가 들기 때문에 최근에는 여러 국가가 공동으로 개발하는 일이 늘고 있음에도, 단독으로 개발하고자 하는 중국의 의욕을 엿볼 수 있다. 중국 공군은 해군과 마찬가지로 육군 중시인 중국에서는 후발조이다. 그렇지만 경제 발전에 따라 해군과 마찬가지로 급속하게 힘을 기르고 있다. 현 단계의 전투기 기술은 구미에 비해서 열세이지만 착실하게 힘을 기를 것이다.

공군의 현재 목표는 '국토방위'에서 '방공防攻 겸비의 전략공군'으로 변화했다. 걸프 전쟁과 코소보 전쟁, 이라크 전쟁 등에서 증명된 전투기의 막강한 공격력에 큰 자극을 받은 것으로 보인다. 2009년 10월, 건국 60주년을 기념하는 군사 퍼레이드에서는 제트기 좌우의 주익主翼에서 긴 급유 튜브가 후방으로 뻗어나가는 공중급유기 H6U와 신형 전투기 J-11, 공중조기경보기AWACS KJ-2000의 비행이 최초로 확인되었다.

군의 발전 방향을 정리한 보고서 『강군전략』을 보면, 공군은 ① 공중 공격능력, ② 미사일 요격능력, ③ 핵반격 능력, ④ 전력戰力 투사능력을 제고하는 것을 중시하고 있다.

앞에서 언급한 군 내부 문서는 '육군 중시' 경향을 비판하는 동시에 과거의 '공군 경시' 경향을 비판하고 있다. 국민 경제의 중기 계획 '제10차 5개년계획'(2001~2005년)에는 대형 항공기의 개발계획이 있었음에도 "제공권 문제에 대한 연구가 충분하지 않았으며, 그나마도 경비經費상의 문제로 유산流産되었다"라고 하며 항공 전력의 강화가 늦어졌음을 지적하고 있다.

또한 제3장에서 다룬 바 있는 우주개발에서도, 탄도미사일 기술 등을 갖고 있는 제2포병부대와 항공기술을 갖고 있는 공군 사이에서 주도권을 둘러싼 줄다리기가 벌어지고 있다. 후발조인 공군은 항공 전력과 우주 전력을 일체화시키는 '공천 일체화' 전략으로 주도권을 쥐려 하고 있다.

어느 공군의 군사 이론서는 다음과 같이 다른 나라의 예를 소개하며 공군이 주도하는 것의 중요성을 강조하고 있다.41)

> 공천空天: 하늘과 우주 시대라는 발전 단계에 접어들면서 현재 수많은 강대국의 공군이 공군을 중심으로 '공천 일체화'를 추진하는 모델을 채택하고 있으며, 우리 공군도 이를 모델로 삼아야 한다. 예를 들면 미군美軍

41) 葉海源, 『空軍軍事理論創新研究』(北京: 藍天出版社, 2010).

은 우주 자원과 자금의 90% 이상을 공군에 투자하며, 우주 부대는 공군에 속해 있다. …… 러시아는 독립된 우주 전력이 있는데, 곧 공군에 편입될 예정이다.

이러한 군 내부의 문서는 군사 기술적인 측면에서 공군의 중요성을 호소하고 있는데, 이와 같은 육군에 대한 비판은 군 내부에서의 예산 획득과 권익을 둘러싼 투쟁과도 결부되어 있을 것이다.

부문 간의 권익을 둘러싼 투쟁, 각 부처 간 이익의 충돌은 일본을 포함한 모든 조직에 존재하는 것이다. 그런데 중국의 경우 그 정도가 더 심하다. 정부와 당, 군 등의 공적 조직이 계획경제 시대 이래 계속해서 특권을 장악한 상태로 시장경제화가 추진되었기 때문에, 각 관청 및 각 부문의 기득권익이 비대화하고 각 부문이 자의적으로 자기이익을 추구하면서 혼란을 초래하고 있는 것이다.

중앙의 지시를 무시하고 경제 발전을 우선해, 환경파괴를 악화시키는 지방정부가 그 전형적인 예이다. 투명도가 낮아 감시가 구석까지 미치지 않는 군에서도 부문 간의 이익이 서로 충돌한다고 봐도 무방할 것이다.

내부의 이권 대립

이러한 모습은 항공모함 개발에서도 살펴볼 수 있다.

군의 입김이 강한 중국의 조선 기업은 크게 다롄 등 중국 북부를 중심으로 하는 중국선박중공집단中國船舶重工集團; CSIC과 상하이 등 남부를 중심으로 하는 중국선박공업집단中國船舶工業集團; CSSC으로 나누어진다.

계획경제 시대 때까지만 해도 정부에 소속되어 있던 제6기계공업부는 중국이 개혁·개방 노선으로 전환하면서 1982년에 중국선박공업총공사中國船舶工業總公司라는 이름의 국영 기업이 되었다. 그리고 시간이 흘러 1999년에 이와 같이 양대 집단으로 분할되었다. 여기에는 경쟁 원리를 도입하려는 노림수가 있었다.

중국 최초의 국산 항공모함을 건조하는 곳은 상하이에 있는 CSSC 산하의 장난조선집단江南造船集團이지만, 오랜 시간 동안 퇴역 항공모함 바랴그를 개수하면서 국산 항공모함 개발을 위한 기술과 노하우를 연구하고 있는 곳은 CSIC 산하의 다롄선박중공이다. 항공모함의 설계 도면을 그린 것도 후베이성 우한武漢에 위치한 CSIC 산하의 함선연구설계센터艦船研究設計中心이다.

군사 전문지 ≪한화방무평론≫의 발행인 핀코프에 의하면 항공모함에 얽힌 지적재산권과 관련 부품 제작의 도급 분담 등을 둘러싸고 두 집단 사이에서 줄다리기가 벌어지고 있으며, 본격적인 착공이 지체되는 것도 이 때문일 수 있다고 한다.

상하이의 독에서 이루어져야 할 국산 항공모함의 건조가 좀처럼 진전되지 않고 있는 것은 분명한 사실이다. 선체의 척추라 할 수 있는 킬keel: 용골이 우선 만들어져야 하는데, 이 책이 집필되는 시점에서는 아직 그 모습이 확인되지 않았다.

바랴그(랴오닝)의 시험 항행으로 얻은 경험으로부터 국산화에 필요한 기술을 추출하기까지는 시간이 걸린다는 점이 가장 큰 이유이겠지만, 군 계통 조선기업 간의 대립이 또 다른 이유일 수 있다.

중국이 바랴그를 입수했을 당시, CSSC는 이래저래 손이 많이 가는 바랴그의 개수 작업을 꺼렸다고 한다. 이 때문에 CSIC가 바랴그를 인수했지만, CSSC의 장난조선이 건조를 담당하게 되면서 그쪽으로 연구의 성과를 넘겨야 한다는 사실에 언짢아하고 있다. 항공모함 건조는 국가 프로젝트로, 비록 하향식 결정이라고는 해도 부품 제작 등 관련 사업의 저변이 넓은 거대 프로젝트이다. 이 때문에 CSIC 측에서도 좀 더 이익을 넘겨달라고 요구하는 중이다. 현재의 시점에서 해군 대형 수상함선은 대부분 CSSC에서 건조하고 있는데, CSIC도 항공모함을 포함한 대형 수상함선을 더 많이 건조하고 싶은 것이다.

무기 개발을 둘러싼 대립은 전투기 개발을 행하고 있는 공군 계통의 항공기 제조회사 '청두비행기'와 '선양비행기瀋陽飛機' 사이에도 있다. 청두비행기는 러시아 MiG 전투기의 기술을 도입한 J-7 외에도 J-10을 개발했다. 최근에는 스텔스 전투기 J - 20의 개발로도 주목을 받고 있다. 한편 선양비행기는 J-8, J-11을 개발했고, 현재는 항공모함 함재기인 J-15를 개발 중이다. 사실 '선양비행기' 쪽에서도 차세대 스텔스 전투기를 제안했지만, 채용된 것은 '청두비행기'의 J-20이었다. 이 일로 두 회사는 일시적으로나마 격렬하게 대립했다고 한다. 경쟁 상태에 있는 군 계통의 기업들은 군과 깊은 관계를 맺고 있기 때문에, 틀림없이 군 내부에서도 이권 대립이 벌어지고 있을 것이다.

효율성 저하

군 내부의 열악한 의사소통은 낭비나 비효율화와 같은 문제도 만들고 있다.

중국의 무기는 군과 정부 산하의 관련 기업으로부터 조달받는 것이 대부분이다. 이에 따라 국외의 군사 전문가들은 "중국은 국가정책을 통해 통제된 가격으로 무기를 조달할 수 있기 때문에, 그 값이 시장 가격보다 훨씬 쌀 것"이라고 간주해왔다. 공표되는 국방비가 낮더라도 장비의 실력을 가늠하는 데 참고할 수 없다는 이야기이다.

그러나 현실을 보면 반드시 그렇다고만은 할 수 없다. 군이 정해진 계열 기업에만 발주하는 방식은 담당자 간의 유착, 부정, 비효율화를 초래하고 있다.

군의 장비에 관한 전문서적[42]은 다음과 같이 적고 있다.

> 우리나라 무기의 개발 · 조달 프로세스에서는 강降: 질의 저하, 타拖: 개발 및 납품의 지체, 창漲: 가격의 급등 현상이 매우 심각하다. 장비의 질이 낮고, 장비를 조달하는 관리 부문의 책임이 불명확하다. …… 효과적으로 협조하고 규제하는 시스템이 결여되어 있다.

매우 저렴하게 발주할 수 있다는 장점 이상으로 수주하는 측에 충분

---

42) 果增明 · 孫超, 『裝備采辦』(北京: 海潮出版社, 2003).

한 경쟁 동기가 생기지 않는다는 단점이 심각해지고 있다. 이 때문에 기술 개발이 늦어지고, 핵심 기술을 외국에 의지해야 하는 상황이 벌어지는 것으로 보인다.

또 다른 문서[43]에서는 발주하는 군 측의 문제도 지적되고 있다. 비밀주의로 인해 의사소통이 원활하지 못하기 때문에 여러 부처가 비슷한 장비를 개발한다는, 즉 낭비가 발생한다는 이야기다.

> 우리나라의 장비 관련 경비經費에 대한 관리에는 '다두多頭 관리(여러 부처에 의한 관리)', '다두 예산편성'이라는 문제가 있다. 국가재정은 수많은 경로를 통해 무기에 지출되고 있다. …… 현재 군의 장비 관리 부문 외에도 국무원(정부)의 관련 부部 및 위원회가 장비건설 투자를 담당하고 있다. 군과 정부 쌍방의 관리 부문 사이에는 높은 수준의 조정 시스템이 없기 때문에, 쌍방이 장비 건설에 투자하는 경우에도 투자액과 투자 시기에 대해 서로 정보를 파악할 수 없는 상태이다.

군과 정부라는 두 가지 계통의 군사예산이 있다는 것을 인정한 데다, 중복 투자의 문제를 인정하고 있는 것이다. 장비 예산의 사용 내역은 군 내부에서도 담당자 이외에는 거의 알려져 있지 않다. 베이징에 주재하고 있는 어느 서방 측 무관이 지방 군구軍區의 간부에게 장비 예산의 일을 물었을 때, "장비 담당자가 없기 때문에 나도 모른다"라고 대답했

---

43) 桑士川, 『裝備建設戰略管理』(北京: 解放軍出版社, 2008).

다는 말을 들었던 적이 있다.

뇌물이 횡행

군의 계급은 상등병上等兵부터 시작해서 초급 사관, 중급 사관, 고급 사관, 나아가 소위少尉, 중위中尉, 상위上尉, 중교中校, 상교上校, 대교大校로 올라가며, 소장少將, 중장中將, 상장上將은 장군이다. 조직은 반班 → 배排: 소대 → 연連: 중대 → 영營: 대대 → 단團: 연대 → 여旅: 여단 → 사師: 사단 → 군軍: 집단군 등 → 병단兵團 → 대군구大軍區 등으로 올라간다. 대략적으로 소위少尉는 배장급排長級, 상위上尉는 연장급連長級, 대교大校는 사장급師長級, 중장中將은 군구 1인자급이며, 상장上將은 중앙군사위원과 4총부의 1인자로 각 군종의 사령관 등에 취임한다.

군 이력이 있는 여러 친구들의 말에 의하면 정치적 자본 없이 올라갈 수 있는 한계는 대교大校까지이며, 거기서부터 더 올라가 장군이 되려면 가정 배경이나 거물의 강력한 연줄이 필요하다고 한다. 그래서 대부분의 군인은 대교까지 하고 퇴역해 전직을 한다.

다만 대교까지 올라가는 과정에서도 한 단계마다 상사에게 상납금을 주어야 한다고 한다. 배排에서 연連까지 3만 위안(약 520만 원), 영營에서 단團까지 8만 위안, 단團에서 여旅까지 50만 위안 정도이다. 자신을 진급시켜준 사람에게 지불하는 것이다. 다른 군 경험자로부터 "장군급의 지인이 승진하기 위해 돈을 빌리러 왔다. 100만 위안이 필요하다고 했다"

라는 말을 들은 적도 있다.

군 관련 이력이 있는 또 다른 친구는 과거에 상사였던 어느 부대의 사장師長과 매우 친했는데, 단장團長으로 근무하던 한 지인이 퇴역을 앞둔 상태에서 그를 찾아와 "단장을 한차례 더, 3년간 근무하고 싶다. 진급할 필요는 없다. 당신은 내 상사인 사장과 친하니 잘 말해줬으면 한다. 잘되면 50만 위안을 주겠다"라고 부탁했다. 50만 위안을 지불하고서라도 근무를 연장하겠다는 것은, 3년 동안 그 몇 배를 벌 수 있기 때문이다. 단장을 3년 하면 300만 위안, 1년에 100만 위안은 모을 수 있다고 한다.

그 친구는 "군인 사회는 뇌물로 시커멓다. 신병新兵만 있는 반班의 반장마저 신병에게 '5위안 줄 테니까 담배를 사와라. 그리고 거스름돈으로 10위안을 남겨 와라'라고 한다. 어떻게 거스름돈을 늘릴 수 있나? 무기 구입 등은 부정이 가장 심한 분야일 것이다"라며 부패腐敗에 대한 강한 노여움을 보였다.

중국 정부는 공무원 간부등용 제도의 개혁을 추진하고 있다. 그렇지만 군에 대한 감시·감독은 관료 조직 이상으로 충분하지 않아, 정부 이상으로 부패해 있음을 미루어 짐작할 수 있다.

군사 분야와 동떨어진 이야기지만, 관료의 부정부패에 대해 이런 이야기를 들었다. 필자의 어느 친구는 농업부에서 근무했는데, 이후 농업부가 만든 계열사의 사장이 되었다. 어떤 일을 하느냐고 물어보니 이렇게 대답했다.

농업부로부터 1억 유로(약 1,345억 원) 정도의 돈을 맡아 운용해 이익을 내는 자금운용 회사이다. 그 이익은 농업부 간부의 부수입으로 충당된다. 유럽연합EU으로부터 저리低利 융자로 중국 정부에 제공된 돈을 운용해왔다. 돈은 꾸준히 들어온다. 이것을 주식이나 부동산으로 운용해 증가시키고, 그 이익을 간부에게 분배한다. 직책에 따라 사용할 수 있는 돈의 상한이 달라 처장處長이라면 연 10만 위안(약 1,738만 원), 국장局長이라면 30만 위안이다. 그들은 영수증만 가져온다면 연회비宴會費든 뭐든 상한액까지 청구할 수 있다. 가짜 영수증이어도 된다. 가끔 EU에서 감사를 나오는데, 그때는 대규모 목장으로 안내한다. 그러면 융자가 제대로 사용되고 있다고 믿고 돌아간다. 실은 일본으로부터 받은 저리 융자도 취급한 적이 있다. 우리 회사는 하나의 국局을 위한 회사에 불과하다. 모든 간부를 먹여 살리는 것이 아니다. 다른 국에도 동일한 회사가 있으며, 다른 부部에도 있다. 주식투자 전문회사도 있어 주가를 올려서 돈을 번다. 1m²당 9,000위안씩 하는 베이징의 140m²짜리 고급 맨션(약 2억 2,000만 원)을 3채 구입해 간부에게 제공한 적도 있다. 여성이나 부동산 같은 모든 종류의 서비스를 제공했는데, 부패에 진절머리가 나서 그만두었다.

여기에서 언급된 일본의 저리 융자란 공적개발원조ODA를 가리키는 것으로 보인다. 형식적으로나마 감시기능이 붙어 있는 정부 기관마저 이 정도로 부패한 것이다.

거대 민병 조직

중국군의 총 병력은 228만 5,000명가량으로 일본 자위대의 약 10배에 가깝다. 이 가운데 육군이 약 160만 명, 해군이 약 26만 명, 공군이 약 30~33만 명으로 추정된다. 세계 1위의 규모로 2위인 미국의 157만 명을 크게 웃돌고 있다.

별로 주목받지 못하고 있지만 중국에는 정규군 이외에 '민병民兵'이라는 준準군사조직이 있는데, 그 수가 800만 명이나 된다. 중국의 국방백서(2010년)에 민병은 "중국 무장역량의 중요한 일부"라고 적혀 있다. 정규군과 합치면 실제로 1,000만 명을 넘는 병력이 된다.

민병은 퇴역 군인과 앞으로 병역을 이행할 국민 등으로 구성되며, 보통 본업이 따로 있고 활동 실태도 잘 알려져 있지 않다. 『민병공작조례民兵工作條例』를 보면, 민병의 임무는 "군을 도와서 싸우고 전선前線을 지원하며 침략에 저항하고 조국을 방위"하는 것이다.

민병에는 육·해·공군에 대응하는 조직이 있다고 알려져 있는데, 중국의 민병 공작에 관한 문서[44]는 의외의 사항도 적고 있다.

> 컴퓨터 기술 특수부대는 적의 정보 수집과 적의 컴퓨터에 대한 방해·공격 등을 직접 실시한다.
>
> 연안 지역의 어민들로 구성된 민병 조직은 해군으로부터 무기를 공

44) 王文臣·楊海民 主編, 『民兵戰備工作指南』(北京: 軍事誼文出版社, 2011).

급받아 적에 대한 공격 등을 실시한다.

즉, 사이버전과 해상전에도 동원된다는 것이다. 최근 중국이 연관된 것으로 의심되는 사이버 공격으로 일본의 정부 기관과 기업이 피해를 받는 사례가 연이어 발생하고 있다. 미국 정부는 2010년 1월 미국의 대형 인터넷 검색 기업 구글Google이 중국에서 시작된 사이버 공격을 받았다고 주장하며 심각한 우려를 보였다. 2011년에는 일본의 방위관련 기업이 누군가에 의한 사이버 공격을 받았다는 사실이 밝혀졌다. 중국 정부는 일관되게 자신들과의 관련성을 부정하고 있지만, 민병이 관여했을 가능성은 부정할 수 없다. 또 2010년 9월에 오키나와현 센카쿠 열도 부근에서 일어난 중국 어선 '충돌 사건' 등 중국 어민에 의한 공격적인 행동이 두드러지고 있는데, 위의 문서는 중국 어민들 중에 민병이 잠입했을 가능성을 보여준다.

항일전쟁 시기에 게릴라전을 벌였던 이래, 중국공산당에는 대중을 폭넓게 동원하는 인민전쟁人民戰爭의 전통이 있다. 현재의 민병도 지역사회에 침투해 치안유지 활동 등에 빈번하게 동원되고 있다.

중국군에는 해군과 사이버전 부대가 있는데, 군이 직접 그 전력戰力을 사용하면 관계국으로부터 비판을 받기 때문에 이를 피하기 위해 민병을 별동대別動隊로 이용하고 있다는 의심을 지울 수 없다.

증가하는 외자식

군대 내부에도 구미歐美의 가치관이 유입되고 국내 환경이 변화하면서 군인의 질적인 변화가 일어나고 있다.

과거 군인의 공급원은 90% 이상이 농촌이었다. 그런데 시장경제화와 개혁·개방 노선, 그리고 그에 수반되는 도시화로 인해 현재는 도시지역 출신자가 50%를 넘는다. 그 결과, 고학력화도 진행되고 있다. 과거에는 대졸자가 거의 없었는데, 2009년 지원병 가운데에는 대졸자가 20%를 넘었다. 장관將官이 되는 간부 중에도 농촌 출신자는 소수가 되었다.

또한 '한 자녀 정책'이 추진된 결과 군대에서도 독자獨子가 점차 증가해 현재 영營: 대대 이하에서는 독자의 비중이 40%를 넘고 있다.

이러한 변화가 가져온 결과는 다른 분야와 다르지 않다. 개인주의, 배금주의, 향락주의적 가치관이 확산되고 있다. 지도부는 정치·사상 교육을 강화하지 않으면 당에 대한 충성심, 국가에 대한 봉사 정신이 약해질 것이라는 위기감을 강하게 느끼고 있다.

군의 수뇌에도 변화가 있다. 1990년대까지는 항일전쟁과 국민당과의 내전을 경험했던 심지 굳은 군인이 수뇌에 있었다. 이러한 군인은 양상쿤 전임 국가주석의 뒤를 이어 1인자가 된 장쩌민 당시 총서기조차 생각대로 움직일 수 없었다. 그런데 세대교체가 진전된 결과, 백전연마百戰錬磨의 군인은 줄어들고 소립화小粒化가 진행되고 있다. 최고지도부 역시 덩샤오핑과 같이 카리스마적 지도자가 사라지고, 후진타오 국가주석 같은 테크노크라트가 증가했다. 이 때문에 군에 대한 통솔력이 저하하는 한편, 군인 측도 관료화되어가는 추세이다.[45)]

전쟁을 경험했던 실전파가 적어지면, 군대는 조직유지를 위해 '전업화專業化, professionalize'를 해야 한다. 즉, 프로 직업 군인을 육성해야 하는 것이다. 그렇지만 이와 같은 전문성professionalism은 당에 대한 절대적 복종과 모순된다. 이것이 현재 중국 지도부의 고뇌일 것이다.

직책과 급여

> 마르크스 · 레닌주의, 마오쩌둥 사상, 덩샤오핑 이론을 학습하는 데 노력하고 당의 노선, 방침, 정책을 관철하며 국가의 법률, 법규를 준수하고 군대의 명령, 조례, 규칙을 집행한다.

군인의 직책과 생활 규범을 기록한 「내무조례內務條例」에는 장교의 직책(21조)에 대한 8가지 항목 중 첫 번째로 정치노선에 대한 복종을 들고 있다. 참고로 사관士官의 직책(17조)에서는 첫 번째 항목이 명령에 대한 복종으로, '정치학습에 대한 노력'은 세 번째 항목에서나 나온다. 지도

45) 이러한 거시적인 추세 속에서 2012년 11월 중국공산당 총서기 및 중앙군사위원회 주석으로 선출되고, 2013년 3월에 중화인민공화국 국가주석 및 중앙군사위원회 주석이 되어 당과 국가의 군권(軍權)을 장악하게 된 시진핑(習近平)의 중국인민해방군에 대한 경국방략(經國方略)이 갈수록 중요해진다. _옮긴이 주

층의 정치사상을 한층 더 중시하는 것이다.

부패가 심각해지고 있는 것과는 별도로, 이 「내무조례」 등을 살펴보면 군인은 엄격하게 관리되는 것 같다. 명함을 가져서는 안 되며(112조), 외국인과 접촉할 때에는 절차가 필요하다(110조). 또한 남녀의 두발 형태까지도 결정되어 있다. 남성의 경우 ① 강건형剛健型: 삭발, ② 청년형青年型: 스포츠형, ③ 분방형奔放型: 2 대 8 가르마, ④ 온건형穩健型: 올백 등 모두 짧고 청결하게 할 것을 요구하고 있다.

그렇다면 급여는 어떨까? 본급本給에 다양한 수당이 가산된다. 장교의 경우 가장 낮은 배장排長: 소대장부터 중앙군사위원회 위원까지 14급으로 나누어져 있다. 2006년의 자료에 의하면 매월 기본급은 중앙군사위원에게 4,900위안(약 85만 원), 배장에게 450위안(약 7만 8,000원)이 지급된다. 여기에 계급 급여와 근속연수 급여가 가산된다.

수당은 여러 종류이며 직업수당, 업무수당, 생활수당, 지역수당, 복리수당, 부식수당 등이 있다. 예를 들면 군구軍區의 사령관급이라면 본급 4,080위안, 직업수당 400위안, 업무수당 650위안, 생활수당 230위안, 복리수당 60위안, 부식수당 50위안으로 합계 5,470위안(약 95만 원)의 계산이 나온다.

승급昇級은 규정상 배排 → 연連 → 영營 → 단團 → 여旅 → 사師 각각에 정正: 장長과 부副: 2인자가 있으며 각 직위마다 2년씩 경험을 쌓아야 하는데, 우수한 인재는 1년 만에 올라가는 규정이 있다.

이 밖에 고지高地 등 생활이 어려운 지역에 대한 수당과 항공기 조종수당, 미사일 부대 수당, 암호를 취급하는 통신업무에 대한 수당, 긴급

기동작전 수당 등 다양한 수당이 있다.

군인에 대한 대우는 최근 10년 동안 상당히 개선되었다. 국방비의 두 자릿수 증가도 군인에 대한 대우 개선이 주원인이라고 중국 측은 설명하고 있다.

주택에 대해서도 상세한 규정이 있는데, 영장營長: 대대장 이하는 $54m^2$, 단장團長: 연대장은 $72m^2$, 사장師長: 사단장은 $92m^2$, 대군구大軍區 사령관은 $210m^2$ 등 넓이에 대한 규정이 있고, 나아가 계급에 따라 주택 수당이 지급된다.

불공평하게 지원되는 주택에 대한 불만은 군 내부에서도 심각하다. 2011년 6월에는 광둥성 선전에서 현역·퇴역 군인의 가족들이 "기지의 주택을 군 간부가 부당하게 점거하고 있다"라고 호소하며 기지 주변에서 시위행진을 했다. 위에서 할당된 것 이상의 넓이를 간부들이 가로채고 있는 것에 대한 반발이었다. 부당한 점거로 인해 200명이 입주하지 못하고 있다고 호소했다.

군인의 대우 문제는 당 중앙에 대한 비판과 군 내부의 균열을 만들 수밖에 없기 때문에 지도부가 신경 쓰는 문제이다.46)

46) 특히 중국에서의 퇴역 군인의 대우와 관련된 정책에 대한 유용한 연구로는 다음을 참고하기 바란다. 弓野正宏,「人民解放軍: 退役軍人をめぐるジレンマ」, 毛里和子·園田茂人 編,『中國問題: キーワードで讀み解く』(東京: 東京大學出版會, 2012), pp.119~149. _옮긴이 주

제8장

스스로 뿌린 씨앗
— 중국위협론

중국인민해방군 해병대(海軍陸戰隊)
자료: http://goo.gl/Ar3iu5

위협으로 억제

중국 정부는 일본 정치가의 입에서 중국위협론이 나올 때마다 강력하게 반발한다. 2011년 4월, 기타자와 도시미北澤俊美[1] 일본 방위상이 중국 해군의 확대를 우려해 미국·한국과의 연대를 강화해야 한다는 인식을 보이자, 중국 국방부의 겅옌성耿雁生 대변인은 "중국 군사위협론을 선전하고 있다"라며 비판했다. 2005년 12월에는 일본 민주당의 마에하라 세이지前原誠司 대표가 "중국의 군사력은 현실적 협위脅威[2]이다"라고 발언했는데, 그 직후 그가 방중했을 때 중국 측은 요인要人 회견까지 취소하며 냉대했다. '협위'라는 말을 입에 올리는 것도 용납하지 않겠다는 위압감이다.

그렇지만 중국인민해방군의 기초 이론에는 '위섭威懾에 의한 공격 억제'라는 것이 있다. 위섭은 상대방이 두려움을 느끼게 만드는 것으로 일본어의 협위와 비슷한 의미이다.[3] 즉, 상대방에게 공포를 느끼게 함으

---

1) 기타자와 도시미(北澤俊美, 1938~), 와세다대학(早稻田大學) 법학부를 졸업했으며, 일본 나가노현(長野縣) 의회 의원, 참의원(參議院) 국토교통위원장, 참의원 국가기본정책위원장, 참의원 외교방위위원장, 참의원 징벌위원장, 방위대신(防衛大臣) 등을 역임했다. _옮긴이 주

2) 일본어 '협위(脅威, きょうい)'는 보통 한국어로는 '위협(威脅)'으로 번역되지만, 이 장(章)에서는 협위와 위협, 그리고 뒤에 나올 위섭(威懾)이라는 말을 서로 구분해야 하기 때문에 원서의 표현을 그대로 따른다. _옮긴이 주

3) 중국어 '위섭(威懾, *weishe*)'과 일본어 '협위(脅威)'는 군사 용어로 사용될 경우 모두 '강한 군사력을 보유함으로써 상대방이 함부로 자신을 공격하지 못하도록 하는 것'이라는 의미를 지닌다. 한국의 경우, '대북(對北) 억지력'이라는 말에 나오는 '억지(抑止)' 또는 '억제'

로써 자신에 대한 공격을 막는 것이다. 이 개념은 중국의 핵무기 관련 이론에서 주로 사용되지만, 무장력 전반에도 적용된다. 억지론의 기본이기도 하다. 보복에 대한 공포를 느끼게 해, 상대방이 행동을 단념토록 하는 전술이다.

중국군 퇴역 소장이자 군사전략 전문가인 쉬광위는 중국 핵전략의 기본이 "위섭은 있되 위협은 없다有威慑無威脅"[4]라고 말한다. 여기에서 사용되는 중국어 '위협威脅, *weixie*'은 보통 협위라는 일본어로 번역되는데, 그 의미는 적극적으로 상대를 위협하는 것, 즉 '협박脅迫이나 위혁威嚇'에 가깝다. 중국의 핵무기는 진짜이며 상대방에게 '위섭'을 느끼게는 하지만, 중국이 적극적으로 협박하지는 않는다. 비非핵보유국에는 핵을 쓰지 않기로 했기 때문에 협박은 하지 않는 것이다. 요컨대 외국이 '두려워하는 것'의 필요성은 인정하고 있다.

중국과 일본은 모두 한자漢字를 사용하기 때문에 쌍방이 '협위(위협)'를 같은 개념으로 생각하지만, 사실 그 의미에는 미묘한 차이점이 있다. 일본인은 중국이 적극적으로 협박하지 않아도 그 존재를 협위라고 표현한다. 바로 여기에서 오해가 생긴다. 적어도 중국에 대해 '중국의 군사력은 위섭이다'라고 말한다면 반론할 수 없을 것이다.

어느 국가의 군사력은 일반적으로 그 능력과 의도로 평가된다. 그러나 중국의 경우 그 능력이 공표되지 않고 있으며, 공표되는 의도 역시

라는 말을 주로 사용한다. _옮긴이 주

4) ≪解放軍報≫, 2010年 4月 22日.

이제까지 살펴본 것처럼 의심스럽다. 구체적인 전력戰力, 핵탄두 수는 물론 전차, 전투기, 미사일 등의 수도 일절 공표되지 않고 있다. 인간은 알지 못하는 것에 불안과 공포를 느낄 것이다.

중국은 억제력의 효과를 높이기 위해 바로 이 불투명성을 필요로 하고 있다. 따라서 불투명성은 의도적인 것이라 할 수 있다. 중국 군사과학원의 뤄위안은 "투명성은 군사 기밀의 유지와 대립된다. 우리의 군사력은 아직 뒤처져 있으며, 비밀도 국가의 안전을 지키는 수단이다. 다른 강력한 국가와는 다르다"라고 필자에게 말한 적이 있다. 실력을 가늠하지 못하게 하는 것이 억제력이 된다는 인식을 명확하게 하고 있다. 따라서 일본이 "중국이 두렵다"라고 느낄 때 억제의 효과가 나온다고 볼 수 있으며, 중국 측의 의도대로 되는 것이라 말할 수 있다.

'위섭'은 분명 군사행동을 억제할 것이다. 그런데 위섭을 위해서라면 거짓이나 유언비어도 정당화된다는 사실에는 위화감이 느껴진다.

『섭전懾戰』(國防大學出版社, 2003)이라는 서적에서는 전략 미사일 부대의 '위혁 전술'에 대해서 다음과 같이 적고 있다.

> 허실虛實을 결합시키고 …… 적의 판단력을 상실케 하며, 진위眞僞의 판별을 곤란하게 만든다. …… 비밀 유지와 누설漏泄을 결합시키고 위력威力을 과시해 우리의 구체적인 상황을 알지 못하도록 만든다.
>
> 다양한 언론을 이용해서 핵무기를 사용한다고 위혁해 심리적인 공포감을 심는다.

'방어적'이라고는 해도 이러한 전술을 목전에 둔다면, 상대방이 '협위'를 받게 되는 것은 피할 수 없을 것이다. 중국 측도 그것을 어느 정도 기대하고 있는 것이다.

손자병법

중국군의 이론서는 카를 폰 클라우제비츠Carl von Clausewitz[5)]의 『전쟁론』부터 마르크스 · 엥겔스 전집까지 다양한 전문가의 글을 인용했다. 마오쩌둥과 덩샤오핑 등 역대 국가 지도자를 제외했을 때 가장 빈번하게 눈에 띄는 것은 『손자병법孫子兵法』이다. 손자병법은 춘추시대의 인물 손무孫武의 저작으로 간주되는 병법서인데, "춘추시대 이전의 전쟁 경험을 통해 수많은 전쟁과 군대 건설의 이론 및 원칙을 제기하는, 오늘날에 이르기까지 세계 No.1의 고전 병법서"〔『군대건설학』(國防大學出版社, 2007)〕로 일컬어지며, 중국군의 전술사상에 깊은 영향을 미치고 있다. 춘추전국 시대부터 현대까지 2,800년 가까운 역사를 가진 중국답다고 할 수 있다.

예를 들면 『군대건설학』은 『손자병법』 「시계편始計篇」의 "전쟁은 국가의 대사로, 국민의 생사와 국가의 존망에도 관계되기 때문에 신중하

---

5) 카를 폰 클라우제비츠(Carl von Clausewitz, 1780~1831), 프로이센의 군인 및 군사학자이다. 그의 저서 『전쟁론(*Vom Kriege*)』은 중국의 『손자병법(孫子兵法)』 및 일본의 『오륜서(五輪書)』와 함께 '세계 3대 병법서'로 알려져 있다. _옮긴이 주

게 검토해야 한다兵者國之大事, 死生之地, 存亡之道, 不可不察也"를 소개하며, 전쟁에 대해 진지하게 연구할 것을 주장하고 있다. 또한 『전략학戰略學』(國防大學出版社, 2007)은 "군에 물자가 없으면 곧 망하고, 식량이 없으면 사망하며, 물자와 병량兵糧이 다 없으면 멸망한다是故軍無輜重則亡, 無糧食則亡, 無委積則亡"라는 「군쟁편軍爭篇」의 말을 인용하며, 군사력에는 그 뒷받침이 되는 경제력과 과학기술이 필요하다는 것을 강조하고 있다.

인용되는 문구들 중 압도적으로 많은 것이 '부전이승不戰而勝: 싸우지 않고 이긴다'과 '부전이굴인지병不戰而屈人之兵: 싸우지 않고 타인의 병력을 굴복시킨다'이라는 「모공편謀攻篇」의 유명한 말이다. 이것은 군인뿐 아니라 일반 중국인에게서도 자주 들을 수 있는 말이다. 보통 '부전이굴인지병' 뒤로는 '선지선자야善之善者也: 최고로 훌륭한 것이다'라는 문구가 이어지는데, 이는 중국인이 전투를 하지 않고 적을 굴복시키는 것을 미학으로 여기기 때문이다(미국이 이라크 전쟁과 아프가니스탄 전쟁을 시작했을 때 중국인 사이에서는 '힘으로 억누르는 유치한 방법'이라는 비판이 나왔다).

그리고 이를 실현하기 위해 이용하는 것이 바로 '위섭'이다. 다양한 협박과 위혁을 사용해 상대를 불안하게 만들고 심리적으로 부담을 주는 것이다.

여론전에서 흔들려

중국군의 특기인 '심리전', '여론전'이라 불리는 전술도 이것의 일환으로 규정된다.

심리전과 여론전에 대해서는 『군대조직공작 실용 핸드북軍隊組織工作實用手冊』(軍事科學出版社, 2009)이라는 군 내부에서 쓰는 실용 핸드북의 내용을 인용해보도록 하겠다. 이 책은 군인을 위해 조직의 활동을 알기 쉽게 설명한 핸드북으로, '질문과 대답' 형식으로 집필되어 있다.

'심리전이란 무엇인가?'라는 질문에 "각종 정보 매체를 무기 삼아 작전 대상과 관련 인원에게 일련의 심리적 자극과 영향을 줌으로써, 예기되는 심리 상태와 반응을 일으켜 적을 와해시키고 우리 측의 단결을 확고히 하는 특수전特殊戰"이라고 답하고 있다. '여론전'에 대해서는 "TV, 라디오, 인터넷, 간행물 등의 대중 언론을 주된 무기로 삼아 계획적으로 목적에 부합하는 정보를 고른 뒤, 적에게 유포하고 여론을 통제해 우리 측에 유리하고 적에게 불리한 여론을 만들어내는 활동"이라고 설명한다.

심리전・여론전은 무력행사를 담당하는 군 내부의 작전 계통이 아니라 사상・선전 등을 담당하는 중국공산당 계통의 임무이다. 일반 군인을 위한 핸드북보다 더 전문적인 '정치공작' 이론서[6]에서는 여론전의 실체에 대해서 더욱 상세하게 설명하고 있다.

그 책에 따르면 여론전의 능력은 크게 ① 참수력斬首力, ② 기만력欺瞞力, ③ 위혁력威嚇力, ④ 감화력感化力, ⑤ 유도력誘導力, ⑥ 봉쇄력封殺力, ⑦ 경고력警告力, ⑧ 반격력反擊力 등으로 구성된다고 한다.

---

6) 『情報系統の作戰能力研究(政治工作編)』(軍事誼文出版社, 2010).

설명 없이는 의미를 알 수 없는데, 참수력이란 공격 대상인 적의 정부 수뇌와 군 지도부를 정보 선전으로써 혼란시켜, 지도부의 의사결정 기능을 마비시키는 것이다. 기만력은 가짜 정보로써 적의 판단을 오도하는 것이다. 위협력은 군사력 등을 바탕으로 적에게 공포감을 느끼게 해, '부전이승不戰而勝'의 목적을 달성하는 것이다. 감화력은 적에게 '선의善意', '은정恩情' 등을 보여서, 전의戰意를 상실케 하는 것이다. 유도력은 적이 알아차리지 못하는 사이에 의도한 방향으로 여론과 감정을 유도하는 것이다. 봉쇄력은 적의 탐탁지 않은 정보를 봉쇄하는 것이다. 경고력은 여론전에 말려들지 않도록 아군을 사전에 교육하는 것이다. 반격력은 적과 국제사회의 여론에 효과적으로 반격하는 것이다.

여론 반격력의 한 사례로서, 1990년대의 러시아가 자국의 남부에 위치한 체첸 공화국의 독립파를 무력으로 탄압했을 당시의 대응을 들 수 있다. 국제사회에서는 인권 탄압이라며 러시아를 강하게 비판했는데, 러시아는 "비합법 독립파는 종교의 가면을 쓴 테러리스트"라고 반박하며 대對테러 전쟁이라고 내외에 선전했다.

다른 공군작전 관련 이론서[7]는 '정보전'에 대해 이렇게 적고 있다.

> 인터넷 등에 가짜 작전정보를 유포시킨다. 작전과정에서 인터넷에 침입해 가짜 정보, 가짜 명령, 데이터를 적의 정보 네트워크에 보내 교란시킨다.

7) 『空天作戰理論と實踐』(藍天出版社, 2010).

심리전의 공포

이러한 수법은 방어적 대응, 억제적 전술로서 적극적으로 정당화되고 있다. 제2장의 '핵 위협' 선전에서도 언급했듯이 중국과 전투를 벌이게 될 경우, 중국 측이 유포하는 정보는 일절 믿을 수 없게 된다고 생각해도 좋을 것이다.

핸드북은 심리전의 방법으로 '선전, 위협, 교활함, 기만, 겁주기, 회유, 협박, 간섭, 매수'를 열거하며, 그 원칙으로는 계획, 지휘, 행동으로 조직이 보조를 맞추는 '통일성 원칙'과 심리전을 상대가 알 수 없도록 교묘히 실시하고 깨닫지 못하는 사이에 심리적 함정에 빠뜨리는 '은밀성 원칙', 그리고 작전행동에서 상대보다 먼저 공격하는 '주동성 원칙' 등을 들고 있다.

심리 위협의 주요 방법을 다루는 부분에서는 "상대방의 약점, 민감한 포인트를 공격"하라고 가르치고 있으며, 교활함에 대해서는 "진짜와 가짜, 강함과 약함, 원거리와 근거리, 총명함과 우둔함"을 혼합시켜 자신의 실력과 배비配備에 대한 적의 판단을 혼란시키도록 지시하고 있다.

한층 더 전문적인 이론서는 심리전 능력이 ① 선전력宣傳力, ② 와해력瓦解力, ③ 위협력威嚇力, ④ 유도력誘導力, ⑤ 감화력感化力, ⑥ 제한력制限力, ⑦ 완화력緩和力, ⑧ 격려력激勵力 등으로 구성된다고 설명한다. 여론전과 비슷하지만 개인의 심리에 더욱 중점을 두고 있다.

여기에서 언급되고 있는 와해력은 심리적인 혼란, 동요로 적의 내부 분열을 유도해 전력戰力을 상실하게 하는 것이다. 제한력은 경제 제재와 유엔에 의한 제재 결의 등으로 적의 행동에 제한을 가해 심리적 압력을 가하는 것이다. 완화력과 격려력은 적이 아닌 자국 병사의 심리적 손상을 방지하기 위해 스트레스를 완화시키고 사기를 고양하도록 지원하는 것을 지칭한다.

정치공작政治工作 분야에서 심리전, 여론전과 아울러 중시되고 있는 것이 '법률전法律戰'이다. '법률전'이란 국제법과 국제관례, 국내법 등 법률을 무기로 삼아 "법리法理상의 우위를 유지하고 정치적인 주도권과 군사적 승리를 획득하는 법률투쟁 능력"[8]으로 규정된다. 구체적인 예로 미국이 1990년의 이란 · 이라크 전쟁 때 이라크의 위법성을 주장해, 유엔에서 무력행사를 정당화하는 결의를 통과시키도록 한 뒤 군사행동을 취한 것을 들 수 있다.

중일 교섭에서도 실천

그런데 이렇게 억제를 노리고 상대방을 몰아넣는 심리전과 여론전, 법률전은 전쟁 상태가 아니더라도 중일 교섭의 전술로서 형태를 바꾸어가며 실천되고 있다.

2010년 9월 8일에 일어난 어선 충돌사건에서, 일본 측은 고의로 해상보안청의 순시선에 충돌한 어선 선장의 죄질이 나쁘다고 보고 체포

---

8) 『情報系統の作戰能力研究(政治工作編)』(軍事誼文出版社, 2010).

한 이후 송검送檢했다. 이때 중국 측은 어떻게 대응했을까?

중국인 선장이 구속되자 중국 정부는 외교부, 상무부, 국가안전부, 국가해양국, 공안부, 국가관광국 등 각 부문을 모아서 일본에 압력을 가할 방법을 협의했고, 이때 각 부처에서는 효과적인 수단이 제안되었다. 대일對日 전문가도 불러서 제안을 요구했다.

구류가 10일 동안 이어지면서 석방되지 않을 경우를 대비한 대응 방식을 결정했다. 일본이 9월 19일에 구류 연장을 발표하자 중국 정부는 바로 '강력한 조치를 취할 것이다'라고 발표했다. 중국 외교부는 고관 교류의 정지, 항공노선 증편을 둘러싼 협의의 중단, 민간 차원의 방일 여행 중지 등을 실시했다. 그 외에도 공식적으로 인정하지 않았지만, 다양한 형태로 심리전을 실천했다. 중국 상무부 계통에서 제안된 희토류希土類, rare earth 수출의 중단도 실행에 옮겨졌다. 공산당 일당독재의 중국에서는 중요 방침이 결정되면, 정부와 경제계가 일치단결해 국가의 의사를 최우선으로 삼는다.

중국 국가안전부로부터 '일본인의 구속'이라는, 인명人命에 약한 일본의 약점을 찌르자는 제안이 나왔다. 구류 연장이 결정되자, 국가안전부는 각지에서 법률을 위반한 일본인이 없는지 철저하게 감시했다. 이러한 상황 아래에서 9월 20일, 건설회사 후지타フジタ의 일본인 4명이 업무 중에 우연히 군사관리 구역에 접근하는 일이 벌어졌다. 중국이 이와 같은 '호기好機'를 놓칠 리가 없었다.

국가안전부 관계자에 의하면, 20일 이후 중국 내에서 구속된 일본인은 그 4명만이 아니었다. 상하이에서 매춘 혐의로 일시 구속된 일본인도 20명 가까이 있었다고 한다. 다양한 '인질' 안건이 중앙에 보고되었다. 그렇지만 후지타의 사례가 교섭카드로서 가장 어울린다는 판단이 내려졌다. 매춘 혐의로 구속하는 것은 교섭카드로 삼기 위한 억지 조치로 보일 것이기 때문이다. 물론 중국 정부는 표면적으로 후지타에 소속된 4명의 구속은 선장의 구류와 관계가 없다는 태도를 취했다. 일본 국내에서도 선장의 구류와는 관련이 없다는 견해가 있었지만, 다수의 중국 당국자는 보복 조치였음을 인정했다.

23일, 중국 당국으로부터 4명이 구속되었다는 통지를 받고 인명이라는 약점을 찔린 일본 정부는 겁에 질려버렸다. 더욱이 몇몇 일본 언론은 중국의 여론전에 넘어갔는지 "4명이 스파이 죄를 저지른 것이라면 최악의 경우 사형" 등으로 적었다. 일본의 검찰 수뇌는 선장의 죄를 밝혀도 일본인이 사형에 처해진다면 검찰 역시 무사하지 못할 것이라며 두려워했다고 한다. 총리 관저官邸 역시 정치적 결단을 내려 인질들을 석방시켜야 한다는 간 나오토菅直人[9] 총리 측과 일본의 법을 지켜야 한다는 순법파順法派로 분열되었다. 결국 일본 정부는 24일에 선장의 석방을 신속하게 결정하고, 이튿날 미명에 그를 석방해버렸다(국가이익을 위해서라면 '인질'까지 잡는 중국이지만, 아무리 그렇다 해도 현재의 중국에서 후지타 건설의 4명을 사형에 처할 수는 없었다. 이 부분이 중국과 여타 테러리스트 국가 간의 차이점인데, 당시 일본은 중국을 테러리스트 국가와 동일시하는

9) 간 나오토(菅直人, 1946~), 야마구치현(山口縣)에서 태어나 도쿄공업대학(東京工業大學)을 졸업했다. 30세에 정계에 입문해 2010년 6월 8일부터 2011년 9월 2일까지 일본 총리를 지냈다. _옮긴이 주

경향도 있었던 듯하다).

일본 오키나와현 나하那覇 지검은 당시 "계속해서 선장의 신병을 구치拘置한 상태로 수사를 이어나갈 경우 우리나라 국민에게 미칠 영향, 또 앞으로의 일중관계를 고려한 끝에 더 이상 신병을 구속한 채로 수사를 이어가는 것은 바람직하지 않다고 판단했다"라는 이례적인 코멘트를 발표했다.

일본 정부 내의 분열은 중국이 말하는 여론전의 참수력斬首力에 당했다고 말할 수 있을 것이다.

덧붙여 일본 정부가 열흘 연장하기로 했던 구류 기간을 다 채우지도 않고 선장을 간단히 석방시킨 것에 중국 측도 맥이 빠졌던 것 같다. 일본인 4명의 구속에 대해 "너무 효과가 좋았다"라며 쓴웃음을 지었던 중국 정부 관계자도 있었다. 인명을 최우선시하는 일본의 약점을 찌른 심리전 원칙대로의 전개였다.

다만 중국이 선장을 되찾기 위해 군사행동을 취했다면 전쟁으로 발전했을 가능성도 배제할 수 없다. 중국이 심리전, 여론전 등의 비非군사적 행동으로 대응했던 것은, 중국의 입장에서 봤을 때 무력행사를 회피하기 위한 방어적인 대응이라고 할 수 있다.

실제로 일련의 사건 대응에서 군의 움직임은 두드러지지 않았다. 외교부를 중심으로 중국 정부의 각 부문이 일본에 압력을 가했을 뿐이다. 군이 전면에 나서게 되면 대립이 격화escalate될 것이라는 중국 지도부의 판단이 작용한 것으로 보인다.

일본에서는 이 어선 충돌사건 이후 중국위협론과 혐중론嫌中論이 단

숨에 확산되었다. 비非군사적 수단이라고는 해도 테러리스트 국가와 다를 바 없는 대응을 했으니, 단번에 위협론이 확대된 것은 당연한 일일 것이다. 이 점에서 중국 역시 비싼 대가를 지불했다.

일본 국민은 '일본은 법치국가'라는 간판을 믿고 있었지만, 중국의 압력에 자국의 법률을 굽혀야 했다는 불쾌한 경험을 하게 되었다.

허와 실을 섞어서

2012년 9월 11일 일본 정부가 '센카쿠 열도'의 국유화에 나섰을 때, 중국 정부가 보인 대응 역시 어선 충돌사건 때와 다르지 않았다. 중국 정부는 아무런 이유도 밝히지 않고 민간 교류와 요인 왕래 중지 등을 연이어 실시함으로써, 일본으로 하여금 '저들이 또 무슨 짓을 벌이려 들지 알 수 없다'라는 불안에 빠뜨리는 심리전에 나섰다. 또한 18일에는 중국 정부 계통의 언론이 "휴업休業 시기가 끝난 연안 지역의 어선 1,000척이 댜오위다오 부근 해역을 향해 출항했다"라고 보도했다. 이에 일본은 "1,000척이나 한꺼번에 몰려와서 상륙한다면 큰일이 벌어질 것이다"라며, 관저에 정보연락실情報連絡室을 설치하는 등 큰 소동이 벌어졌다. 그렇지만 어선은 거의 오지 않았고, 온 것이라고는 감시선 몇 척뿐이었다. 이는 '허와 실을 결합해 진위의 판별을 어렵게 한다'라는 전형적인 위협의 실천일 것이다.

여론전도 굉장했다. '센카쿠 열도'를 둘러싼 영토 문제를 일본의 '약점'인 역사 문제와 결부시켜 국제여론에 호소한 것이다.

당시 시진핑 국가부주석은 방중한 리온 파네타Leon Panetta 미국 국방장관에게 다음과 같이 호소했다.

> 일본 국내의 일부 정치세력은 이웃 나라와 아시아 · 태평양 국가들에게 입힌 전쟁의 상처를 깊게 반성하지 않을 뿐만 아니라, 더욱 악독해져서 잘못을 반복하며 '열도 구입'이라는 엉뚱한 수작을 부렸다. …… 국제사회는 일본이 세계의 반反파시즘 전쟁의 성과를 부정하고 전후의 국제질서에 도전하려 하는 것을 절대 용인해서는 안 된다.

센카쿠 열도를 일본의 영토로 삼은 것은 청일전쟁 직후인 1895년의 일이다. 그런데 중국은 그 이후인 제2차 세계대전 중에 일본이 벌인 전쟁과 결부시켜 센카쿠 열도의 국유화를 비판했던 것이다.

국유화에 대해 부당하게 점거된 영토의 반환을 결정한 '카이로 선언'에 반한다든지, "전후의 국제질서에 대한 도전"이라고 호소하는 것은 법률전法律戰에 해당한다(국제법상의 설득력을 갖고 있는가의 여부는 별개의 문제이다).

또한 간과할 수 없는 것은, 제5장에서 소개한 '적극 방어' 이론도 활용되고 있다는 점이다. 중국은 일본 정부의 센카쿠 열도 국유화를 "일본 측의 일방적 조치"라고 격렬하게 비난하며 보복 조치에 나섰는데, 이것은 "상대방에게 공격받았기 때문에 공격한다"라는 자위를 위한 대의를 세우는 이론적 무장이다. 그렇게 전략상으로는 방어의 자세를 취하면서도, 실제로는 보복 조치 등 연달아 적극적인 공격에 나섰다.

2012년 4월에 이시하라 신타로石原愼太郎[10] 도쿄東京 도지사都知事가 도都에 의한 '센카쿠 열도' 구입 계획을 표명하자, 일본 정부는 이 계획이 실현될 경우 항만港灣 등의 구조물 건설과 방인邦人: 일본인의 상륙 등으로 중국과 마찰이 벌어질 것이라 우려해 국유화를 단행했다. 도지사가 구입 계획을 표명했던 것은 중국 어선이 해상보안청의 순시선에 충돌한 사건과 중국 감시선이 영해에 침입한 사건 같이, 센카쿠 열도 부근 해역에서 중국 측의 도발 행위가 연이어 발생했기 때문이다. 영토 문제에서 쌍방의 응수는 '닭이 먼저냐 달걀이 먼저냐' 하는 논의와 같이 어느 쪽이 일방적이라고 말할 수 없다. 그렇지만 중국은 자신들이 여태껏 벌인 도발 행위는 일절 다루지 않으면서, "일본 측의 일방적 조치"라는 논리logic를 전개했다. 일본인 가운데에도 "도지사가 그러한 것을 말하지 않았다면 국유화도 없었고, 중일관계도 악화되지 않았다"라며 도지사를 원흉처럼 말하는 사람이 있는데, 그것은 중국의 논리에 빠진 것이다. 일본 정부는 "최근 중국 공선公船에 의한 영해 침입과 활동가에 의한 센카쿠 열도 상륙이 이어지고 있기 때문에, 일본은 이곳을 안전하게 관리하기 위해 어쩔 수 없이 국유화한다"라며, 중국 측의 움직임을 근거 삼아 자위의 입장을 명확히 하는 적극 방어 이론으로 응할 수도 있었다.

---

10) 이시하라 신타로(石原愼太郎, 1932~), 히토쓰바시대학(一橋大學)을 졸업했다. 1999년 4월부터 2012년 10월까지 도쿄 도지사(東京都知事)를 지냈으며, 일본 환경청 장관, 운수대신(運輸大臣), 중의원(衆議院) 의원, 참의원(參議院) 의원 등을 역임했다. 현재 '차세대의 당(次世代の黨)' 최고 고문이다. _옮긴이 주

그러나 일본 정부는 '도쿄 도'가 구입하려 한다는 점을 국유화의 이유로 들었다. 중국의 입장에서 보면 이는 일본의 국내 사정이니 관계없다고 일축할 수 있다. 일본 측에 책임을 강요할 구실을 줘버린 것이다. 일본의 국유화는 중국에게 공세로 나갈 수 있는 기회로 비쳤을지 모른다.

극도의 비밀주의

극단적인 비밀주의도 협위의 온상이라고 할 수 있다. 이것은 공산당 일당독재 체제와도 밀접하게 관련되어 있다. 민주적인 정치체제와 달리, 정보를 공개하라는 압력이 거의 없기 때문이다.

2012년 5월 19일, 필자는 랴오닝성 선양시 북부에 있는 베이링北陵 공원 동쪽에 위치한 항공기 제조회사 '선양비행기'의 비행장을 견학했다. 주위에 촬영 금지 등의 간판이 없는 것도 확인했다. 여기에서 장차 항공모함 함재기가 될 'J-15'가 시험 비행을 하고 있다는 정보를 듣고, 이를 확인하러 간 것이었다. 비행장 옆 도로에는 그 지역 대학에 다니는 한 명의 젊은이가 있었다. 물어보니 가끔 J-15를 보러 온다고 했다. ≪세계군사世界軍事≫라는 국영통신 신화사 계통의 군사잡지를 펼쳐 보이며, "여기에 실려 있는 J-15 사진은 제가 촬영한 것입니다"라며 꽤 자랑스럽게 말했다. 필자는 이 청년과 함께라면 문제없을 것이라 판단했다. J-15가 좌측의 주기장駐機場에서 나타나자, 필자는 2~3장의 사진을 찍었다. 그런데 그 직후 청년이 사진을 촬영하고 있을 때 위장복을 입은 무장경찰대가 나타나 청년을 체포했다. 그리고 함께 있던 필자에게도 동행을 명령했다. 그리고 필자는 오전 11시부터 저녁 8시까지 약 9시간 동안 구속되었다.

우리의 신병身柄은 무장경찰에서 선양비행기 경비부로 인도되었고, 조사 때는 중국 국가안전부 소속의 직원이 왔다. 필자는 그 학생과 다른 방으로 불려갔는데, 그곳에서 사정 청취가 이루어졌다.

필자가 소지한 카메라의 플래시 메모리에는 J-15의 사진이 있었다.

국가안전부 직원: 미공개 개발 중인 전투기는 기업 비밀이기 때문에, 우선 선양비행기 내규에 위반된다. 여기에 「인민해방군 비밀유지 조례」와 「국가비밀유지법」까지 합치면 총 3개의 법령을 위반한 것이다.

필자: 어디에도 촬영 금지라는 표시가 없었다. 촬영 장소 역시 공도(公道)였다. 게다가 학생도 촬영했으며, 그 사진은 잡지에도 게재되었다.

그러나 끝까지 필자의 주장은 인정되지 않았다.

국가안전부 직원: 그는 학생이지만 당신은 외국인 기자이다. 중대한 죄를 범한 것이다.

필자: 세계는 중국의 군사 동향에 관심을 갖고 있다. 중국의 국내 언론이 보도했으니 보러 오는 것은 당연하지 않은가?

국가안전부 직원: 멀리서 보면 또 몰라도 이렇게 큰 렌즈(400mm)로 촬영하는 것은 아마추어라고 볼 수 없다. 누구에게서 의뢰받은 것인가?

사정을 청취하는 중국인 남성은 정말로 진지한 표정이었다.

그리고 오후 8시가 되어서야 '초범初犯'이라는 이유로 정상참작이 되어 석방되었다. 나중에 알게 된 사실인데, 중국의 「국가비밀유지법」에서는 '자탐刺探: 탐색하는 것'만으로도 위반이 된다. 그렇게 되면 시설에 가까이 가는 것만으로도 누구라도 연행하는 것이 가능하다.

그나마 필자는 기자였기 때문에 비행장에 접근했음에도 용서받을 수 있었지만, 각국의 주재 무관武官이 똑같은 시도를 한다면 발견 즉시 국외로 추방될 것이다. 무관은 기본적으로 스파이로 간주되기 때문에 그 행동에 기자 이상으로 엄격한 제한이 있으며, 베이징시 밖으로 나갈 때에도 무조건 중국 정부에 이를 신청해야 한다.

중국인조차도 무심코 촬영을 했다가 잡혀가는 일이 있었다. 2009년 8월에는 푸젠성福建省 푸저우시福州市의 군용 공항에서 군용기를 휴대전화의 카메라로 촬영한 뒤에 그 영상을 인터넷에 게재한 남성이 「국가비밀유지법」 위반으로 징역 1년 2개월, 집행유예 1년 6개월의 판결을 받았다.

일본인의 눈으로 보면 중국에서 말하는 비밀의 범위는 매우 넓고 애매하다. 또한 그 실태를 알 수 없게 되어 있다. 독재국가에서나 볼 수 있을 법한 '비밀 국가'적 체질이라는 소리를 들어도 어쩔 수 없다. 굳이 제 발로 나서서 협위를 직접 연출하고 있는 것이다.

국내에서도 우려의 목소리

중국의 불투명한 군사력에 대해서는 최근 중국 내에서도 우려하는 목소리가 나오고 있다.

중국 정부 직속의 싱크탱크인 중국사회과학원中國社會科學院의 국제연구학부가 2011년 8월에 출판한 연구보고서 『중국이 직면한 새로운 국제환경』은 핵 정책의 불투명성을 인정하고, 이것이 국제사회의 불신을 확대할 우려가 있다며 투명성을 높이라고 정부에 제언하고 있다.

이 보고서는 「미국의 핵 정책 재검토와 대중對中 압력」이라는 항목에서 오바마 미국 정권이 핵군축 등의 핵전략 재검토를 시작한 결과, 중국의 '핵 정책'에 대해 투명화를 요구하는 압력이 강해졌다고 분석했다. 게다가 현재 핵무기의 선제 불사용을 표명하면서도 "핵무기의 발전 전략과 운용, 작전을 의도적으로 애매하게 하고 있기 때문에, 핵위협(에 의한 억제력) 유지에는 유익할지언정 다른 나라, 특히 미국의 의심을 유발하고 중국위협론을 초래하고 있다"라고 지적하고 있다.

정부 직속의 싱크탱크가 자국 핵 정책의 투명성 향상을 요구한 것은 이례적이다. 그 배경에 핵 정책을 포함한 중국의 군사 동향에 대한 국제사회의 불신감이 확산되고 대중對中 포위망이 강해지고 있는 데 대한 강력한 위기감이 있는 것은 명백하다. 미국과 러시아 등이 핵군축에 나서는 가운데 중국이 시대에 역행하듯 핵 전력을 증강하고 있는 것은 상당한 불신감을 불러오고 있다. 오바마 대통령은 2012년 3월 핵안보정상회의가 열린 서울에서도 중국에게 핵감축 교섭에 참가하라고 요구했지만, 중국은 여기에 응하지 않았다.

해당 보고서는 "중국은 냉전 시대 때 핵 전력 발전을 억제해 '도덕적으로 높은 평가'를 얻어왔지만, 국력과 영향력의 확대에 따른 중국 군사위협론이라는 시련에 직면하게 되었다", "미국과 러시아가 핵군축을 지속하고 영국과 프랑스가 핵 전력을 조정하는 상황에서, 중국이 이에 호응하지 않는다면 평화적인 이미지가 손실된다"라며 우려를 표시했다.

또한 적절한 시기에 핵 정책에 관한 백서를 발표해 중국이 핵의 힘을 어떻게 보고 있는지, 중국의 핵 정책이 왜 신뢰할 수 있는지 등에 대해 명확히 설명한다면 "투명성에 대한 압력을 완화시킬 수 있다"라고 주장하고 있다. 핵 정책뿐만 아니라 군사력의 투명성에 대한 중국 정부 내의 인식도 서서히 높아지고 있다. 중국 지도부 역시 국제압력과 국내 관계 부문의 다양한 요구 사이에서 균형을 잡기 위해 애쓰고 있을 가능성이 있다.

제9장

목표는 미국
— 안전보장관

중국인민해방군을 사열하는 마이클 멀린(Michael Mullen) 미국 합동참모본부 의장
자료: http://www.flickr.com/photos/thejointstaff/5927670469

기존 국제질서에 불만

중국의 국토는 960만km², 미국과 거의 같은 규모로 세계 제3위의 면적(세계의 약 6.5%)을 보유하고 있다. 육지의 국경은 22,800km로 세계 최장最長이며, 육지에 접한 국가는 14개국이다. 이러한 지정학상의 환경과 민족의 역사적 경험, 독재정당 중국공산당의 이념 등이 현재 중국의 세계관과 안전보장관安全保障觀의 기초가 되고 있다.

이해하기 어려운 중국인민해방군의 행동과 장래의 방향을 해독하기 위해서는 이러한 안전보장관과 세계관을 아는 것도 유용할 것이다.

중국은 현재의 세계질서에 큰 불만을 갖고 있는데, 그 근저에는 서구열강의 반半식민지가 되어 고통 받았던 민족의 경험, 공산당의 계급투쟁론적 가치관, 대국의식大國意識 등이 자리하고 있다. 특히 미국이 초강대국의 지위에서 패권적으로 세계를 지배한다는 인식과 그에 대한 반발이 강하다. 앞서 언급한 『강군전략』에는 다음과 같은 내용이 나온다.

> 미국을 위주로 한 서방 측의 대국은 현존하는 불합리한 국제정치·경제질서의 기득권자이며, 적극적 옹호자이다. 미국은 현대 세계에서 유일한 초강대국이며, 패권주의와 강권정치強權政治를 통해 기득권을 공고히 함으로써 자신의 세계적 이익을 확장하고 있다. 이러한 국가이익의 관점에서, 미국은 중국과 러시아 같은 대국의 증가 또는 성장을 바라지 않는다. 특히 중국의 빠른 발전이 자신의 패권적 지위를 위협하게 될 것을 두려워하고 있다.

제2차 세계대전 이후의 세계질서는 미국을 중심으로 구축되었다. 냉전 시대에는 '미소 양극'이 대립하는 구도가 이루어졌지만, 냉전 붕괴 후에는 사실상 '미국 일극'의 상태이다. 물론 미국의 힘도 현재는 쇠약해지고 있기 때문에 한 국가만으로는 세계를 마음대로 움직일 수 없지만, 여전히 세계에서 유일한 초강대국이다. 미국의 동맹국인 일본은 이 질서를 공기처럼 향유했지만, 바깥에 있는 중국의 눈에는 이러한 질서가 불합리하게 비추어지고 있다. 한편으로, 기존 국제질서에 대한 불만은 모든 개발도상국에서 공통되는 현상이기도 하다.

중국은 경제 분야에서 미국 달러가 국제 기축통화라는 사실과 미국의 입김이 닿는 국제통화기금IMF에 의한 금융체제에 대해 불공평하다고 느끼고 있다. 1970년대부터 선진국 주도로 발전해온 '주요 8개국 정상회담G8'이 국제정치 · 경제문제에 영향력을 행사하고 있다는 사실도 불쾌하게 여긴다. 안전보장 분야에서 제2차 세계대전 이후 계속되고 있는, 미국이 세계의 경찰관 노릇을 하며 미군을 각지에 주둔시키고 있는 현재의 상황에 대해서도 불만이다. 인권과 민주주의와 같은 가치관도 선진국에 유리한 척도라고 느끼고 있다.

해당 보고서는 다음과 같은 내용도 적고 있다.

미국은 군사적 방위, 억제의 중점을 중국에 두고 있다. 반反테러의 명목으로 중앙아시아에 군사기지를 설치했고, 인도를 끌어들여 남아시아에서의 군사적 영향력을 확대했으며, 괌Guam을 전략 거점으로 삼고, 일본의 전수방위專守防衛 제약을 없애 아시아에서 제 역할을 하도록 했으며, 미일, 미한, 미 · 필리핀, 미 · 호주 등의 군사동맹 관계를 통해 미군의 장비, 기술, 지휘를 채택하도록 했고, 동맹국과 군사 정보를 공유하고 있다. …… 여기에는 여러 가지 차원의 전략 의도가 있지만, 주된 목적은 중국에 대처하는 것이다.

여기에서 언급된 내용은 분명 사실일 것이다. 다만 인류 역사에서 기존 질서에 대한 신흥국의 도전이 전쟁 등의 마찰을 초래한 것 역시 사실이다. 이 때문에 미국은 자국에 위협이 될 수 있는 중국을 억누르고자 한다.

중국은 미국과 군사적으로 대립할 생각이 없다. 그렇지만 미국이 이처럼 상대를 벼랑 끝으로 모는 전략으로 봉쇄하고 포위해오는 이상, 봉쇄를 타파하는 능력을 갖출 수밖에 없다. 만약 중국에게 군사력이 없다면, 중국은 진흙탕에 발이 파묻혀 옴짝달싹 못하는 거인이 될 것이다.

군사력을 증강하고 있는 중국에게 이러한 위기감, 초조함이 있다는 사실을 서방 측 세계는 잘 파악하지 못하고 있다.

중국은 여전히 중국공산당이라는 '이념 정당'이 통치하는 독재국가이기 때문에, 민주주의 국가들과는 동맹관계와 신뢰관계를 구축할 수 없다. 따라서 군사력을 위주로 한 안전보장 체제를 취할 수밖에 없다.

단, 중국은 미군에 대해 반발하면서도 군사 분야에서만큼은 미국을 가장 배워야 할 라이벌로 본다. 군사 이론서에는 외국군의 참고 사례로서 반드시 미군이 등장한다. 강력하고 풍요로운 '초강대국' 미국을 마음 속으로 동경하는 중국인은 많다.

역사의 속박

중국에게는 '충분한 군사력을 갖추지 못했기 때문에 과거의 왕조가 실패한 것이다'라는 민족적 기억이 있어, 군사력에 대한 신앙이 강하다. 제2차 세계대전 시기 원폭 투하로 패전한 일본이 전후 군사력을 억제하고 평화국가의 길을 걸어왔던 것과는 대조적이다.

앞에서 언급한 『강군전략』 보고서는 "중국이 강병强兵 없이 부국富國: 풍요로운 국가만을 추구하며 발전하는 것이 가능할까?"라는 질문을 던지고, 이에 대해 다음과 같이 답하고 있다.

> 송宋 왕조는 중국 역사에서 손에 꼽을 정도로 경제가 번영했고 과학기술이 발달했으며, 문화가 융성해 인민의 생활수준이 높은 시대였다. 송대宋代의 GDP는 세계의 50%를 점했다. …… 그러나 송 왕조는 일관되게 '문文을 중시하고 무武를 경시하는' 중문경무重文輕武의 정책을 취하며, 경제적 실력과 문명의 성과를 군사력으로 전환하지 못했다. 송대 후기에 그 정신은 퇴폐해졌고 …… 결국 남송南宋은 원元나라에 의해 멸망당했다.

나아가 청조淸朝의 사례도 다음과 같이 언급하고 있다.

1820년의 중국은 세계 GDP의 32.4%를 차지해, 영국을 훨씬 능가했다. …… 그러나 20년 후 영국에 (아편전쟁으로) 패배해 굴욕적인 난징조약南京條約을 맺었다. (1894년에는) '황해黃海 해전'에서 일본에게 졌다. 일본은 강력한 자본주의 강국으로서 청조를 약체화시켰지만, 실상 민民은 가난한 약국弱國이었다.

국가의 번영을 유지하기 위해서는 반드시 군사력이 뒷받침되어야 한다는 것이 중국 안전보장관의 기본이다.

평화 발전이 세계의 조류이지만, 국제정치의 본질은 변하지 않았다. (국가)이익이 국가의 최고 원칙이며, 군사력은 여전히 국가이익을 실현하기 위한 최후의 수단이다. 패권주의 국가는 군사적 수단, 전쟁을 사용해 이익을 쟁탈한다. 중국은 격렬한 국제경쟁 속에서 자신의 생존과 발전을 도모해야 하며, 이는 강력한 군사력 없이는 불가능하다.

이것이 중국의 속내이다. 국제질서의 형성 과정에서 전통적인 힘의 논리뿐 아니라 국제협조와 소프트파워 등 새로운 가치관이 만들어져 확산되고 있지만, 여전히 무력이라는 힘에 의한 최종 해결도 정당화되고 있다. 그것은 아프가니스탄과 이라크 전쟁을 보아도 알 수 있다.

13억 명의 인구를 보유한, 거대하면서도 유서 깊은 국가 나름의 이유도 있다. 이렇게 거대한 국가는 특정 국가의 안전보장이라는 우산에 의지할 수 없다. 일본은 전후 미국과 군사동맹을 맺고 미국의 핵우산 아래에서 경제 발전을 향유해왔다. 무기 역시 대부분 미국 기술에 의존하고 있다. 그렇지만 세계의 5분의 1이나 되는 인구를 보유하고 있는 국가는, 스스로 자신을 완성한다는 강한 국가의식이 작용한다.

중국의 '역사적 긍지' 역시 한 요인이다. 해당 보고서는 다음과 같이 적고 있다.

> 왜냐하면 중국은 대국이기 때문이다. 자신의 운명은, 반드시 자신의 손으로 움켜쥐어야 한다. 어떤 국가도 중국의 안전을 주도하는 것은 불가능하다. 중화문명은 세계에서 유일하게 5,000년 동안 그 역사를 이어온 위대한 문명이다.

독일과 일본은 전후 군사대국이 아닌 경제 발전의 길을 걸었다. 그러나 여기에는, 미국과의 동맹관계 같은 담보가 있었던 것이 사실이다. 또한 이 보고서는 독일, 일본 양국이 패전이라는 역사적 제약 아래에서 "국제사회로부터 군국주의 부활 방지"를 강요받아 국가의 의지와는 반대로 군사력을 갖지 못했다고 보고 있다.

"일본과 독일의 경제 발전은 특수한 현상이며, 여기에는 역사적 · 보편적 의의가 없다"라고 해당 보고서는 결론짓고 있다. 상응하는 군사력을 수반하지 않는 경제 발전은 있을 수 없다는 생각이다.

앞서 나왔던 '해양 전력' 관련 계몽서 『중국 해권』도 중국 정부가 공식적으로 내걸고 있는 '평화적 대두 노선'을 "아름다운 이상이다"라고 평가한 뒤, 중국의 역사를 되돌아보며 "군사력에 의한 뒷받침"이 중요하다는 사실을 다음과 같이 강조하고 있다.

중국의 역사에서 평화적으로 번영했던 시대 중 무력에 의한 통일이나 국가 안전의 유지 없이 번영했던 나라는 단 하나도 없다. 인류 전체의 역사에서도 무력 없이 제국의 대업大業을 달성했던 국가는 없다.

이상理想은 아름다운 것이지만, 결코 이상을 현실과 혼동해서는 안 된다. ······ '부전이굴인지병不戰而屈人之兵: 싸우지 않고 타인의 병사를 굴복시킨다'은 손자孫子가 추구했던 전쟁의 가장 아름다운 방식이지만, 결국 『손자병법』에서 일관되게 말하고 있는 것은 싸워서 이기는 것이다. ······ 중국이 평화 발전을 바란다면 반드시 강력한 군사력을 갖추어야 하며, 무력으로 자신의 이익을 지킬 준비를 해두어야 한다.

일본을 경멸

그렇다면 중국의 안보 측면에서 일본은 어떻게 규정되고 있을까?

2002년 중국공산당 제16차 당대회 이후, 중국 외교의 기본노선은 "주변국 관계가 가장 중요하며, 대국大國과의 관계를 핵심으로, 개발도상국과의 관계를 기초로 삼고, 다국 간 외교의 무대도 활용한다"는 것이다. 일본은 이 가운데 가장 관계가 깊은 주변국이며, 양국 간 외교의 중요성은 미국 다음간다고도 할 수 있다. 그런데 안전보장상의 관점에서는 그 정도로 중시되지 않는 것으로 보인다.

중국군에게는 과거 일본의 군국주의에 대한 구태의연한 경계심이 있는데, 사실 이것은 일본을 견제하기 위한 구실에 가깝다. 일본을 경계하는 진짜 원인은 일본의 '대미對美 추종'이다.

중국군에 소속된 연구자가 세계의 외교를 분석한 연구서[1]는 일본에 대해 면적이 좁고, 자원도 부족하기 때문에 근대 이래 확장주의를 견지했다고 분석하고 있다. 제2차 세계대전에서 패전한 이후에는 "미일동맹에 의지해 아시아에서의 실무를 주도하고 국가이익의 확대를 도모하고 있다"라고 한 뒤, 이어서 다음과 같이 적고 있다.

> 일본의 지연地緣: 지정학 전략의 특징은 강자의 동료가 되는 것으로, 강强·강强 연합을 통해 최대의 국가이익을 추구한다. 강자에 의지해 국가의 안전을 지키고 전략적 이익을 획득하는 일에서 일본을 따라갈 나라는 세계에 없다. 근대 이전에 중국과 사이좋게 지냈던 것은 말할 것도 없고, 20세기에는 우선 해양강국인 영국과 동맹을 맺어 러시아를 억제했다. 또한 제2차 세계대전 중에는 강력한 독일과 동맹을 맺어 아시아와 세계의 패권을 노렸다. 전후에는 다시 초강대국 미국과 동맹을 맺고 군사적인 우산 아래에서 생존하며 발전해왔다.

---

1) 馬榮升 · 高新濤, 『地緣戰略與國家安全』(北京: 軍事科學出版社, 2009).

이것은 칭찬하는 것이 아니라 '의지하려면 큰 나무의 그늘에', '승리하는 말에 탄다'라며 비판하고 있는 것이다. '아시아에서의 실무實務'라고 하는 것은 안전보장 측면에서 일본이 주체가 아니라는 말이다.

현재의 중국 지도부는 「미일 안전보장조약」에 대해 그것이 미일 양국 간 관계 내에서만 효력을 갖는 것이라면, 즉 중국을 노리는 것이 아니라면 굳이 반대하지 않는다. 대미 관계에 대해서도 배려하고 있다. 그렇지만 중국군은 마음속으로 미일동맹에 안전보장을 의지하는 일본을 경멸하고 있다. 해당 연구서의 내용은 아래와 같이 이어진다.

> 강자가 영원히 강하다는 법도, 약자가 영원히 약하다는 법도 없다. 강자에 의지하는 지정학 전략은 일과성一過性 전략이며, 이득만을 중시할 뿐이고 근시안적近視眼的인 색채마저 있다. 이러한 종류의 전략이 진정한 '국가 안보'를 실현할 수 있느냐의 여부는, 이미 역사가 증명하고 있다.

일본이 의지하고 있는 미국의 쇠퇴를 주시하고 있는 것이다.

일반 서점에서 대중용으로 나오는 계몽서를 보면, 더욱 거칠게 일본을 표현하는 군인도 있다. 앞에서 언급한 『중국 해권』의 저자이자 군사과학원 전쟁이론 · 전략연구부의 장스핑은 일본에 대해 다음과 같이 지적한다.

> 일본이 할 수 있는 일은 기껏해야 큰 깃발을 펄럭거리며 위협하는 것

뿐이다. 그저 미국에 의지할 뿐, 도둑 심보는 있어도 도둑은 될 수 없는 허깨비다. 일본은 국토가 협소하고 자원도 없으며 인구도 중국만큼 많지 않다. 양羊이 아무리 살쪘어도 마른 낙타만 못하다. 일본에게는 '메이지 유신明治維新'과 '성전聖戰' 같은 눈부신 역사가 있지만, 그것은 이미 과거의 역사이다. 같은 일은 두 번 다시 일어나지 않는다. 특히 일본은 침략전쟁을 반성하지 않고 있다. …… 영원히 대국은 될 수 없다. 향후 주변 지역과 중국의 안전보장에서, 일본은 그리 걱정할 존재가 아니다. 다만 중국이 해양에 진출하는 데 (동중국해에서) 일본은 중요한 장애물이자 제약 요인이 된다.

오키나와현 '센카쿠 열도'와 동중국해의 경계선 문제 외에는, 일본의 군사력이 중국 측에 위협도 걱정거리도 되지 못한다고 단언하고 있는 것이다.

북한은 완충지대

미사일 발사와 핵실험을 반복하는 북한은 일본이 당면하고 있는 최대의 위협인데, 중국은 북한에 강한 영향력을 갖고 있어 과거 북중 관계는 '혈맹관계'라고도 일컬어졌다. 그렇지만 중국이 한국과도 외교 관계를 수립하면서 북한과의 관계는 상대적으로 약화되었다. 중국 외교관과 잡담을 해보면 "외국이 기대하는 만큼 중국과 북한의 관계는 강하

지 않으며, 북한도 중국이 말하는 것을 잘 듣지 않는다"라고 불평하는 것을 들을 수 있다.[2)]

중국은 시장경제와 대외개방 정책을 추진하면서, 더 이상 북한과 가치관을 공유하지 않게 되었다. 그럼에도 중국의 입장에서 국경을 접하고 있는 북한은 안전보장상 대단히 중요한 가치를 지닌다.

중국군의 싱크탱크 군사과학원의 전문가 등이 약 2년에 걸쳐 한반도의 위기관리에 대해 연구한 내부 보고서[3)]는, 북한이 중국에게 안전보장상의 '중요한 전략적 완충 지대'가 된다고 강조하고 있다.

> 한반도의 안전은 중국의 국가 안전과 불가분이다. …… 만약 한반도 정세가 안정을 잃는다면, 장기적으로는 중요한 전략적 완충 지대를 잃게 되고, 단기적으로는 국경 지대에서 난민이 유입하는 등의 커다란 비非군사적 충격을 받게 된다.
>
> 소련의 해체 이후 미국은 일관되게 중국을 잠재적인 라이벌로 간주하고 있다. 미국 군사전략의 중심점은 서서히 동쪽으로 이동하고 있으며 …… 한국에 강력한 미군을 주둔시키는 군사적 배치는 중국 봉쇄를 염두에 둔 것이다. …… 따라서 중국이 한반도에 대해 일정한 전략적 영향력을 갖는 것은 국가안전상의 이익을 유지하는 데 필요한 일이다.

---

2) 이른바 '김정은 체제'가 성립된 이후의 최근 북한과 중국 양국 간의 발전 양상에 대해서는 다음을 참고하기 바란다. 고미 요지(五米洋治), 『북한과 중국: 이해타산으로 맺어진 동맹국은 충돌할 것인가?』, 김동욱 · 박준상 · 이용빈 옮김(파주: 도서출판 한울, 2014). _옮긴이 주

3) 李效東 · 王宜勝 · 李銳, 『朝鮮半島危机管理研究』(北京: 軍事科學出版社, 2010).

미국을 견제하기 위해 한반도에 대한 영향력을 유지하는 것이 중요하다는 점을 솔직하게 인정하고 있다.

중국은 과거 1950년대에 미국의 핵무기에 위협받거나 국제사회로부터 고립되는 고통을 겪었기 때문에, 비슷한 처지에 있는 북한을 어느 정도 동정하고 있다. 북한이 핵무기 개발이라는 벼랑 끝 정책을 취할 수밖에 없는 것도 미국의 탓이라고 판단하고 있다. 이 보고서의 내용을 계속해서 인용해보도록 하겠다.

> 북한이 생존하고 발전하기 위해서는 우호적인 국제환경과 거액의 외자 투입이 필요함에도, 미국은 북한을 '악의 축'이라 부르고 테러 지원국이라는 꼬리표를 붙여 북한의 이미지를 장기간에 걸쳐 깎아내렸다. 이제 북한은 국제사회에 참여하는 것이 어렵게 되었다. 불리한 국제환경을 개선하기 위해 (북한은) 핵무기에 의지하는 벼랑 끝 정책을 선택했다. 위기를 만들어냄으로써 미국에 양보를 강요하는 방법밖에 남지 않게 된 것이다.

북한이 핵무기 보유에 매진하는 이유도 미국에 있다고 단언한다.

> 북한의 지도자는 미국이 핵무기 보유국가에 대해서는 무력을 행사하지 않는다는 사실을 명확하게 인식하고 있다. 냉전 시기 미국은 소련에게 무력을 쓰지 않았으며, 1990년대 말부터는 인도에 대해서도 파키스탄에 대해서도 무력을 쓰지 않았다. 이는 무력을 쓰고 싶지 않아서가

아니라 쓸 수 없는 것이다.

해당 보고서는 북한 핵무기를 둘러싼 6자회담 참가국 각각의 입장과 의도도 분석하고 있는데, 일본에 대해서는 앞 절節과 마찬가지로 깔보는 듯한 표현이 두드러진다.

> 미일동맹은 일본의 안전과 발전을 보장하지만 동시에 전략적 행동을 제한시킨다. 이 때문에 일본은 군사상으로도 외교상으로도 미국에 들러붙어 있어, 국제문제와 지역문제를 해결할 때 미국의 심부름꾼 역할을 한다.

또한 한반도 정세에 대한 일본의 기본적 자세에 대해서도, 아래에 나온 것처럼 자국의 이익밖에 고려하지 않는 이기적인 국가라고 간주하고 있다.

> 일본은 한반도의 통일을 가장 바라지 않는 국가이다. 이는 한국 주도의 통일이든지 북한 주도의 통일이든지 마찬가지이다.
>
> 일본은 6자회담에 편승해 북한의 일본인 납치문제를 해결하려 하고 있다. 그렇지만 다른 나라들은 냉담한 눈초리로 이러한 방식이 정세를 더 혼란스럽게 할 것이라 보고 있다.

중국은 한반도의 통일을 바라지 않을 것이라는 이야기가 있다. 한반도가 통일된다면 완충지대가 없어지는 등, 안전보장상의 위협이 초래되기 때문이다. 그런데 이 보고서는 "통일 이후의 한반도가 중립적 입장을 유지한다면"이라는 전제 아래, 통일된 한반도가 주변의 안정을 유지할 뿐 아니라 세계의 '안전도安全島'로서 기능할 수 있을 것이기 때문에, 한반도의 통일은 "마이너스 면보다 플러스 면이 더 크다"라고 결론 내리고 있다.[4)]

남중국해에 대한 초조함

동남아시아 국가들은 중국의 외교에서 일본과 마찬가지로 주변국에 해당하기 때문에, 중국은 동남아시아국가연합ASEAN과의 관계 발전을 중시하고 있다. 다만 군사력을 포함한 각국의 국력은 일본에 비해 약하다. 또한 중국의 입장에서 볼 때, 역사적으로 이 지역에 영향력을 발휘해왔다는 자부심이 있다. 남중국해를 둘러싼 영유권 문제에 대한 중국의 태도는 일본에 대한 태도 이상으로 강경하다. 이러한 강한 태도의 배경에는 초초함도 엿보인다.

2011년 5월 이후 남중국해에서는 중국 함선이 베트남 탐사선의 케이블cable을 절단하거나 어선에 위협 발포를 하는 등, 중국 측에 의한 공격

4) 최근 중국 지도부가 한국 주도의 한반도 통일에 대해서 전향적인 정책 검토를 마쳤다는 주장에 대해서는 다음을 참고하기 바란다. 長谷川慶太郎,『中國崩壞前夜: 北朝鮮は韓國に統合される』(東京: 東洋經濟新報社, 2014). _옮긴이 주

적인 활동이 빈발하고 있다. 국제사회는 해양권익의 확대를 도모하는 중국이 문제를 일으킨다고 받아들이는 데 반해, 중국 쪽에서는 오히려 베트남과 필리핀 등 주변 국가에 의한 자원 약탈이 심각해지고 있다고 인식하고 있다. 상대방 쪽에서 영유권의 기정사실화를 위해 의도적으로 도발해오고 있다며 피해자 의식을 강화하고 있는 것이다.

중국 주간지인 ≪중국경제주간中國經濟週刊≫이 2012년 5월에 보도한 기사인 「남중국해 유전油田, 가스전 약탈 조사」를 보면 과거 30년 동안 베트남, 말레이시아, 필리핀, 브루나이, 인도네시아 등 5개국은 서방 측 200여 개 기업과 가스전 개발을 추진해 남중국해에서 합계 1,380개의 가스전을 굴착했으며, 그 연간 석유 산출량은 5,000만 톤에 이른다고 한다. 이는 중국 동북부에 있는 중국 굴지의 대유전大油田 다칭大慶 유전의 전성기에 필적하는 양이다.

반면 중국은 뒤늦게 남중국해 자원을 개발했으며, 난사 군도에는 중국의 유전이 하나도 없다. "중국의 해양 석유 · 천연가스 자원 가운데 남중국해 중남부의 개발 가능한 매장량이 차지하는 비중은 약 66%로, 타국이 이를 약탈한다면 중국은 해양자원의 3분의 2를 잃게 된다"라는 관련 업계 관계자의 말을 전하고 있다.

영유권 분쟁이 가장 격렬한 남중국해의 난사 군도 해역에는 약 250개의 섬이 있으며, 약 50개의 섬이 각국에 의해 실효 지배되고 있다. 이 가운데 실효 지배되고 있는 섬의 수가 가장 많은 것은 베트남으로 29개이며, 중국은 8개밖에 되지 않는다. 나머지는 필리핀이 8개, 말레이시아가 5개이다. 중국은 거의 남중국해 전역에 대한 영유권을 주장하고 있지만, 그 중심이 되는 난사南沙에서조차 베트남보다 열세이다.

이것은 애초에 중국이 이 지역을 실효 지배한 적이 없기 때문이지만, 중국은 이것을 '1970년대까지는 중국에게 개발 기술이 없었고, 그 이후에도 국제정세를 고려해 자제하는 태도를 취했기 때문에 타국이 자원개발을 통해 이곳을 실효 지배하게 된 것'이라고 인식하고 있다.

무력해결에는 신중

중국공안부 직속 공안해경학원公安海警學院의 교수[5]가 집필한 책 『중국 해안 경비대 건설 연구中國海岸警衛隊組建研究』(海洋出版社, 2007)는 남중국해에서 직면하게 된 '중국의 위기'에 대해 다음과 같은 인식을 보여주고 있다.

> 중국의 주변국은 자국의 이익을 위해 실무적인 전략을 채용하고, 일방적으로 주권을 강화하며, 실질적으로 점령해 자원을 약탈하는 행보를 보이고 있다. 중국과 동남아시아국가연합 10개국이 조인한 「남중국해 행동선언」은 유명무실화되었고, 중국의 주권과 해양권익은 심각한 침해를 받고 있다. 한편 중국의 종합국력이 향상되고 '중국위협론'이 만연하기 시작하면서, 중국과 주변국 간의 상호신뢰에 영향을 주고 있다.

---

5) 허중룽(何忠龍)을 지칭한다. _옮긴이 주

국제사회의 인식과는 반대이다. 「남중국해 행동선언」은 2002년 영유권 분쟁의 평화적 해결을 위해 조인되었지만, 실효성이 없었기 때문에 중국은 활발하게 군사행동을 전개했다. 그 결과, 긴장감이 높아졌다는 것이 일반적인 견해이다. 이 때문에 동남아시아국가연합 측은 법적 구속력이 있는 '행동규범'으로 격상시킬 것을 요구하고 있는데, 중국이 소극적으로 나와 좀처럼 진전되지 못하고 있다.

동중국해에 위치한 일본의 센카쿠 열도에 대해서도 "중국의 댜오위다오 해역은 장기간에 걸쳐 일본의 지배를 받고 있기 때문에, 우리나라는 그곳의 풍부한 어업 자원을 향유할 수 없다"라고 지적하고 있다. 그렇지만 일본은 동중국해의 석유와 천연가스를 개발하지 않고 있기 때문에, 중국의 입장에서는 남중국해의 자원 약탈 쪽이 더욱 심각한 문제라 할 수 있다.

남중국해의 영유권 대립을 다루는 중국 언론에서는 기세등등한 논조가 두드러지는 추세이다. 중국공산당의 기관지 ≪인민일보≫ 계열의 ≪환구시보≫는 사설에서 "중국 함선은 필리핀 함선보다 많고 크다"라고 군사력을 과시하면서, "만약 필리핀 함선이 공격해온다면 중국 해군은 사정없이 반격해 해저로 침몰시킬 것이다"라고 강조했다.

『중국 해권』의 저자 장스핑은 "무력 해결, 대화 해결, 무력과 대화의 결합이라는 3가지의 선택지가 있다"라고 한 뒤, 물론 평화적 해결이 '가장 좋은 것'이지만, "가장 좋은 것은 때때로 가장 있을 수 없는 것이다"라고 지적하고 있다.

그러나 앞에서 언급한 해안 경비대海岸警衛隊를 제안한 연구자는 다음과 같이 말한다.

> 무력에 호소하는 해결은 현실적이지 않다. 어쩔 수 없는 경우에 취할 최후의 선택이긴 하지만 현명한 해결 방법은 아니며 …… 지역과 국제 정세에 중대한 영향을 초래하기 때문에, 국가의 발전이라는 대국大局에 합치되지 않는다.

이 때문에 군사 충돌로 발전하는 것을 피하기 위해서는 일본의 해상보안청과 같은 해안 경비대를 창설해야 한다고 강조하고 있다. 나아가 이해利害의 충돌을 민사民事의 범위로 제한해야 한다고 제언한다.

중국은 실제로 남중국해를 둘러싸고 베트남과 무력 충돌을 일으켰으며, 섬의 일부를 힘으로 빼앗은 적도 있다. 그렇지만 지금은 미국과 소련 등이 묵살했던 시대와는 상황이 다르다. 중국 정부로서는 국제사회로부터 고립될 수 있는 무력행사를 바라지 않을 것이다.

주장하는 외교로 변화

중국군이 해양진출 등의 활동을 활발히 하고 있는 커다란 배경에는 중국 지도부가 기존 외교의 기본인 '도광양회韜光養晦: 재능을 숨기고 드러내지 않는다'에서 '유소작위有所作爲: 해야 할 바를 한다'로 미묘하게 궤도를 수정하고 있는 점도 작용한다.

원래 이 두 가지 말은 연결된 것으로, 덩샤오핑의 외교사상을 대표하는 용어이다. '도광양회'는 중국이 경제 발전을 최우선으로 하기 위해 외교 면에서 저자세로 일관하는 것을 지칭하는데, 구체적으로는 국제사회에서 가능한 한 '대립하지 않고', '적을 만들지 않고', '외교상의 선두에 서지 않는다'라는 형태로 실천되었다.

그런데 중국이 경제적으로 발전하고 국제사회에서의 지위 역시 향상되면서, 중국공산당 내부에서는 두 가지 말 중에서 뒤쪽의 '유소작위'로 무게 중심을 옮겨야 한다는 공통인식이 확산되었다. 즉, 국가가 강해지고 영향력이 높아진 이상 중국도 저자세만 취할 게 아니라 주장해야 할 것은 주장하고, 대립을 무릅쓰고라도 필요한 일을 해야 한다는 사고방식이다.

중국공산당의 싱크탱크이기도 한 중앙당교의 한 연구자는 "유소작위로 무게 중심을 옮기는 것은 이미 당 내에서 결정되었지만, 어느 정도로 이동할 것인가에 대해서는 아직 논의가 계속되고 있다"라고 필자에게 말했다.

또한 중국 외교부의 외교관도 필자에게 "중국은 지금보다 더 주장하는 외교를 해야 한다"라는 공통된 인식이 성립되었다는 말을 한 적이 있다. 이 사고방식이 정책으로 정착되고 있음을 명확히 보여준 사건이 있다. 2008년의 베이징 올림픽이 끝나고 2009년 3월에 개최된 전인대에서 양제츠楊潔篪[6] 외교부장이 기자회견 자리에서 한 발언이다.

---

6) 양제츠(楊潔篪, 1950~), 중국 상하이시(上海市)에서 출생했으며, 2007년 4월부터 2013

양제츠는 베이징 올림픽의 성공이 '문화 외교'의 성과라고 강조한 후, 앞으로의 중국 외교는 "경제 외교, 안전(보장) 외교, 문화 외교, 공공 외교 등 분야별 외교를 더욱 중시할 것"이라고 밝혔다. 또한 "현재의 중국이 목적으로 하는 것은 경제 발전을 위한 환경의 조성뿐만이 아니다"라고 단언했다. 이것은 기존의 대국大國 간 외교, 이웃 나라들과의 외교와 같은 지정학적인 외교의 틀을 초월한 발언으로, 오바마 정권의 '스마트 파워smart power' 외교를 방불케 한다.

양제츠는 매우 신중한 외교관으로 정책에서 벗어난 사견을 일절 입에 담지 않는 타입이기 때문에, 이 발언은 중국공산당이 결정한 내용이라고 봐도 좋다. '안전 외교'에 대해서는 구체적으로 "중국의 주권과 영토, 안전을 적절하게 보호하는 것"이라고 설명했다. 영토와 주권을 지키기 위해서는 다소의 마찰을 무릅쓰겠다는 결의를 보인 것이다. 이 발언은 대단히 중요한 것으로 보임에도, 일본 언론에서는 거의 주목하지 않았다.

그리고 실제로 2010년 9월에 중국 어선과 일본 해상보안청의 순시선이 충돌하는 사건이 일어났을 때, 중국 측은 강경하게 주권을 주장하며 양제츠의 발언을 구체화했다.

한 가지 덧붙이자면, 중국의 경제 발전 및 국력 증강에 따라 중국공산당 내부에서 군과 국방건설이 차지하는 위치도 미묘하게 변화하고

년 3월까지 중국 외교부장을 역임했다. 현재 중국 국무위원 및 당 중앙외사공작영도소조(中央外事工作領導小組) 판공실 주임이다. _옮긴이 주

있다.

1990년대까지 국방건설은 '경제건설에 복종'할 것을 요구받았으며, 이는 국방비 억제의 근거가 되었다. 그런데 2002년 가을에 열린 중국공산당 제16차 당대회의 보고에서는 "경제건설과 협조한다"라고 천명되어, 미묘하게 그 위치가 격상되었다. 또한 2007년의 제17차 당대회에서는 "경제건설과 국방건설을 통일적으로 계획하고 국가의 부강과 강력한 군대를 통합적으로 실현한다"라고 강조했다.[7)]

홍콩 신문은 이 당시 "군부가 인내하던 시대는 끝났다"라고 적었다. 군이 군사력을 강화하고 주권을 주장하는 활동에 대해 어느 정도 허가가 떨어졌다는 것을 추측할 수 있다.

아시아의 강대국을 지향

앞에서 중국인민해방군이 21세기 중반까지 추구해야 할 발전목표를 제시한 『강군전략』 보고서는 발전을 위한 사상, 목표, 중점을 제시하고 있다.

그 '사상'이란 '확장'이다. 군사행동의 범위를 지금까지의 '본토와 그

7) 2012년 11월에 개최된 중국공산당 제18차 당대회 보고에서는 "중국 특색의 융합식(融合式) 발전 노선을 걷는 것을 견지하고, 부국(富國)과 강군(强軍)을 상호 통일하는 것을 견지하고, 군민(軍民) 융합식 발전 전략의 규획(規劃), 체제 기제(機制)의 건설, 법규의 건설을 강화한다"라고 강조되었다. _옮긴이 주

주변'에서 '세계 규모'로 넓혀 전략적 억제를 실시하고, 아시아 · 태평양 지역에서 일정한 군사력을 갖추며 "세계적으로도 영향력을 지닌 군사력"이 되는 것이다. 그리고 그 목표는 제5장에서 언급했듯 '2개의 대륙(아시아와 아프리카)'과 '2개의 대양(태평양과 인도양)'이다.[8)]

해당 보고서는 태평양과 인도양에 대한 지배력 강화 등의 '목표'를 제시하면서, 이를 실현하기 위한 3단계 프로세스로서 아래와 같이 기술하고 있다.

> 2020년을 전후해 군대의 전면적인 기계화를 실현하고, 조국을 통일하며, 영토, 영공, 영해, 해양 권익을 보전할 수 있는 능력을 갖추어, 아시아 지역에서 일정한 우세를 지닌 '군사 강국'이 된다. 2035년을 전후해 비교적 강력한 정보작전 능력과 일정한 원양遠洋 및 영토 외 작전 능력을 갖추고, 아시아 지역에서 커다란 군사적 우세를 공고히 한다. 2049년을 전후해서는 군대의 전면적인 정보화를 완성시키고 세계의 중점 지역에서 효과적인 전략적 균형balance을 만들어 세계평화 유지에 큰 영향력을 행사하는 군사 강국이 된다.

8) 이러한 맥락에서 2013년 하반기에 시진핑 중국 국가주석은 '일대일로(一帶一路, *yilu yidai*)'라는 국정운영의 대방침을 제시했다. 이것은 '새로운 실크로드 경제권(新絲綢之路經濟帶)'과 '21세기 해상 실크로드(21世紀海上絲綢之路)'의 약칭이다. 이와 관련된 자세한 내용에 대해서는 다음을 참고하기 바란다. 習近平,『習近平談治國理政』(北京: 外文出版社, 2014), pp.287~295. _옮긴이 주

'중점'은 이제까지 제1장, 제2장, 제3장 등에서 언급했던 해양, 핵, 우주를 가리킨다.9) 해양 전력의 현재 상황에 대해 "부상浮上하고 있는 우리나라의 대국적 지위에 어울리지 않는 해양 전력은, 군사 체계 중에서도 보완해야 할 단점이다"라고 분석하고 있다. 그리고 구체적으로 잠수함 함대와 항공모함 함대의 증강을 들고 있다.

핵 전력에 대해서는 중국이 1960~1970년대에 핵무기를 보유하게 된 것이 "대국大國의 기초가 되었다"라고 총괄하고, 향후에도 핵 위협력威嚇力과 핵 반격력을 강화해야 한다고 말하고 있다. 미국 오바마 대통령이 주장한 '핵 없는 세상'이라는 이념에 대해서는 "말하는 것은 쉽지만 생각이 너무 안이하다"라고 지적하며, 핵 전력은 지금에 와서도 여전히 중요하다는 인식을 보이고 있다.

이 목표에서 도출되는 결론은 개발도상국이라는 현실을 인식하고, 우선은 아시아 · 태평양 지역에서 지역 대국의 기초를 공고히 하는 것이다. 그 뒤 세계적으로 커다란 군사적 존재감을 보이며 미국과 어깨를 나란히 하는 대국이 되는 것이다.

---

9) 중국인민해방군의 핵, 해양, 우주 전략에 대해서는 다음을 참고하기 바란다. 히라마쓰 시게오(平松茂雄), 『마오쩌둥과 덩샤오핑의 백년대계: 중국군의 핵 · 해양 · 우주 전략을 독해한다』, 이용빈 편역(서울: 한국해양전략연구소, 2013). _옮긴이 주

패권을 제창하지 않음

다만 이와 함께 중국의 기본전략으로서 '불칭패不稱霸: 패권을 제창하지 않는다', '비대칭非對稱: 상대와 똑같은 행동을 하지 않는다' 등도 강조하고 있다.10) 세계 규모에서 미국을 능가하거나 미국을 대신하지 않겠다는 것이다. 이것은 자주독립 외교를 추진하고 미국과 대등하게 경쟁하기 위해, 그 정치력의 뒷받침이 되는 군사력을 확보하는 것을 목적으로 한다.

> 우리나라는 세계에서 장기간 솔선하는 지위에 있었지만 패권을 제창하지 않았으며, 서구와 같은 식민 통치도 하지 않았다. 그것은 중국 민족의 성격이다. 반대로 군사력에 의지한 세계 제패는 대량으로 국력을 소모시켜 국가를 쇠퇴하게 만든다.
>
> 21세기 중반까지 서방이 강하고 우리나라가 약한 상황은 근본적으로 바뀌지 않을 것이다. 따라서 중국의 강군전략强軍戰略은 비대칭적인 발전의 길을 걸을 수밖에 없다. 강대국과 군비 확장으로 경쟁해서는 안 된다. 비대칭의 핵심적인 정신은 마오쩌둥이 말한 '당신은 당신이 결정한 것을 하고, 나는 내가 결정한 것을 한다'이며, …… 중국은 이를 따라 자주독립을 견지해야 한다.

---

10) 칭패(稱霸, *chengba*)와 대칭(對稱, *duichen*)에 포함되어 있는 '칭(稱)'과 관련된 중국의 전통적인 군사전략의 연원에 대해서는 다음을 참조하기 바란다. 湯淺邦弘, 『中國古代軍事思想史の硏究』(東京: 硏文出版, 1999), pp.252~269. _옮긴이 주

미국과 경쟁하는 패권 국가가 되는 것은 중국의 현재 목표가 아니며, 자국의 발전을 우선해 대립적인 '군비 확장' 경쟁에 끼지 않겠다는 취지이다.

중국이 미국에 대해 갖는 대항의식은 명확하며, 중국군이 '확장'을 지향한다는 점을 생각한다면 이것은 모순되는 말처럼 보인다. 그렇지만 이 책은 "(불칭패, 비대칭은) 계략도 아니고 정치적인 겉치레도 아니다. 우리나라의 일관된 기본 국책國策이다"라고 강조하고 있다. 군의 정책보다 더 높은 수준에 있는, 최고지도부의 기본노선으로 봐도 좋을 것이다.

'불칭패'는 구체적으로 스스로를 지킬 군사력은 확보하되 '군사력의 절대적 우세'까지는 추구하지 않는 것을 말한다. 유엔과 지역 기구의 틀 아래에서 평화에 공헌하고, 무력에 의한 내정 간섭을 하지 않으며, 미국처럼 해외에 주둔기지를 설치하지 않는 것 등을 가리키고 있다.

또한 여기에서 말하는 '비대칭'이란 미국의 항공모함군群 및 핵무기 등과 질적·양적으로 같은 수준의 전력戰力을 갖추는 대신, 가벼운 부담만으로 효과적으로 대항하는 것을 가리킨다. 중국은, 예를 들면 냉전시대의 소련이 항공모함 전력으로 미국과 경쟁하는 대신 잠수함과 대함 탄도미사일로 전략적 균형을 취한 것, 혹은 이라크 전쟁에서 이라크가 미군의 순항 미사일에 대해 러시아제 위성항법장치GPS 방해 장비를 구사해 미사일 능력을 저하시킨 것을 참고 사례로 삼고 있다. 이와 같은 대항 방법을 '비대칭'이라고 부른다.

2007년 중국은 인공위성 파괴실험을 실시함으로써, 자신들에게 위성 파괴 능력이 있음을 미국에 과시했다. 그 의도는 미국이 위성을 활용해 압도적으로 우월한 군사정보·정찰 네트워크를 구축하고 있는 것에 대해, 중국은 동일한 군사력과 시스템을 구축하는 것은 어렵지만 그 시스템을 파괴할 능력이 있다는 사실을 보여주는 것이었다.

불칭패·비대칭 노선은 중국의 국력이 아직 약하다는 대전제에 입각해서 성립된 것이다. 21세기 중반까지도 여전히 개발도상국에서 벗어나지 못하고 있다는 것이 자국에 대한 중국의 기본적 인식이다.

중국의 군사력에 대해서는 많은 것이 밝혀지지 않고 있지만, 일본 군사전문가의 분석을 살펴봐도 위협론에서 거론되는 것만큼 무장력이 강하지는 못하다.

항공 전력의 경우에는 최근 15년 동안 상당히 근대화가 이루어졌지만, 전투용 항공기 약 2,000대 가운데 대부분이 구식 기종이며 근대화는 아직도 진행 중이다.[11] 전투기의 주류는 러시아제 MIG-21의 복제기인 J-7과 그 개량형 J-8이다. 러시아의 Su-27을 라이선스 생산한 J-11 등의 신형기가 300대 정도 있지만, 아직 일부일 뿐이다.

해양 전력의 경우에도 항공모함 개발이 주목을 받고 있지만, 이 역시 진행 중이다. 2000년 이후 구축함 등 각 함종艦種에서 신형 함정이 등장했지만, 성능 면에서 풀어야 할 숙제가 많다.[12] 아직까지는 도저히 미국과 경쟁할 수 있는 실력이 아니다(다만 현재의 군사력으로도 동남아시아 국가들에게는 충분한 위협이다).

---

11) 奈良原裕也, 「中國空軍の最新事情を斬る」, ≪航空情報≫, Vol.61, No.2(2011.2), pp.37~43.

12) 茅原郁生, 『中國の軍事力: 2020年の將來予測』(東京: 蒼蒼社, 2008).

분기점에 선 중국

모두가 걱정하는 것은 미래의 일일 것이다. 제4장에서 인용한 장비 관련 전문서를 집필한 국방대학의 연구자가 주목할 만한 내용을 썼다. 중국의 GDP 성장 예측을 기반으로 중국의 군사비가 2020년에 1조 4,100억 위안(약 243조 5,000억 원), 2030년에 2조 3,000억 위안, 2050년에는 5조 4,000억 위안이 될 것으로 예측한 것이다.

10년 후에 거의 2배가 증가하고, 20년 후에는 3배가 증가한다는 계산이다. 물론 중국 경제 발전의 속도와 방침에 따른 예측이긴 하지만, 정말 이대로 증대한다면 아시아에서 압도적일 뿐만 아니라 세계에서도 미국에 처지지 않는 군사력을 보유하게 된다.[13)]

과거에 거대한 제국을 구축했던 중국의 입장에서 볼 때, 아시아에서 대국이 되고 세계에서도 일정한 존재감을 과시해 미국과 대등한 관계를 가지려 하는 발상은 그 나름대로 자제하는 것일 수 있다. 그렇지만 패권을 제창하지 않는다 해도 미국이 안전보장 측면에서 압도적인 실력을 갖추고 있고, 여러 국가와 동맹관계를 구축하고 있는 현실에서 미국과 대등하게 경쟁하려 하는 발상 자체가 다른 나라의 눈에는 야심만만한 것으로 비추어진다.

2050년, 실제로 미국에 필적할 수 있는 국력을 갖추었을 때에도 '불

---

13) 한편 글로벌 경제의 전체적인 경색 국면에서 중국의 군사비가 계속적으로 증가할 경우 중국 경제에 매우 부정적인 영향을 미칠 것이라는 지적도 있다. 이와 관련해서는 다음을 참조하기 바란다. 相澤幸悅, 『軍事力が中國經濟を殺す』(東京: 講談社, 2014). _옮긴이 주

칭패'라는 말을 계속해서 입에 담을 수 있을까? 앞에서 언급한 『중국 해권』에서 장스핑이 표출한 강렬한 기세를 떠올린다면, 그때가 되면 이야기가 바뀌는 것은 아닐까 하는 생각이 든다.

다만 중국군의 내부를 살펴보면, 경제 발전에 따른 해양진출을 전제로 하면서도 미래의 방향에 대해 해군을 중심으로 한 대외 확장을 중시하는 '해권海權 강국론'과 지정학과 역사적 경위를 기반으로 내륙을 중시하는 '육권陸權 강국론' 사이의 논쟁이 일어나고 있다.[14]

이와 관련해서는 난징육군지휘학원南京陸軍指揮學院의 군인이 정리한 내부 연구서 『지정학 전략과 국가안보地緣戰略與國家安全』(軍事科學出版社, 2009)에 나온 분석이 매우 흥미롭다. 이 연구서는 해군력海軍力을 증강시켜 제국주의적 확장을 추진했다가 제1차 세계대전에서 패배한 독일, 마찬가지로 아시아에서 대외 확장을 도모하다가 제2차 세계대전에서 패배한 일본을 예로 들면서, 맹목적인 해양 전력海洋戰力의 발전이 도리어 국가를 약화시킬 것이라고 경고하고 있다. 이 책은 다음과 같이 적고 있다.

> 해권海權 강국론의 오류는, 해권을 맹목적으로 숭배한다는 점이다. …… 해권이 강국을 만들었던 것이 아니라, 강해진 국가가 해권을 지혜

---

14) 이러한 육권(陸權)과 해권(海權)을 둘러싼 중국 내부의 대논쟁은 중국의 근대 시기에도 해양 방어를 둘러싸고 일어났던 적이 있다. 이와 관련해서는 다음을 참조하기 바란다. 류중민(劉中民), 『중국 근대 해양방어 사상사』, 이용빈 옮김(서울: 한국해양전략연구소, 2013). _옮긴이 주

롭게 활용해 세계적인 패권을 쥐었던 것이다. 실력에 부합되지 않는 해권을 추구한 결과, 국가 발전의 기회를 매장시켜버린 국가의 사례가 적지 않다.

역사는 가장 좋은 교재이다. 중국이 발전하고자 한다면 강대한 해권은 꼭 필요하다. 그렇지만 어떤 해권을 추구할 것인가는 고민해야 한다. …… 미국은 현재 공해公海에서의 제해권을 실현하고 있다. 중국은 방어적인 국방정책을 추진하고, 공해에서의 제해권을 추구하지 않으며, 오직 국가주권과 영토의 방어 및 합법적인 해양권익 등을 유지하기 위해서만 해권을 발전시켜야 한다. 이 점은 미국의 해권과 본질적으로 다른 것이다.

이 책의 저자는 국내에서 득세하고 있는 '해양 전력' 증강론, '해양 지배' 확대론에 우려를 느끼고 있다. 그리고 그것을 지지하는 여론을 다음과 같이 걱정하고 있다.

일부 학자는 해권론海權論이 마치 성전聖典이라도 되는 양 신봉하면서 …… 중국이 대두擡頭: 부상浮上하려면 반드시 '해권국가'가 될 필요가 있다고 주장한다. 이런 종류의 주장은 대중 심리에 영합하는 것이지만, 깊이 있는 역사적 반성이 결여되어 있다.

중국군이 향후 어떠한 길을 걸을 것인가는 예측하기 어렵다. 아마도 그것은 이미 결정되어 있는 것이 아니라, 향후 지도부의 정책과 군부의

사고방식, 국내 여론의 다양한 벡터vector가 복잡하게 연계되면서 결정될 것이다. 일본 방위성 산하의 방위연구소가 2012년 2월 발표한 『중국안전보장 리포트 2011中國安全保障レポート 2011』(2012년 2월 발행)의 다음과 같은 지적은 담백하면서도 타당한 부분이 있다.

> 중국은 증대增大하는 국력을 바탕으로 비타협적인 논리와 수단으로써 이익을 얻으려 할 것인지, 아니면 지금까지 스스로 선전해왔던 '평화발전의 길'을 계속 걸으며 증대하고 있는 힘power을 국제시스템의 안정을 위해 평화적으로 행사할 것인지의 분기점에 서 있다.

보론

시진핑 시기 중국의 군사적 전환과 중국인민해방군의 발전 양상

스리칸쓰 콘다팔리

중화인민공화국 7대 국가주석이자 중국공산당 8대 중앙군사위원회 주석 시진핑

자료: https://www.flickr.com/photos/agenciasenado/14524563829

스리칸쓰 콘다팔리(Srikanth Kondapalli) 교수는 '중국 군사' 분야의 세계적인 권위자로 현재 인도 자와할랄네루대학교(Jawaharlal Nehru University: JNU) 동아시아연구소(Centre for East Asians Studies: CEAS) 소장으로 근무하고 있다. 주요 저서로는 *China's Military: The PLA in Transition*(New Delhi, India: Knowledge World & IDSA, 1999), *China's Military and india* (New Delhi, India: Pentagon Press, 2012) 등이 있다.

지역 및 세계에서 주도적인 역할을 노리는 중국 지도부는 최근 몇 년 동안 중국인민해방군PLA에 정치적 리더십을 요구해왔다. 이에 부응하기 위한 것인지의 여부는 확실치 않지만, 중국인민해방군 내부에서는 다음과 같은 군사적 전환이 조용히 이루어지고 있는 중이다.

첫째, 중국의 최근 국가 계획initiatives에서 중국인민해방군에 더욱 큰 전략적 책임strategic responsibility이 부여되고 있다. 2012년에 중국의 새 지도자가 된 시진핑은 국가 주권을 수호하는 일과, 이를 위한 중국인민해방군의 책임이 얼마나 중요한지를 꾸준히 강조해왔다. 예를 들면 그는 2012년 말에 중국공산당 중앙군사위원회 주석의 자리에 오르자마자, 중국은 발전이 가져다주는 이득에만 눈이 멀어 자국의 '핵심적 이익'을 희생하지는 않을 것이라고 천명했다.[1)]

2013년 1월 28일, 시진핑은 아래와 같이 말했다.

> 중국은 결코 자국의 핵심적 이익을 두고 협상하지 않을 것이다. 또한 중국은 자국의 주권, 안보, 그리고 발전을 상실하는 것을 결코 참아 넘기지 않을 것이다.

이어서 2013년 7월 30일에 그는 이렇게 말했다.

---

1) Zhang Yunbi, Li Xiang and Zhang Chunyan, "Xi vows no surrender on 'legitimate rights, core interests'", *People's Daily*, January 30, 2013, http://english.people.com.cn/90785/8113337.html.

> 중국은 번영을 위해 대양에 의존하며 지속적으로 해양력을 증대시켜나갈 것이다. …… 중국이 해양 강국이 되기 위해서는 첨단기술 및 선진 '해양 기술'을 강력하게 발전시켜야 한다.

시진핑은 2013년 9월에 과거의 육상 실크로드를 재건하자고 제안했고, 2013년 10월 3일에는 인도네시아 상원에서 연설을 통해 해상 실크로드의 재건을 제안했다.

2014년 5월 21일, 중국 상하이에서 개최된 '아시아 교류 및 신뢰구축회의CICA'에서 시진핑은 아시아의 문제는 아시아 사람들의 손으로 해결되어야 한다고 제안했다.

이러한 일들은 중국이 스스로 주도하는 '포스트 미국' 세계질서를 준비하고 있으며, 이는 중국의 군사력을 토대로 삼고 있음을 보여준다. 이러한 맥락에서 시진핑이 주문처럼 누차 강조하는, 중국공산당에 대한 중국인민해방군의 복종은 매우 중요하다. 그는 중국공산당 18기 3중전회에서 경제 개혁을 심화하고 국가안전위원회를 설치한다는 결정을 내리며 자신의 입지를 더욱 강화시켰다.[2)]

둘째, 이것은 어느 정도 첫째에서 비롯된 것으로 볼 수 있는데, 핵심적 이익을 수호하는 것은 중국인민해방군이어야 한다. 여기에서 말하

2) 중국공산당 18기 3중전회 이후에 경제 개혁 심화, 인터넷, 국가안보, 군사 개혁과 관련된 4개의 새로운 영도소조(領導小組)가 설립되었는데, 이 모두를 시진핑이 이끌고 있다. Zheng Yongnian, "Xi Jinping's Political Roadmap", October 16, 2014, http://news.ifeng.com/exclusive/lecture/special/zhengyongnian01.

는 '핵심적 이익'에는 타이완이 자국의 영토라는 중국의 주장뿐 아니라 동중국해, 남중국해의 여러 섬과 관련된 분쟁 및 인도와의 영토 분쟁도 포함된다. 이들 중 상당수가 해상 영역과 관련되어 있기 때문에, 각국의 해군, 공군 및 미사일 부대의 전력이 특히 중요시된다.[3] 미국 국방부의 보고서에 따르면 중국인민해방군은 타이완을 점령하는 주된 수단으로서 해상 봉쇄, 사이버 전쟁 또는 특수부대 공작, 공중 폭격, 수륙 동시 공격 등을 염두에 두고 있다고 한다.

또한 난사 군도나 센카쿠 열도에 얽힌 분쟁이 미국과 같은 기존의 전통적 행위자뿐 아니라 호주와 인도 등의 신규 참가자를 끌어들일 가능성이 생기면서, 상황은 한층 더 위태로워지고 있다. 2014년 초, 미 태평양 함대의 정보참모실 차장인 제임스 파넬James Fanell은 중국인민해방군이 타이완뿐 아니라 일본과 다른 아시아의 이웃 나라들을 대상으로 '속전속결 형태의 전쟁short, sharp war'을 준비하고 있다고 언급했다.[4] 중국은 2013년 11월에 동중국해에 방공식별구역을 설정했으며, 남중국해에도 이를 설정할 계획이다. 이로 인해 이 두 지역은 지역 안보의 관점에서 매우 불안정해지고 있다.

---

3) 특히 해군력(海軍力)에 관해서는 다음을 참고하기 바란다. "China firm in its resolve to build sea power", *People's Daily*, August 27, 2014, http://english.people.com.cn/n/2014/0827/c98649-8775071.html; Wei Qin, "Rethinking Sea Power", http://www.cdsndu.org/en/xsky/xsdt/html_xsdt/201204151741260.htm.

4) Bill Gertz, "China readies for 'short, sharp' war with Japan", *Washington Times*, February 19, 2014, http://www.washingtontimes.com/news/2014/feb/19/inside-the-ring-china-readies-for-short-sharp-war-/?page=all.

가령 중국의 국유회사인 중국국가해양석유공사China National Offshore Oil Corporation가 2014년 5월 2일 파라셀 군도(중국명 시사 군도) 중젠 섬中建島의 남동쪽에 10억 달러 상당의 리그rig: 해양 유전 굴착 장치인 '하이양 스유海洋石油 981'을 설치한 이래 중국과 베트남의 관계는 악화일로를 걷고 있다. 베트남은 35척의 배를 해당 지역에 파견해 수중에 기뢰機雷를 부설함으로써 보복했고, 이에 중국이 다시 6척의 해군 함정을 보내면서 양국 간의 긴장이 고조되었다. 비록 중국 외교부가 2014년 6월 여성 대변인을 통해 그 배들은 전함이 아니라 리그의 안전을 위해 파견된 '정부 선박'이라고 주장했지만, 그것들은 틀림없는 전함이었다. 2014년 6월 4일, 베트남은 중국이 리그 근처에 100여 척의 배를 접근시킨 사실을 고발했다. 5월 26일, 베트남의 어선 1척이 리그의 남서쪽으로 12해리 떨어진 지점에서 중국 측 선박에 의해 침몰되었다. 6월 6일, 베트남 해안 경비대 부사령관 겸 참모총장인 응오 응옥 투Ngo Ngoc Thu는 19척의 고기잡이 감시선과 5척의 해안 경비함이 해당 리그 주변에 있던 중국 선박에서 발사한 고출력 물대포에 맞아 파손되었다고 밝혔다. 2014년에 약 3척의 베트남 배들이 중국 해군에 소속된 함선의 공격으로 가라앉았는데, 이는 해당 지역에 감돌고 있는 긴장감이 현재진행형임을 보여주고 있다.

중국은 이 지역에 대한 지배권을 강화하기 위해 융수자오永署礁, the Fiery Cross Reef에 5km^2 면적의 인공 섬을 조성한 뒤 이곳을 다시 활주로와 항구가 딸린 군사기지로 만든다고 하며, 이를 위해 향후 10년 동안 50억 달러가 소요될 예정이라고 한다.5) 이는 이 지역에 설정된 방공식

별구역에 대해 더 강력한 군사력을 투사하겠다는 의미이다.[6]

중국은 이미 2012년 말, 동중국해에 방공식별구역을 설정했다. 이것은 장기적으로 볼 때 말라카 해협을 통제하겠다는 뜻이나 다름없다. 또한 중국은 필리핀이 실효 지배하고 있는 츠과자오赤瓜礁, Johnson South Reef, 난쉰자오南薰礁, Gaven Reef, 화양자오華陽礁, Cuarteron Reef 등의 영역에 대해서도 영유권을 주장하고 있다. 이는 중국이 2013년 3월에 여러 해양 관련 부서를 통합시켜 국가해양국 산하에 배치한 것과 같은 맥락으로 보인다. 여기에는 이 같은 이슈들이 본질적으로 '국내적' 사안이라는 중국 측의 주장이 담겨 있는 것이다.[7]

또한 센카쿠 열도와 동중국해의 에너지 자원을 둘러싼 중국과 일본의 다툼은 지역 안보를 위협할 뿐 아니라 아시아 전체의 안보에도 악영향을 줄 수 있다. 최근 이 분쟁은 2010년 9월 7일에 중국의 저인망 어선 '민진위閩晋漁 5179호'의 승무원 15명이 선장 잔치슝詹其雄의 주도 아

---

5) Howard W. French, "China's Dangerous Game", November 2014, http://www.theatlantic.com/magazine/archive/2014/11/chinas-dangerous-game/380789; "Six reefs in disputed Spratlys turned into islets by China", *Want China Times*, September 2, 2014, http://www.wantchinatimes.com/news-subclass-cnt.aspx?id=20140902000020&cid=1101.

6) Howard W. French, "China's Dangerous Game", November 2014, http://www.theatlantic.com/magazine/archive/2014/11/chinas-dangerous-game/380789; "Six reefs in disputed Spratlys turned into islets by China", September 2, 2014, http://www.wantchinatimes.com/news-subclass-cnt.aspx?id=20140902000020&cid=1101.

7) Minnie Chan, "Southern air defence zone 'crucial for China in long term', PLA expert says", *South China Morning Post*, February 22, 2014, http://www.scmp.com/news/china/article/1432938/southern-air-defence-zone-crucial-china-long-term-pla-expert-says.

래 일본이 실효 지배하고 있는 센카쿠 열도에 침입했다가, 일본 해상보안청에게 체포된 이후 석방되는 사건이 벌어지면서 더욱 악화되고 있다. 그 일이 있은 뒤로도 유사한 사건들이 벌어지며 중일 양국의 관계를 시험하고 있다. 예를 들면 2011년 8월 24일에는 중국 측의 선박 1척이 일본 해상보안청 소속 순시함을 스쳐 지나갔다. 일본 정부가 센카쿠 열도를 구입한 지 2개월이 지난 2012년 12월 13일에는 중국의 경보기 1대가 센카쿠 열도 부근의 일본의 영공을 침범했다. 일본은 중국인민해방군 해군과 공군이 현재까지도 정기적으로 일본의 영해와 영공을 침투하고 있다고 비난한다.

중국과 국경 분쟁을 벌이는 인도 역시 이와 유사한 경험을 했다. 2013년 4월 15일부터 5월 6일까지 발생했던 뎁상 평원Depsang Plains 사건과 2014년 9월에 중국인민해방군 부대가 뎀촉Demchok과 추마르Chumar에 침입한 일은 중국과 인도 양국의 관계를 시험대에 올렸다. 특히 이 두 사건은 리커창李克强 총리와 시진핑 국가주석이 각각 2013년 5월과 2014년 9월에 인도를 방문했을 무렵 일어난 일이었다.

셋째, 중국인민해방군은 일련의 정치적 움직임을 통해 내부적으로 전환되어가는 중이다. 시진핑은 개혁 기간 중에 중국인민해방군의 고위급 내부에서 발생하는 부패가 공적인 정당성과 전투 능력을 좀먹는 것을 막기 위해, 그리고 그 자신의 리더십을 강화하기 위해 중국공산당 중앙군사위원회 주석의 자리에 취임하자마자 반부패 운동을 시작했다.[8] 비록 아직까지는 그저 몇 명의 고위급 장성들이 구금되었을 뿐이지만, 이 반부패 운동에 담긴 메시지는 널리 확산되는 중이다. 2004년부터 2012년까지 중국공산당 중앙군사위원회 부주석을 역임했던 쉬차이허우徐才厚 장군은 2014년 3월에 부패 혐의로 체포되었다.9) 또 2014년 4월, 중국인민해방군 총후근부 전임 부부장이었던 구쥔산谷俊山10) 장군은 부동산 개발 프로젝트와 관련된 부패 혐의로 기소되었다. 구쥔산을 조사하는 과정에서 중국 당국은 대량의 술과 금, 그리고 현금을 발견하기도 했다. 2014년 8월에도 부패 혐의에 관한 조사에서 또 한 마리의 대어大魚가 낚였다. 바로 당 중앙군사위원회 전임 부주석이었던 궈보슝郭伯雄11)이다. 2014년 9월 2일, 중국인민해방군 해군 남해함대의 장비부裝備部 소속 장중화姜中華12) 대교大校가 저우산舟山에서 자살하는 일이

---

8) James Mulvenon, ""Comrade, Where's My Military Car?" Xi Jinping's Throwback Mass-Line Campaign to Curb PLA Corruption", *China Leadership Monitor*, No.42, http://www.hoover.org/sites/default/files/uploads/documents/ CLM42JM.pdf.

9) "PLA supports graft probe into Xu Caihou", *Xinhua*, July 1, 2014, http://www.ecns.cn/military/2014/ 07-01/121772.shtml.

10) 구쥔산(谷俊山, 1956~), 허난성(河南省) 푸양현(濮陽縣) 출신으로 중국인민해방군 총후근부(總後勤部) 부부장(副部長)을 역임했다. 2011년에 중국인민해방군 중장(中將)이 되었다. 2012년 2월, 수뢰 및 공금 횡령 등의 이유로 직위에서 해제되었다. _옮긴이 주

11) 궈보슝(郭伯雄, 1942~), 산시성(陝西省) 리취안현(禮泉縣) 출신으로 중국인민해방군 군사학원(軍事學院)을 졸업했다. 중국인민해방군 베이징 군구(北京軍區) 부사령관 및 상무부총참모장(常務副總參謀長), 중국공산당 중앙군사위원회 위원, 당 중앙정치국 위원, 당 중앙군사위원회 부주석 등을 역임했다. 2014년 8월 이후 심각한 기율(紀律) 위반 등의 혐의로 조사를 받고 현재 구금되어 있는 상태이며, 중국인민해방군 내에서도 궈보슝 측근 세력이 좌천을 당하는 흐름이 보이고 있다("중국 베이징군구 인사서 궈보슝 측근 좌천", ≪연합뉴스≫, 2015년 1월 6일 자). _옮긴이 주

12) 장중화(姜中華), 저장성(浙江省) 저우산시(舟山市) 출신으로 중국인민해방군 해군 남해함대(南海艦隊) 장비부(裝備部) 부장을 역임했다. 2014년 9월 2일 자살했으며, 당시

벌어졌고, 2014년 11월 13일에는 해군 정치위원인 부제독 마파샹馬發祥[13]도 베이징에서 스스로 목숨을 끊었다.[14] 2014년 10월, 청두 군구成都軍區의 부사령관이자 당 중앙위원회 멤버인 양진산楊金山[15]은 기율 위반 혐의로 직책이 해제되었다.[16] 2014년 11월에는 중국인민해방군에 대한 감사를 강화하기 위해서 총후근부의 감사기관을 당 중앙군사위원회의 직속 기관으로 이동하게 되었다.[17] 이와 같은 반부패 운동 과정에서 시진핑은 류사오치劉少奇의 아들인 류위안劉源, 현재 총후근부 정치위원과 장쭝쉰張宗遜의 아들 장유사張又俠, 현재 총장비부 주임 등의 태자당을 지명했고, 이 역시 시진핑의 리더십을 강화하는 데에 일조했다.[18] 이들 외에도 시

중국인민해방군 해군 소장(少將)이었다. _옮긴이 주

13) 마파샹(馬發祥, 1953~2014), 산시성(陝西省) 다리현(大荔縣) 출신으로 중국인민해방군 해군 정치부 비서장(秘書長) 및 부정치위원(副政治委員) 등을 역임했다. 2012년에 중국인민해방군 해군 중장(中將)이 되었다. 2014년 11월 13일, 베이징(北京)에서 자살했다. _옮긴이 주

14) Minnie Chan, "Senior PLA Navy officer leaps to his death from Beijing block, source says", *South China Morning Post*, November 16, 2014, http://www.scmp.com/news/china/article/1640985/senior-pla-navy-officer-leaps-his-death-beijing-block-source-says?page=all.

15) 양진산(楊金山, 1954~), 허난성(河南省) 시현(息縣) 출신으로 중국인민해방군 청두(成都) 군구 부사령관 등을 역임했다. 2011년에 중국인민해방군 중장(中將)이 되었다. 2014년 10월, 심각한 기율(紀律) 위반 등의 이유로 중국공산당 당적(黨籍)이 박탈되었다. _옮긴이 주

16) "PLA general expelled from CPC", *Xinhua*, October 23, 2014, http://news.xinhuanet.com/english/china/ 2014-10/23/c_133737877.htm.

17) "Xi orders change in oversight of army", *People's Daily*, November 7, 2014, http://english.people.com. cn/n/2014/1107/c90786-8805638.html.

진핑은 당 중앙군사위원회 주석으로 취임한 2012년 이후 총 21명[19]의 중국인민해방군 고관을 상장上將 계급으로 승급시켰다.[20]

넷째, 중국인민해방군의 재정적 요구를 정치 수뇌부에서 지속적으로 받아들인 결과, 중국인민해방군은 수뇌부의 바람대로 신속하게 현대화되는 중이다.[21] 예를 들면 2014년 3월, 중국은 국방 분야에 전년 대비

---

18) Angela Meng, "PLA reshuffle strengthens Xi Jinping's hand in corruption fight", *South China Morning Post*, September 22, 2014, http://www.scmp.com/news/china/article/1597643/pla-reshuffle-strengthens-xi-jinpings-hand-corruption-fight; Benjamin Kang Lim and Ben Blanchard, "China's Xi likely to promote army general who exposed graft-sources", *Reuters*, August 1, 2014, http://www.reuters.com/article/2014/08/01/us-china-military-general-exclusive-idUSKBN0G144I20140801.

19) 특히 2013년에 중국인민해방군 상장(上將)으로 진급한 자로는 우창더(吳昌德), 왕훙야오(王洪堯), 쑨쓰징(孫思敬), 류푸롄(劉福連), 차이잉팅(蔡英挺), 쉬펀린(徐粉林)이 있다. 또한, 2013년 중국인민해방군 중장(中將)으로 승진한 자로는 쑨황톈(孫黃田), 리수장(李書章), 류궈즈(劉國治), 왕자성(王家勝), 딩하이춘(丁海春), 바이원치(白文奇), 마전쥔(麻振軍), 딩라이항(丁來杭), 좡커주(庄可柱), 류젠(劉健), 쑹쿤(宋琨), 가오진(高津), 양쉐쥔(楊學軍), 왕시신(王西欣), 판창미(範長秘), 왕쥔(王軍), 양후이(楊暉), 웨스신(岳世鑫), 저우샤오저우(周小周)가 있다. _옮긴이 주

20) "Xi Jinping promotes PLA general", Xinhua, November 23, 2012, http://english.people.com.cn/90785/8032612.html; Minnie Chan, "Xi Jinping promotes 10 more to PLA general, including two in Hong Kong", *South China Morning Post*, August 4, 2013, http://www.scmp.com/news/china/article/1294193/xijinping-promotes-10-more-pla-general-including-two-hong-kong; "China promotes 4 officers to general", *Xinhua*, July 12, 2014, http://www.ecns.cn/2014/07-12/123770.shtml.

21) 이것과 반대되는 관점으로는 다음을 참조하기 바란다. "Major General Luo Yuan on China's Defense Expenditure", http://www.cdsndu.org/en/xsky/xsdt/html_xsdt/201101281111270.htm.

12.2% 증가한 1,320억 달러의 예산을 할당했다고 선언했는데, 이는 지난 20년 동안 지속적으로 평균 10% 이상씩 증가된 것이다. 그 결과 중국은 현재 세계 제2위의 국방비 지출 국가이며, 아시아에서는 이미 몇 년 전부터 일본을 제치고 제1위의 국방비 지출 국가가 되었다. 물론 중국이 정확한 국방 지출액을 공개하고 있는가에 대해서는 논쟁의 여지가 있다. 중국의 실제 국방 지출이 약 2,000억 달러에 가까울 것이라고 추정하는 사람들도 있다. 어찌 됐건 이러한 두 자릿수 증가는 실제로 중국인민해방군이 해외에서 최신 장비와 시스템을 구입할 수 있도록 하고 있다. 1989년 천안문天安門 사태로 인해 중국이 유럽과 미국으로부터 무기 금수禁輸 조치를 받는 상황에서도 말이다.

다섯째, 이렇게 증가하는 예산은 중국인민해방군이 더욱 새로워진 플랫폼platform을 만들 수 있게 하고 있다.[22] 그중 가장 장관이라 할 만한 것은 중국이 2014년 1월에 시험한 WU-14 초음속 활공비행체glide vehicle인데, 이것은 음속의 10배로 이동할 수 있고 1시간 안에 지구상의 그 어떤 목표물target이든 타격할 수 있다.[23] 비록 두 번째 발사 실험은 실패한 것으로 알려져 있긴 하지만, 이러한 플랫폼의 발전은 중국인민

---

22) 최근 중국인민해방군의 현대화에 대한 포괄적인 검토에 대해서는 다음을 참조하기 바란다. Anthony H. Cordesman, "Chinese Military Modernization and Force Development: Chinese and Outside Perspectives", July 2, 2014, http://csis.org/files/publication/140702_Chinese_MilBal.pdf.

23) "PLA's hypersonic vehicle can travel 10 times the speed of sound: report", March 16, 2014, http://www.wantchinatimes.com/news-subclass-cnt.aspx?id=20140316000100&cid=1101.

해방군의 전략적 시야를 보여주고 있다. 또한 현재 새로 구축되고 있는 중국의 공군 플랫폼은 아마도 전 세계에서 가장 차별화된 것으로 보인다.[24] 예를 들면 2014년 3월 3일, 중국은 선양瀋陽에서 J-31 스텔스 전투기의 최초 시험 비행에 성공했다. 또한 2011년 1월에는 J-20 스텔스 전투기의 시험 비행을 청두에서 실행하기도 했다. 게다가 리비아와 이집트에서 조난을 당한 중국인들을 피난시키는 미션을 성공적으로 마친 이후, 중국인민해방군은 중형 및 대형 규모의 공중 구조 작전을 위해 수백 대의 수송기를 구비하는 것을 고려하고 있다. 2014년 11월 11일부터 16일까지 주하이珠海에서 개최된 에어쇼air show에서는 Yun-20, Yun-30와 같은 중형 및 대형 군용 수송기를 전시했는데, 이는 중국인민해방군이 세계의 잠재적 분쟁 지역에 대규모 병력을 보내는 일을 준비하고 있음을 시사한다.[25] 또 하나의 장관은 2013년에 진수된 중국 최초의 항공모함 '랴오닝遼寧호'이다.[26] 보도된 바에 따르면, 이 항공모함은 J-15 전투기 24대와 기타 헬리콥터를 포함해 다양한 미션을 수행

24) "China's Air Ambitions", *IHS Aerospace, Defense & Security*(November 2013), http://www.ihs.com/pdfs/Chinas-Air-Ambitions-feb-2014.pdf.

25) "PLA mobility boosted with Y-20 and Y-30 transport aircraft", November 17, 2014, http://www.want chinatimes.com/news-subclass-cnt.aspx?id=20141117000057&cid=1101&MainCatID=0.

26) 이 같은 주제와 관련해서는 다음의 자료를 참조하기 바란다. Bryan McGrath and Seth Cropsey, "The Real Reason China Wants Aircraft Carriers", April 16, 2014, http://www.realcleardefense.com/articles/2014/04/16/the_real_reason_china_wants_aircraft_carriers.html.

하는 36대의 전투기를 보유할 것으로 예상되고 있다. 중국은 이러한 항공모함을 추가로 더 건조할 계획이며, 바다와 접하고 있는 성省의 수를 감안할 때 그 숫자는 최대 11개가 될 수 있다(최초의 항공모함 '랴오닝호'는 랴오닝성에서 이름을 딴 것이다). 또 중국은 초계함corvette 주저우株州호를 공개했는데, 이것은 '반反잠수함 전쟁' 능력에 주안점을 둔[27] 신형 초계함 장다오江島급 중에서도 18번째의 것이다.

중국이 해외에서 구입하는 무기 또한 최근 들어 더욱 늘어나고 있다. 현재 중국은 러시아로부터 한층 선진화된 재래식, 심지어는 전략 무기 플랫폼을 획득할 계획이다.[28] 중국이 해당 무기를 역설계reverse engineering하거나 러시아의 동북 전구戰區, theatre에 대한 안보상의 도전이 될 것이라는 국내의 우려 속에서도, 러시아의 수출업자들은 공기불요추진air independent propulsion: AIP 시스템을 탑재한 신형 칼리나급Kalinaclass 잠수함과 S-400 중거리 대공對空 탄도미사일 방어 시스템의 거래를 중국과 매듭지으려 하고 있다.[29]

---

27) Sam LaGrone, "China Commissions New Sub Hunting Corvette", November 12, 2014, http://news.usni.org/2014/11/12/china-commissions-new-sub-hunting-corvette.

28) "Putin gives green light to sale of S-400 missile system to China", *Want China Times*, March 29, 2014, http://indiandefence.com/threads/putin-gives-green-light-to-sale-of-s-400-missile-system-to-china.46001; "China-Russia aircraft deal penned for Zhengzhou", *The Global Times*, March 26, 2014, http://www.globaltimes.cn/content/850813.shtml; "Russia to give China more advanced submarine technology", March 25, 2014, http://www.wantchinatimes.com/news-subclass-cnt.aspx?id=20140325000079&cid=1101.

29) 2014년 11월 말에 러시아의 주요 언론이 공표한 바에 따르면, 러시아는 우크라이나와 크림 반도에 대한 자신들의 정책과 입장을 정치적으로 지지한다는 조건으로 중국에 30억

또한 중국 지도부는 제16차(2002년), 제17차(2007년), 제18차(2012년) 당대회를 통해 중국인민해방군이 기계화된 군사력에서 정보화된 군사력으로 전환되어야 한다고 지속적으로 강조해왔다. 중국의 제12차 경제발전계획에서 제시된 키워드인 '혁신'은, 또한 현재의 군사 영역에서도 강조되고 있다. 일례로 시진핑 주석이 2014년 8월에 당 중앙정치국 상무위원회에서 했던 연설 중에는, 중국인민해방군이 '새로운 군사 혁명'을 채택해야 한다는 내용이 담겨 있다.

> 우리는 기계화된 전쟁이라는 낡은 패러다임을 버리고 정보 기술에 대한 접근을 강화해 전쟁에 대비해야 한다. 전통적인 안보 이익을 지킨다는 원칙 또한 국가의 포괄적인 안보와 전략적 이익을 추구한다는 원칙으로 변모해야 한다.[30]

여섯째, 중국인민해방군의 활동이 지속적으로 증가하고 있다. 이는 매년 중국인민해방군이 수행하는 군사 연습의 수가 늘고 그 내용 또한 다양해지는 것을 통해 엿볼 수 있다. 중국인민해방군은 매년 20종류가

달러 규모의 S-400 중거리 대공 탄도미사일을 팔기로 협의했으며, 이 미사일은 2016년에 실전 배치된다고 한다. "С-400: Как правильно работать с Китаем", *Правда*, November 28, 2014, http://www.pravda.ru/world/asia/southasia/28-11-2014/1237516-china-0 _옮긴이 주

30) "Xi urges innovation in "new military revolution"", *Xinhua*, August 31, 2014, http://english.people.com.cn/n/2014/0831/c90786-8776662.html.

넘는 고급 레벨과 100종류가 넘는 중급 및 하급 레벨의 연습을 수행하고 있다. 중국인민해방군과 관련된 문서에서 언급되고 있는 첨검尖劍, Sharp Sword, 홍검紅劍, Red Sword, 북검北劍, North Sword, 철권鐵拳, Iron Fist, 과월跨越, kuayue, 합동훈련Joint Operation, 공중기동Airborne Maneuver, 러시아와 중앙아시아 국가들과의 평화 미션Peace Mission, 파키스탄과의 아만Aman과 샤힌Shaheen, 타이와의 미션 액션Mission Action과 블루 어설트Blue Assault, 인도네시아와의 샤프 나이프Sharp Knife 등은 모두 이러한 훈련의 일환이며, 이것들은 중국인민해방군의 전투 능력을 향상시키는 데 일조했다. 2013년 10월에 중국 푸젠성福建省 해안에서 행해진 중국인민해방군의 훈련은 최근에 이루어진 대규모 훈련 중 하나였다. 2014년 9월에는 중국의 서북 지역에서 100대가 넘는 제4세대 전투기(J-10, Su-27, Su-30 포함)가 170명의 파일럿과 함께 공중 훈련에 참여했다. 2014년 10월에 이루어진 아덴 만 작전의 경우 공중 방어를 수행한다는 목적으로 수행된 것이다.[31]

위와 같은 수단들을 통해 중국인민해방군은 중국 지도부의 정치적 목적을 실현하려 하고 있지만, 아직까지는 '하나의 글로벌 세력a global

---

31) "Chinese navy warships conduct air defense exercise in Gulf of Aden", *Xinhua*, October 18, 2014, http://english.people.com.cn/n/2014/1018/c90786-8796748.html. 또한 중국이 아덴 만 작전을 통해서 습득한 교훈에 관해서는 다음을 참조하기 바란다. Andrew S. Erickson and Austin M. Strang, "No Substitute for Experience: Chinese Antipiracy Operations in the Gulf of Aden", *US Naval War College China Maritime Studies*, No.10, https://www.usnwc.edu/Research---Gaming/China-Maritime-Studies-Institute/Publications/documents/CMS10_Web_2.aspx.

force'이 되지 못했다. 지역적 차원에서 보이는 중국인민해방군의 공세적 성향은 마찬가지로 군사 현대화를 추구하고 있는 베트남, 일본, 인도, 기타 여러 국가들을 경계하도록 만들고 있다. 또한 중국은 아덴 만 작전에 참가하며 시리아, 이란, 북극 지역 인근까지 활동 범위를 확대할 수 있었지만, 이 과정에서 몇 가지 맹점들chinks이 드러났다. 예를 들어 2014년 3월 200명 이상의 탑승객 중 대다수가 중국인이었던 MH370 민간 항공기가 실종되었을 때, 중국은 18척의 해군 함정, 수척의 화물선, 그리고 1척의 쇄빙선ice breaker을 파견해 적극적으로 구조 활동을 펼치는 한편 예측되는 비행기 파편의 위치에 대한 위성 자료를 공개하기도 했다. 그런데 이 자료는 결국 거짓hoax으로 판명되었다. 2004년과 2005년에 발생한 쓰나미 때도 중국의 구조 활동은 최소한에 머물렀다. 또한 2014년 7월, 미국 하와이에서 이루어진 림팩RIMPAC 2014 훈련에 참여하기 위해 중국이 최초로 4척의 해군 함선을 파견한 적이 있는데, 이때까지만 해도 중국과 미국 간의 군사적 관계가 정상화되는 것으로 보였다. 하지만 2014년 8월 19일에 중국의 J-11 전투기 한 대가 하이난성海南省 동쪽에 위치한 국제 공해의 상공에서 미 해군 P-8 포세이돈Poseidon 대잠 초계기에 10m 정도로 근접해 위협 비행을 하는 사건이 벌어졌다.[32] 2014년 한 해에만 이와 비슷한 일이 네 번이나 일어났으며, 앞으로도 이 같은 일이 계속될 것으로 보인다. USS '키티호크

32) Ryan Santicola, "Responding to China's Air Intercept", *The Diplomat*, August 27, 2014, http://thediplomat.com/2014/08/responding-to-chinas-air-intercept.

Kittyhawk호'와 '카우펜스Cowpens호' 사건에서 목격된 바와 같이, 중국은 이미 지난 몇 년간 반접근 · 영역거부Anti-Access/Areal Denial; A2AD 전략으로 미 해군 세력을 밀어내고 있었다. 이는 미국과 중국 사이에서 벌어지는 마찰이 양국뿐 아니라 이 지역의 다른 강대국들 사이에서도 벌어질 가능성이 매우 높다는 점을 시사한다.[33] 따라서 시진핑 시기의 군사적 전환과 중국인민해방군의 발전 양상에 입각해, 이에 대한 면밀한 관찰이 지속되어야 할 것이다.

---

33) 이에 대한 반론에 대해서는 다음을 참조하기 바란다. Peng Guangqian, "A Chinese General's View on Whether China Is a Challenge to America", *Huffington Post*, October 11, 2014, http://www.huffingtonpost.com/peng-guangqian-/china-america-challenge_b_6107744.html.

지은이 후기

제2차 세계대전의 뒤를 이어 벌어진 '동서東西 냉전'은 미국을 주축으로 하는 자유주의 진영과 소련을 주축으로 하는 사회주의 진영의 가치관 대립이었다. 또한 군사력의 대립이기도 했다. 1991년의 소련 붕괴로 증명된 자유주의 진영의 승리는 '역사의 종언'이라고까지 언급되었다. 그렇지만 중국은 지금도 자유주의 진영과는 다른 가치관을 지니고 있으며, 마르크스 · 레닌주의의 간판을 내리지 않은 상태로 일당독재를 계속하고 있다. 그럼에도 중국이 세계에서 미국 다음가는 대국으로 성장한 것은 새로운 가치관의 대립, 새로운 동서 간의 냉전이라고 부를 만한 상황이라고 할 수 있지 않을까? 바로 그렇기 때문에 서방 측의 관점에서 볼 때, 중국은 이질적으로 비추어진다.

중국과 나란히 급성장을 하고 있는 인도도 군사력을 증강시키고 있으며, 2012년도의 국방비는 약 1조 9,340억 루피(약 33조 5,000억 원)로 전년 대비 17.6%가 증가했다.[1] 게다가 인도는 항공모함도 건조하고 있는데, 거의 주목을 받지 못하고 있다. 이는 민주주의를 공유하는 '동료'로 인식되고 있기 때문이다(이러한 시각으로 보면 중국위협론의 첫 번째 원인은 체제의 차이라 할 수 있다).

물론 현재의 동서 냉전은 과거의 냉전과 다르다. 당시에는 정치뿐만 아니라 경제, 사회도 동서로 분단되어 있었다. 반면 현재의 세계경제는 일체화가 진행되었고, 미중 양국의 경제는 상호의존 관계에 있다. 미국은 과거처럼 강대하지 않고, 중국 역시 소련처럼 미국에 대항할 만한 군사력을 갖고 있지 못하다. 나아가 정보의 글로벌화가 급속하게 추진되면서 국제사회도 긴밀해지고 있다. 미소 냉전 시대 때의 사회주의 진영은 쇄국 상태에서 국민에게 자신들의 사회주의적 가치관을 어려움 없이 주입할 수 있었지만, 지금은 그것이 어려워지고 있다.

활발하게 대외 확장을 하는 것처럼 보이는 중국 역시, 일단 국내로 눈을 돌리면 지도부가 체제 유지에 급급해하고 있음을 알 수 있다. 일당독재하에서 세계를 향해 부상浮上하는 중국의 입장에서 보면, 서방 측이 근대에 획득한 선진적인 가치관 ― 자유, 민주주의, 인권 ― 이 끊임없이 국내로 유입되고 있으며, 중국인들 역시 여기에 매력을 느끼며 영향을 받고 있다는 사실은 특히 고통스러운 일이다.

---

1) 2014년 7월 10일 인도 정부가 공표한 국방비 관련 예산안에 의하면 2조 2,900억 루피(약 39조 원)로 전년 대비 12% 증가했으며, 역대 최대의 규모가 되었다[인도 국방비 10년 새 3배 …… 중국 견제용," ≪헤럴드경제≫(2014년 7월 11일), http://biz.heraldcorp.com/view.php?ud=20140711000570]. _옮긴이 주

서방 측의 이러한 가치관은 개인을 존중하고 개인의 자유를 확대하는 것이기 때문에 중국의 많은 이들이 이를 동경하고 있다. 이 때문에 지도부는 끊임없이 국민에게 "서방의 가치관은 우리나라의 국정國情에 맞지 않는 것이다. 그대로 적용할 경우, 발전이 정체되고 국가도 혼란스러워진다"라며 사상교육을 해나가야 한다. 24시간 365일 내내 인터넷에 올라오는 정보를 통제하지 않으면, 사회의 안정과 체제의 유지를 도모할 수 없는 것이다.

2011년 10월에 열린 중국공산당 전체회의2)에서는 "사상, 문화 분야는 국제 적대세력이 장기간에 걸쳐서 침투를 노리고 있는 중요한 영역이다"라고 규정하며, 서방 민주주의와 같은 사상의 영향이 정치체제의 안정을 흔드는 것에 경계심을 보였다. 상당한 위기감을 느끼고 있는 것이다. 중국에서 갑작스럽게 정보와 보도에 대한 통제를 멈추고 언론의 자유를 보장할 경우, 다양한 체제 비판과 민주화 요구가 분출해 사회가 혼란에 빠지고 삽시간에 일당독재가 붕괴될 것임은 불을 보듯 뻔한 일이다.

세계의 동쪽과 서쪽 사이에는 여전히 격렬한 사상적 단층이 존재하고 유무형의 선전을 통한 '전투'가 지속되고 있는데, 이 같은 사상 방면에서 중국은 그다지 유리한 상황이 아니다. 오히려 고립되고 있다. 오랫동안 독재 정치체제를 유지해왔던 일부 중동 국가들과 아시아의 미

2) 2011년 10월 15일부터 18일까지 베이징에서 개최된 중국공산당 제17기 중앙위원회 6차 전체회의(17기 6중전회)를 말한다. _옮긴이 주

안마도 최근에는 민주화 노선을 걷기 시작했다. 중국의 지도자는 이러한 동요가 자국의 독재에 파급되지 않도록 필사적이다. 그들이 자국의 정치체제에 그다지 자신감을 느끼고 있을 것으로는 보이지 않는다. 최소한 자신들의 정치체제를 타국에 강요하지 않는 것을 보면, 그것이 불가능함을 알고 있는 것이다.

다만 유서 깊은 대국의 자존심이 서방 측의 시스템에 굴복하는 것을 용납하지 못하고 있다. 자기 나름의 방식대로 발전의 길을 걷고자 하지만, 몸이 너무 거대해 주변에 미치는 영향도 엄청나다.

중국이 공산당 외에 그 어떤 정당도 집정執政 정당으로 인정하지 않는 정치체제를 취하고 있는 이상,[3] 어느 날 갑자기 독재체제가 붕괴되는 재난이 일어날 위험이 항상 존재한다. 지금은 경제 발전을 계속하고 있기 때문에 중국군 역시 외부로 확장하고 있다. 그렇지만 경제 발전은 영원히 계속되지 않는다. 새로운 냉전에서 중국이 승리하고 '중국적 질서'가 전 세계를 석권할 것이라고는 도저히 생각할 수 없다.

장기적으로 볼 때 중국 자신이 더욱 민주적, 다시 말해 서방과 같은 정치 및 사회 시스템으로 변하지 않을 경우 체제를 유지하기는 더 어려워진다. 그 시기가 언제 올 것인지를 예측하기는 어렵다. 다만 중국 지

---

3) 중국은 중국공산당 일당독재의 국가이지만 형식적으로 기타 8개 정당이 존재하며, 이를 통칭하여 민주당파(民主黨派)라고 부른다. 구체적으로 중국국민당혁명위원회(中國國民黨革命委員會), 중국민주동맹(中國民主同盟), 중국민주건국회(中國民主建國會), 중국민주촉진회(中國民主促進會), 중국농공민주당(中國農工民主黨), 중국치공당(中國致公黨), 93학사(九三學社), 타이완민주자치동맹(臺灣民主自治同盟)이다. _옮긴이 주

도부와 군이 현재 당면해 있는 '경제 발전'의 우선기優先期로서 자주 제시하고 있는 2020년을 지날 때까지는 그러한 변화의 징조가 나타나지 않을까?

시진핑 등 제5세대가 퇴장한다면 대외개방 노선과 시장경제 속에서 자란, 서방에 한층 가까운 가치관을 지닌 세대가 사회와 지도부의 핵심으로서 등장할 것이다.[4] 그때에는 중국의 정치체제도 변하지 않을 수 없을 것이다.

13억 명의 인구를 보유하고 있는 중국은, 취재 대상으로서 매우 오묘하다. 광대한 국토에는 일본과 큰 차이가 없는 번화한 거리와 새로운 감각의 젊은이들이 있는 한편, 변경에는 석기 시대와 별 차이가 없어 보이는 생활을 하는 곳도 있다. 농촌 지역에서는 18~19세기의 영국 산업혁명 시대와 같이 도시 지역으로의 인구 유입 현상이 일어나고 있으며, 동시에 중앙집권에 의한 국가형성과 같이 백 수십 년 전의 '메이지 유신'을 방불케 하는 급격한 근대화도 진행되고 있다. 급성장하는 경제는 활기 넘쳤던 일본의 1960년대를 떠오르게 한다. 단기간에 중국 내부를 이곳저곳 이동하다 보면 타임머신을 타고 있는 듯한 착각에 빠지기도 한다.

---

4) 여러 가지 변수(變數)가 아직 상존하고 있지만, '포스트 시진핑 시기' 제6세대 핵심 인물로는 후베이성(湖北省) 출신의 후춘화(胡春華, 광둥성 당 위원회 서기), 산둥성(山東省) 출신의 쑨정차이(孫政才, 충칭시 당 위원회 서기) 등을 들 수 있다. 이러한 유력한 차세대 리더들과 중국인민해방군의 상호 관계를 향후 면밀하게 주목할 필요가 있다. _옮긴이 주

중국은 하나의 '작은 우주'라고 할 수 있다. 무엇이든 존재한다. 취재 주제도 교육, 산업, 민족대립, 환경오염, 인권문제 등 무수한 데다 일본과는 스케일이 다른 커다란 문제들이 매일 일어난다. 일본에서도 양극화가 문제가 되고 있지만 중국의 양극화에 비할 바는 아니다.

그러한 중국에서 군사 문제는 정말 까다롭고 다루기 힘든 주제이다. 마치 블랙홀처럼 관련 정보가 없을 뿐만 아니라, 군인에 대한 직접 취재도 거의 불가능하다. 중국에는 다른 여러 가지 화제가 풍부하게 있기 때문에, 군사 분야에 에너지를 투입해도 수지가 맞지 않는다. 비용 대비 효과가 나쁘다 보니 다른 기자들도 거의 취재를 하지 않는다. 필자 역시 2000년부터 2004년까지의 첫 번째 베이징 부임 시기에는 거의 이 문제를 다루지 않았다.

중국에서 보도 일을 하게 되면 최초로 접하고 그 뒤에도 일상적으로 다루게 되는 주제가 중일 관계이다. 쌍방의 요인과 민간인의 왕래가 빈번히 이루어진다. 여기서부터 타국을 포함하는 외교로 취재의 범위가 확대된다. 이것이 중국 주재駐在 기자의 기초이다. 머무르는 기간이 길어지면, 흥미의 대상도 사회와 문화로 확대되어간다.

정치 분야의 일은 쉽게 알기 어렵다. 일본은 TV를 통해 정계의 권력 투쟁을 수시로 살필 수 있지만, 중국은 기본적으로 내막內幕에 관한 보도가 이루어지지 않는다. 정치의 프로세스는 명확하지 않으며 결과만이 발표된다. 정치 관련 취재는 중국 보도에서 어려운 영역에 속한다. 그렇지만 정치 영역보다 더 알 수 없는 것이 군사 분야이다.

기자에게는 더 어려운 취재 대상에 맞서고 싶어 하는 성미가 있다.

필자에게도 군사는 가장 벽이 높은 영역이었다. 중국군은 일당독재의 공산당과 표리일체를 이루는 중요한 존재임에도, 그 실태가 보이지 않는다. 그렇지만 이 역시 중국의 일부이다. 이 주제를 피하면 중국에 대한 전체적인 이해가 깊어질 수 없다. 필자는 2006년에 중국 사회의 저류底流를 탐색한 『중국에 산다中國に生きる』(共同通信社, 2007)를 동료와 집필했는데, 오직 군사 영역만을 쓰지 못했다는 아쉬움이 있었다. 그래서 2007년부터 시작된 두 번째 중국 주재 때는 군사 영역의 수수께끼를 해결하는 일에 매달리게 되었다.

이 책을 통해 여기까지 쓰긴 했지만, 아직도 알 수 없는 부분이 매우 많다. 현황을 확실하게 파악할 수 없는 상태에서, 단조롭게 중국 군사 위협론에 동조하는 것에도 주저되는 바가 있다. 그렇지만 중국군의 극단적인 불투명성은 엄중히 비판받아야 한다고 확신한다.

이 책을 집필하면서 최대한 인용 문헌을 밝히고자 노력했다. 실명으로 인용한 문서 가운데에는, 중국의 일반 서점에서는 구입할 수 없는 비공개 서적도 적지 않다. 이러한 문서의 이름은 명기하지 않는 것이 일반적인 작법作法이기 때문에, 필자 역시 이제까지의 보도에서는 '중국 소식통'이라든지 '중국의 어느 문서에 의하면' 등으로 출처를 애매하게 표시하는 경우가 많았다. 내부 자료로 취급되는 문서를 중국 내에서 입수하거나 보도할 경우, 비밀유지 관련 법률에 저촉될 우려가 있기 때문이다. 중국 정부 측의 공식적인 견해와 차이가 보이는 문서는 내부 자료로 취급받는 경우가 많다.

그러나 중국의 주장에 대해 정확히 반론을 하기 위해서는 최대한 출처를 명시해야 한다고 생각한다.

이제까지는 출처를 애매하게 해서 중국군의 불투명성을 비판했지만, 그때마다 중국은 이를 부정하며 자신에게 유리한 주장만 하다가 논쟁을 끝내버렸다. 사례를 하나 들자면, 제4장에서 다룬 중국의 국방비 문제와 관련해 국방대학의 연구자가 공표된 국방비의 1.5배나 되는 군사비를 문서에 명기했다는 소식을 2010년 7월에 보도했다. 이때 필자는 문서의 명칭을 제시하는 대신 '중국 소식통'의 말이라고만 전했다. 그러자 중국 국방부는 "보도에 근거가 없다"라며 일축해버렸다.

필자가 중국에서 사귄 친구 가운데에는 외교 방면에서 중국 지도부의 정책 결정에도 영향력을 미치는 연구자가 한 명 있다. 그런데 그는 잡담을 하던 중, 군의 불투명성 문제를 솔직히 인정하면서 "군인으로 복무하는 친구의 집에 가보면 참 훌륭한 집에 살고 있다. 군사비가 제대로 사용되고 있는지에 대해서는 나도 의문을 품었던 적이 있다"라고 귀띔해주었다. 그는 또한 최근에 정부 예산에 관한 정보를 더 공개하라는 시민들의 목소리가 점차 높아지고 있는 것을 예로 들면서, 군사에 대해서도 국민의 눈이 점차 엄격해질 것이라고 내다보았다.

중국은 외압으로는 변하지 않는 국가이다. 거대한 국가인 중국은 국민이, 그리고 정부가 필요성을 이해했을 때 비로소 내재적으로 천천히 변화해간다. 군의 불투명성에 대해서도 안쪽에서부터 변혁이 일어나기를 기대해보고자 한다.

마지막으로 게이오의숙대학慶應義塾大學 교수 시절부터 중국 문제에 대해 훌륭한 가르침을 주셨던 일본 방위대학의 고쿠분 료세이國分良成 총장님께서는, 이 책을 기획하는 일에도 많은 지원을 해주셨다. 이 지면을 빌려 진심으로 감사드리고 싶다.

2012년 9월

시오자와 에이이치

옮긴이 후기

'중국 군사' 분야에 대한 포괄적인 이해 없이 중국의 역사, 정치, 경제, 외교를 이해하는 것은 궁극적으로 불가능하다. 왜냐하면 중국에서는 역사적으로 군권軍權을 장악한 인물 혹은 그를 옹립擁立한 엘리트 집단이 새로운 왕조王朝를 열었으며, 이러한 흐름은 1927년 8월 1일에 중국인민해방군中國人民解放軍의 모체가 되는 중국공농홍군中國工農紅軍: 약칭 홍군紅軍[1])을 창건하는 데 주도적 역할을 했던 마오쩌둥이 1949년 10월 1

1) 중국인민해방군의 역사는 다음과 같은 발전 과정을 거쳤다. 중국공농홍군[中國工農紅軍: 홍1방면군(紅一方面軍), 홍2방면군(紅二方面軍), 홍4방면군(紅四方面軍), 8성 유격대(八省遊擊隊)], 국공 합작 시기의 팔로군[八路軍: 115사(師), 120사(師), 129사(師)], 신편제4군(新編第四軍), 동북 항일연군(東北抗日聯軍) 및 화남 유격대(華南遊擊隊), 제2차 국공내전 시기의 중국인민해방군[中國人民解放軍: 제1야전군, 제2야전군, 제3야전군, 제4야전군, 화북 군구(華北軍區) 부대]를 거쳐 현재의 중국인민해방군[中國人民解放軍: 육군, 해군, 공군, 제2포병부대(第二砲兵部隊), 중국인민무장경찰부대(中國人民武裝警察部隊)]에 이르고 있다.

일 중화인민공화국을 건립한 이후에도 계속되고 있는 '정치적 현상'이기 때문이다.

특히 마오쩌둥의 사망 이후, 개혁 · 개방노선을 제기하며 중국의 현대화를 추구했던 덩샤오핑 역시 항일 전쟁과 국공國共 내전 때 목숨을 걸고 싸워 승리를 거둔 경험이 있었기에, 다시 말해 중국인민해방군 내에서 확고부동한 군사 지도자로서의 위상이 있었기에 권력의 기반을 다질 수 있었다는 점에 주목해야 한다. 즉, 마오쩌둥과 덩샤오핑은 문인文人 정치가이기 이전에 중국공산당과 중국인민해방군을 실질적으로 창건하고 주도해왔던 군사軍事 지도자였으며, 이 때문에 중국인민해방군의 '정군政軍 관계'는 매우 특수한 성격을 지니고 있다.

1997년 덩샤오핑의 사망 이후, 중국은 제3세대 지도자 장쩌민과 제4세대 지도자 후진타오에 의해 승계되었다. 장쩌민과 후진타오는 항일 전쟁과 국공 내전에 참가한 적이 없으며, 정치적으로 경력을 축적하는 과정에서 군사 분야와도 밀접한 관계가 없었다.

그런데 2013년 11월 중국공산당 총서기 및 중앙군사위원회 주석으로 선발된 제5세대 지도자 시진핑의 경우, 중국공산당 '8대 원로八大元老'[2]의 한 사람인 그의 부친 시중쉰習仲勛[3]이 군사 지도자 출신이었다.

---

2) 덩샤오핑(鄧小平), 천윈(陳雲), 펑전(彭眞), 양상쿤(楊尙昆), 보이보(薄一波), 쑹런충(宋任窮), 완리(萬里), 시중쉰(習仲勛)을 지칭한다.

3) 시중쉰(習仲勛, 1913~2002), 중국공산당 중앙정치국 위원, 당 중앙선전부장, 국무원 부총리 겸 비서장(秘書長), 전인대 상무위원회 제1부위원장 등을 역임했다. 특히 1995년 5월에 란저우 군구(蘭州軍區)로 명칭이 바뀌게 되는 서북 군구(西北軍區)의 정치위원

그 자신 또한 청년 시절에 당 중앙군사위원회 비서장秘書長 및 국방부장이었던 겅뱌오耿飈의 비서로 당 중앙군사위원회 계통에서 일하면서 중국인민해방군의 핵심적인 지휘 계통에 소속된 바가 있다. 이뿐 아니라, 그의 부인 펑리위안彭麗媛은 현재 중국인민해방군 소장少將에 해당하는 고위 장성이기도 하다.

즉, 시진핑은 과거의 장쩌민과 후진타오에 비해서 군軍과 밀접한 관련을 맺어왔으며, 현재 군 내부의 태자당太子黨 인맥을 통해 독자적인 군권을 정립하고자 노력하고 있다. 이러한 흐름은 그가 이전 장쩌민 및 후진타오 시기에 당 중앙군사위원회 부주석으로서 군 내부의 실세實勢였던 궈보슝, 쉬차이허우를 반부패 투쟁[4] 및 구속 수감 등으로 숙청하

(1949.10~1955.5)을 지냈다. 당시 서북 군구의 사령관은 허룽(賀龍, 1949.10~1949.11)과 펑더화이(彭德懷, 1949.11~1955.5)였으며, 간쓰치(甘泗淇)가 부정치위원(副政治委員, 1949.11~1953)이었다. 또한 이 책에서 언급된 장쭝쉰(張宗遜)도 서북 군구의 부사령관(1949.11~1952.10)을 지낸 바 있다. 즉, 장쭝쉰의 가계(家系)는 시진핑과 군맥(軍脈)으로 직접 연결되어 있는 것이다. 아울러 펑더화이는 한국전쟁의 발발 이후 투입된 중국인민지원군(中國人民支援軍)의 사령관 및 정치위원(1950.10~1954.9)으로 참전했으며, 시중쉰의 직속 부하 간쓰치도 중국인민지원군 정치부(政治部) 주임(겸직, 1951.8~1953.1)으로 참전했다.

4) 2015년 1월 15일, 중국인민해방군은 16명의 고위 간부에 대해 2014년에 이루어진 불법 행위 관련 조사 상황을 공표했는데, 이 중에는 쉬차이허우(徐才厚)를 포함해서 류정(劉錚) 총후근부(總後勤部) 부부장(副部長), 장다이신(張代新) 헤이룽장성 군구(黑龍江省軍區) 부사령관, 판창미(範長秘) 란저우 군구(蘭州軍區) 부정치위원(副政治委員), 양진산(楊金山) 청두 군구(成都軍區) 부사령관, 위다칭(于大淸) 제2포병부대 부정치위원(副政治委員) 등이 포함되었다. "2014年軍隊査處軍級以上干部重大貪腐案件情況", ≪中國軍網≫, 2015年 1月 15日, http://www.81.cn/jwgz/2015-01/15/content_6310211.htm.

고, 중국인민해방군을 직접적으로 지배함으로써 군권을 장악하려는 행보로 이어지고 있다. 이에 향후 중국인민해방군의 군심軍心과 최종 향배에 관심이 모이고 있다.[5)]

왜냐하면 '중국인민해방군의 실력'은 결국 중국인민해방군이 중국공산당의 당군黨軍이라는 성격을 유지하는 가운데 당 중앙군사위원회 현임 주석 시진핑에게 충성할 것인지,[6)] 아니면 아직 생존해 있는 당 중앙군사위원회 전임 주석 장쩌민 혹은 후진타오에게 충성할 것인지에 따라 충忠이 될 수도, 환患이 될 수도 있는 불안정성과 불확실성을 내포하고 있기 때문이다.[7)] 이러한 맥락에서 중국인민해방군의 군심軍心이 '중

---

5) 중국인민해방군에 대한 최근 연구로는 다음을 참고하기 바란다. Dennis J. Blasko, *The Chinese Army Today: Tradition and Transformation for the 21st Century*, 2nd Edition(London: Routledge, 2012); Larry M. Wortzel, *The Dragon Extends its Reach: Chinese Military Power Goes Global*(Washington D.C.: Potomac Books Inc., 2013); Tai Ming Cheung, ed., *Forging China's Military Might: A New Framework for Assessing Innovation*(Baltimore: Johns Hopkins University Press, 2014); 히라마쓰 시게오(平松茂雄), 『마오쩌둥과 덩샤오핑의 백년대계: 중국군의 핵 · 해양 · 우주 전략을 독해한다』, 이용빈 편역(서울: 한국해양전략연구소, 2014).

6) 이런 맥락에서 2014년 11월에 열린 전군공작회의(全軍工作會議)에서 시진핑 국가주석은 "절대충성(絶對忠誠)이란 유일한 것이며, 철저한 것이며, 무조건적이며, 그 어떠한 잡질(雜質: 불순물)이 섞여 있지 않은 것이며, 그 어떤 수분(水分: 물처럼 멀건 성분)이 포함되지 않은 충성이다"라고 지적했다. 아울러 당(黨)에 대한 충성의 요해(要害)는 '절대(絶對)'라는 두 글자에 있으며, '아충성(亞忠誠: 아류 충성)'이나 '위충성(僞忠誠: 거짓 충성)'을 용납하지 않는다고 명확하게 밝힌 바 있다. "習主席在全軍政治工作會議上的重要講話新思想新觀點新論斷新要求解讀", ≪解放軍報≫, 2014年 11月 24日, p.2.

7) 중국 역사에서 이러한 흐름은 『전국책(戰國策)』 등에서 여러 차례 언급되고 있다. 그런데 문자적인 의미에서 충(忠)이란 마음[心]의 중심이 1개[中]라는 것이며, 환(患)이란 마

국'의 국운國運[8])을 궁극적으로 결정하게 될 것이다.

바로 이런 측면에서 현재는 물론 앞으로 중국의 정치, 경제, 외교를 살펴볼 때 중국인민해방군의 발전 흐름을 면밀히 관찰해야 한다. 그리고 이 책은 그러한 국내 '중국 군사' 관련 연구 분야에서 부족한 학문적 공백을 보완해주는 것은 물론, 군사적인 측면에서 '실력 이상의 실력'[9])을 도모하는 데 일조할 것이며, 동시에 한반도 '통일 시대'를 준비하는 데에 유소소위有所小爲, *yousuo xiaowei*의 정책적 기여를 할 수 있을 것이다.

이 책의 장점은 지은이가 장기간 중국에서 특파원으로서 취재를 해 고도의 전문성을 지고 있으며, 중국 군사 분야에 대한 이론적 · 학술적 연구뿐만 아니라 중국인민해방군 관련 주요 장소, 인물, 구조 등에 대해 발로 뛰는 인터뷰와 확인을 통해서 중국인민해방군의 실체를 밝히고 있고, 일본의 중국 연구를 이끌고 있는 고쿠분 료세이國分良成[10]) 일본 방위대학日本防衛大學 총장의 조언과 기획을 토대로 객관적이고 치밀하게 입론立論을 전개하고 있다는 점이다. 이러한 관점에서 이 책은 학술적 ·

음[心]의 중심이 2개[串]로 분열되어 있다는 것을 상징적으로 내포하고 있다.

8) 국운(國運), 국가의 운명을 말한다. 문자적으로 볼 때, 한 국가의 운명[運]이란 군(軍)이 국가와 민족을 위해 결단을 내리고 용맹스럽게 나아가는 방향[辶]에 의해 결정될 수밖에 없다는 것을 의미한다.

9) 오와다 데쓰오(小和田哲男), 『군사 · 참모: 전국시대의 연출자들(軍師 · 參謀: 戰國時代の演出者たち)』(東京: 中公新書, 1990), p.31.

10) 고쿠분 료세이(國分良成)의 주요 연구는 다음을 참고하기 바란다. 고쿠분 료세이 · 니시무라 시게오(西村茂雄), 『중국의 당과 국가: 정치체제의 궤적』, 이용빈 옮김(파주: 도서출판 한울, 2012); 고쿠분 료세이(國分良成), 『현대 중국의 정치와 관료제』, 이용빈 옮김(파주: 도서출판 한울, 근간).

정책적 · 연구사研究史적 측면에서 국내의 '중국 군사' 분야 연구의 발전에 작은 디딤돌이 될 수 있을 것이다.

어려운 여건 속에서도 이 책이 출간될 수 있도록 물심양면으로 지원해주신 도서출판 한울의 김종수 사장님을 비롯한 모든 분들에게 진심으로 감사의 말씀을 전하고 싶다. 또한 옮긴이가 중국의 정치, 외교, 군사, 안보전략을 통합적으로 살펴보는 과정에서, 특히 중국인민해방군People's Liberation Army: PLA에 대해 학문적으로 관심을 갖고 이를 연구하는 과정에서 많은 가르침과 조언을 주셨던 한림대만연구소Hallym Institute for Taiwan Studies: HITS 김태호 소장님께도 이 지면을 빌려 마음속 깊은 곳으로부터 감사의 말씀을 전해드리고자 한다.

아울러 분주하신 일정 가운데에서도 이 책의 내용을 모두 살펴보아 주시고 「추천의 글」을 각별히 집필하여 주신 미국 2049연구소The 2049 Institute의 러셀 샤오Russell L. Hsiao 선임연구원님께 감사의 말씀을 전해드리고자 한다. 그동안 미국 워싱턴과 서울에서 함께했던 러셀 샤오 선임연구원님과의 우정을 소중하게 생각한다. 또한 분주하신 가운데에서도 이 책의 '군사 용어'에 대한 검토를 하여주신 대한민국 공군사관학교 군사학과 엄정식 교수님께도 사의謝意를 표하고자 한다. 또한 이 책의 「한국어판」을 위해 최근 중국인민해방군의 전환과 관련된 글을 보론補論 형태로 전하여 주신 '중국 군사' 분야의 전 세계적인 전문가이신 인도 자와할랄네루대학Jawaharlal Nehru University: JNU 동아시연구소CEAS 스리칸쓰 콘다팔리Srikanth Kondapalli 소장님께 이 지면을 빌어 깊은 감사의 말씀을 전해드리고자 한다.

특히 2009년 뉴델리New Delhi에서 인도 방위문제연구소Institute for Defence Studies and Analyses: IDSA 객원연구원으로 옮긴이가 머물면서 중국-인도 관계와 중국의 군사 분야를 연구를 하고 있을 때, 그리고 2012년에 인도 자와할랄네루대학 동아시아연구소의 초청으로 방문하였을 때, 스리칸쓰 콘다팔리 교수님을 뵙고 중국의 군사·안보와 관련된 많은 조언과 가르침을 받아왔는데, 이러한 인연을 매우 소중하고 감사하게 생각한다.

특히 이 책의 「한국어판」이 출간될 수 있었던 것은 미국 하버드대학 박사 출신으로 중국인민해방군에 대한 연구 분야를 학술적으로 개척하셨던 고故 엘리스 요페Ellis Joffe[11] 이스라엘 히브리대학 명예교수님의 덕분이라고 할 수 있다. 옮긴이는 2011년 5월에 이스라엘 히브리대학에서 개최된 고 엘리스 요페 명예교수님 기념 제1차 회의에 초청을 받아 참석한 바가 있다. 그 당시 이스라엘 텔아비브Tel Aviv로 향하는 비행기 안에서 고 엘리스 요페 명예교수님의 210쪽에 달하는 『중공과 홍군中共與紅軍』[12]이라는 연구를 독파했던 적도 있다.[13] 이러한 계기를 마련해

---

11) 고 엘리스 요페 명예교수님 대한 자세한 소개와 학문적 업적은 다음을 참고하기 바란다. Harlan Jencks, "In Memoriam: Ellis Joffe(1934~2010)," *The China Quarterly*, Vol.202 (June 2010), pp.435~442.

12) Ellis Joffe, 『中共與紅軍(*Party and Army: Professionalism and Political Control in the Chinese Officer Corps 1949~1964*)』, Harvard East Asian Monographs 19(Cambridge, Massachusetts: East Asian Research Center, Harvard University, 1967).

13) 이 밖에 고 엘리스 요페 명예교수님의 중국인민해방군 관련 주요 연구로는 다음을 참고하기 바란다. Ellis Joffe, *The Chinese Army After Mao*(Cambridge, Massachusetts: Harvard

주셨던 이츠하크 쉬호르Yitzhak Shichor 이스라엘 히브리대학 정치학과 명예교수님께 이 지면을 빌어 사의謝意를 표하고자 한다.

대략 5년 전에 옮긴이는 중화권의 지인知人으로부터 요청을 받아, 무엇보다 심화되고 있는 글로벌 '금융 공성계金融空城計'의 출현에 대해 각별히 주의해야 할 것이라는 취지의 기고문을 한어漢語: 중국어로 작성해 전한 바가 있다. 해당 글은 2010년 중화권의 당黨, 정政, 군軍 관련 주요 인사들에게 배포되는 매우 중요한 저널인 ≪영도자領導者≫에 게재되었다. 그런데 이 책에서 언급된 바 있는 류사오치劉少奇 전임 중국 국가주석의 아들인 류위안劉源 중국인민해방군 상장上將도 '군사 전략'과 관련된 매우 중요한 기고문을 작성했는데, 공교롭게도 바로 해당 저널에 함께 수록되었다.[14]

그 당시에는 매우 우연한 일로 생각해 별로 중시를 하지 못했지만, 지금 생각해보면 류위안 중국인민해방군 상장과 상당히 흥미롭고 소중한 문연文緣, *wenyuan*: 글로 맺어진 인연이 있다는 생각을 해보게 된다. 당시 군사 전략의 혁신을 강조하시면서 '선사불무善士不武의 전통'을 강조하신 류위안 상장의 글을 다시 한 차례 살펴보면서, '중국인민해방군의 실력'이 지향하게 될 궁극적인 방향성을 조심스럽게 일부 예견해보게 된다.

또한 이 책의 번역을 마무리 지으면서 공교롭게도 이 책의 '옮긴이

University Press, 1987); Ellis Joffe, "Party-Army Relations in China: Retrospect and Prospect," *The China Quarterly*, Vol.146(June, 1996), pp.299~314.

14) 劉源,「讀張木生: 〈改造我們的文化歷史觀〉 序言」, ≪領導者≫, 總第35期(香港, 2010), pp.148~155.

주'에서 언급한 바 있는 미국 카터 대통령기념관 중국 프로그램 디렉터 이신 류야웨이劉亞偉 박사님과 여러 차례 연락을 주고받았다. 2009년 여름 타이베이에서 미국의 중국정치연구학회Association of Chinse Political Studies: ACPS와 타이완의 국립정치대학National Cheng Chi University: NCCU이 함께 개최한 연례 국제학술회의에서 옮긴이가 연구논문을 발표할 때, 류야웨이 박사님은 '지정 토론자'로 참석해 귀한 논평을 해주신 바 있다.

이렇게 연락을 주고받는 과정에서 류야웨이 박사님께서 중국의 저명한 '국가 원로'이신 고故 리셴녠李先念 전임 중국 국가주석의 사위이기도 한 류야저우劉亞洲 중국인민해방군 공군 상장의 남동생이라는 사실을 알게 되었다. 특히 류야저우 상장은 일찍이 「대국책大國策」이라는 글을 통해서 한반도의 통일은 결국 "중국에 유리하다〔對中國有利〕"라는 적극적인 입장을 강조하면서, 한반도가 통일되면 "일본이 최대의 패배자가 될 것이다〔日本是最大的輸家〕"라는 전략적 혜안을 피력한 바가 있다.15) 이와 같은 맥락에서 류야웨이 박사님과의 습연習緣, *xiyuan*: 배움으로 맺어진 인연을 매우 소중하게 생각하며, 아울러 이 책의 출판에 대해 격려의 말씀을 전해주신 것은 물론, 이러한 사실을 기록해 알릴 수 있도록 흔쾌히 허락해주신 것에 대해 이 지면을 빌어 감사의 말씀을 전해드리고자 한다.

아울러 이 책의 「한국어판」 부록에 '중국공산당 중앙군사위원회' 및 '중국인민해방군' 관련 조직도를 작성하여 추가하는 데에 서로 협력하

---

15) 劉亞洲, 「大國策」, ≪中國報道週刊≫, 2004年 7月 9日, http://www.china-week.com/html/2177.htm.

며 귀중한 도움을 준 이동건(서울대 법학전문대학원 석사과정, 서울대 한반도문제연구회 전임회장), 김현기(서울대 정치외교학부 정치학전공 석사과정, 한반도아시아국제관계연구회韓亞會, KPAIR 연구원), 이석원(서울대 정치외교학부 정치학전공) 세 후배들에게도 고마움을 전하고자 한다. 이 책의 「한국어판」에는 중국인민해방군 7대 군구七大軍區의 지도와 함께 현재 개편 중인 것으로 알려져 있는 5대 전구五大戰區의 청사진을 실어서, 국내 독자들의 이해를 돕는 것은 물론 자료집으로서 기능할 수 있도록 기획했다. 이러한 것이 가능할 수 있도록 흔쾌히 허락하여 주신 이 책의 저자분에게 이 지면을 빌려 감사의 말씀을 전해드리고자 한다.

끝으로 일반 독자의 입장에서 바쁜 중에 '삼중진三重陳'을 전개하며 번역 초고의 내용을 분담해 읽고 소중한 조언을 해준 김덕현(서울대 법학전문대학원 석사과정, ≪서울대 저널≫ 전임 편집장), 김동욱(서울대 정치외교학부 정치학전공, 한반도아시아국제관계연구회 연구원), 김도현(서울대 정치외교학부), 김윤진(서울대 정치외교학부 정치학전공, 한반도아시아국제관계연구회 연구원), 김정호(서울대 정치외교학부), 김형준(서울대 정치외교학부), 윤지윤(서울대 언론학부), 이소혜(서울대 정치외교학부 정치학전공), 정강민(한반도아시아국제관계연구회 연구원), 홍주표(서울대 노어노문학과, 한반도아시아국제관계연구회 연구원) 열 후배에게도 고마움을 전한다.

2014년 12월 12일

'시안西安 사변' 기념일에 즈음하여

이용빈

참고문헌*

平可夫. 2010.『中央軍委最高地下指揮所的機密』. Canada: 漢和政治叢書.

馬榮升・高新濤. 2009.『地緣戰略與國家安全』. 北京: 軍事科學出版社.

丁步東・王興宏. 2010.『戰略空軍建設論』. 北京: 藍天出版社.

李效東・王宜勝・李銳. 2010.『朝鮮半島危机管理硏究』. 北京: 軍事科學出版社.

李學忠・田安平 外. 2010.『國家空天安全論』. 北京: 解放軍出版社.

果增明・孫超. 2003.『裝備采辦』. 北京: 海潮出版社.

新華網. 2013 http://big5.qstheory.cn/gate/big5/www.xinhuanet.com/politics/2012lh/zhibo/2 0120304/wz.htm.

徐光裕. 2010.4.22. ≪解放軍報≫.

仲晶. 2009.『信息化后勤保障力生成模式硏究』. 北京: 國防大學出版社.

朱暉 主編. 2009.『戰略空軍論』. 北京: 藍天出版社.

尙金鎖. 2009.『空軍建設學』. 北京: 解放軍出版社.

桑士川. 2008.『裝備建設戰略管理』. 北京: 解放軍出版社.

葉海源. 2010.『空軍軍事理論創新硏究』. 北京: 藍天出版社.

王法安. 2011.『中國和平發展中的强軍戰略』. 北京: 軍事科學出版社.

王大衍. 2011.「讓 '863 計劃' 光耀中華」, http://big5.chinabroadcast.cn/gate/big5/gb.cri.cn/27824/2011/08/01/107s3324265.htm.

王文臣・楊海民 主編. 2011.『民兵戰備工作指南』. 北京: 軍事誼文出版社.

『空天作戰理論と實踐』, 藍天出版社, 2010.

『科學硏究試驗部隊後勤管理概論』, 軍事科學出版社, 2010.

『情報系統の作戰能力硏究(政治工作編)』, 軍事誼文出版社, 2010.

* 이 한국어판 참고문헌에 소개되어 있는 서적 등의 서지사항은 원저에서 누락되어 있는 저자의 성명을 옮긴이가 인터넷 등에 공개되어 있는 자료를 참조해 최대한 수록한 것이다. 다만『空天作戰理論と實踐』,『科學硏究試驗部隊後勤管理概論』,『情報系統の作戰能力硏究(政治工作編)』등의 저자는 확인할 수 없어서 그대로 실었다. _옮긴이 주

≪共同通信≫. 1992.6.12. "初の空母獲得で交渉中か".
_____. 1992.10.8. "中國, 空母購入斷念を表明".
_____. 2001.4.1. "空母カジノ, 座礁の危機".
土屋貴裕,「中國の『國防費』と『軍事經費』」, 2011年度アジア政經學會東日本大會提出論文.
竹田純一. 2008.『人民解放軍: 黨と國家戰略を支える230万人の實力』. 東京: ビジネス社.
茅原郁生 編. 2008.『中國の軍事力』. 東京: 蒼蒼社.
奈良原裕也. 2011.「中國空軍の最新事情を斬る」, ≪航空情報≫, Vol.61, No.2(2011.2), pp.37~43.
平松茂雄. 2006.『中國 核ミサイルの標的』. 東京: 角川oneテーマ21.

FAS. http://ww.fas.org.
South China Morning Post. 1998.11.11. "Macau company to convert aircraft carrier into 600-room floating palace; $1.6b hotel plan for warship."
Financial Times. 2005.7.15. "Top Chinese General Wans US over attack."

부록

중국인민해방군 관련 주요 일람표 및 지도

중국인민해방군의 조직도

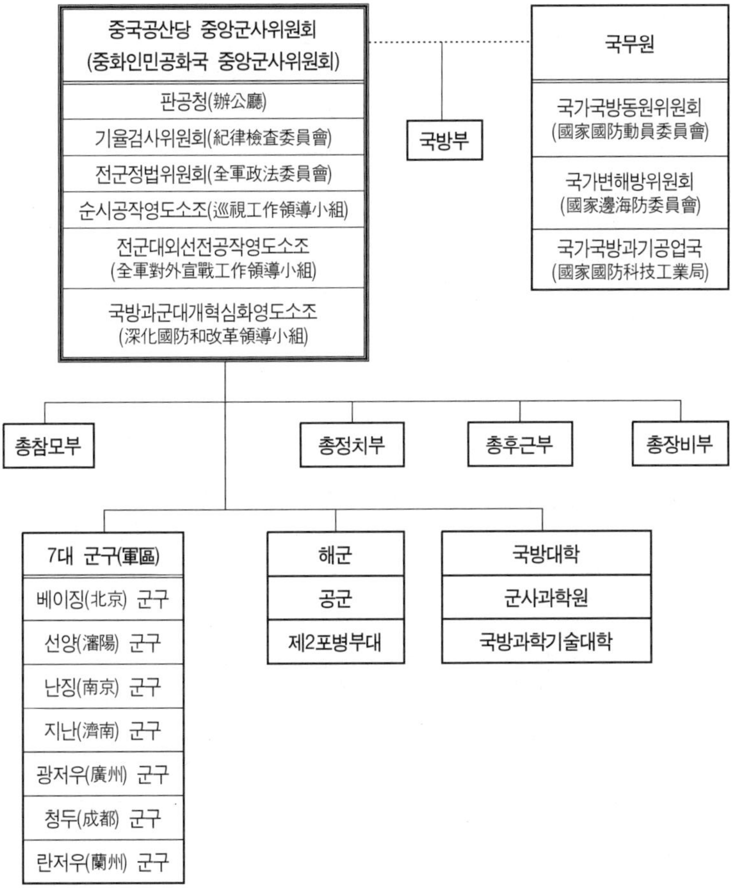

중국공산당 중앙군사위원회

주석	마오쩌둥(毛澤東, 1954.9~1976.9) 화궈펑(華國鋒, 1976.10~1981.6) 덩샤오핑(鄧小平, 1981.6~1989.11) 장쩌민(江澤民, 1989.11~2004.9) 후진타오(胡錦濤, 2004.9~2012.11) 시진핑(習近平, 2012.11~)
제1부주석	자오쯔양(趙紫陽, 1987.11~1989.6) 양상쿤(楊尙昆, 1989.11~1992.10)
상무부주석	양상쿤(楊尙昆, 1982.9~1989.11)
부주석	린뱌오(林彪, 1959.9~1971.9) 허룽(賀龍, 1959.9~1969.4) 녜룽전(聶榮臻, 1959.9~1985.9) 류보청(劉伯承, 1966.1~1982.9) 천이(陳毅, 1966.1~1972.1) 쉬샹첸(徐向前, 1966.1~1985.9) 예젠잉(葉劍英, 1966.1~1985.9) 덩샤오핑(鄧小平, 1975.1~1976.4; 1977.8~1981.6) 류화칭(劉華淸, 1989.11~1997.9) 장전(張震, 1992.10~1997.9) 장완녠(張萬年, 1995.9~2002.11) 츠하오톈(遲浩田, 1995.9~2002.11) 후진타오(胡錦濤, 1999.9~2004.9) 궈보슝(郭伯雄, 2002.11~2012.11) 차오강촨(曹剛川, 2002.11~2007.10) 쉬차이허우(徐才厚, 2004.9~2012.11) 시진핑(習近平, 2010.10~2012.11) 판창룽(範長龍, 2012.11~) 쉬치량(許其亮, 2012.11~)
위원	창완취안(常萬全, 2007.10~) 우성리(吳勝利, 2007.10~) 쉬치량(許其亮, 2007.10~2012.11) 팡펑후이(房峰輝, 2012.11~) 장양(張陽, 2012.11~) 자오커스(趙克石, 2012.11~) 장유샤(張又俠, 2012.11~) 마샤오톈(馬曉天, 2012.11~) 웨이펑허(魏鳳和, 2012.11~)

중화인민공화국 중앙군사위원회(국가중앙군사위원회)

주석	시진핑(習近平, 2013.3~)
부주석	판창룽(範長龍, 2013.3~) 쉬치량(許其亮, 2013.3~)
위원	창완취안(常萬全, 2008.3~) 팡펑후이(房峰輝, 2013.3~) 장양(張陽, 2013.3~) 자오커스(趙克石, 2013.3~) 장유샤(張又俠, 2013.3~) 우성리(吳勝利, 2008.3~) 마샤오톈(馬曉天, 2013.3~) 웨이펑허(魏鳳和, 2013.3~)

중국인민해방군 4총부

총참모부	총참모장	팡펑후이(房峰輝, 2012.10~)
	부총참모장	쑨젠궈(孫建國, 2008.12~) 왕관중(王冠中, 2012.10~) 치젠궈(戚建國, 2012.10~) 왕닝(王寧, 2013.6~) 이샤오광(乙曉光, 2014.7~) 왕젠핑(王建平, 2014.12~)
총정치부	주임	장양(張陽, 2012.10~)
	부주임	자팅안(賈廷安, 2007.12~) 두진차이(杜金才, 2009.12~) 우창더(吳昌德, 2011.6~) 인팡룽(殷方龍, 2012.10~)
총후근부	부장	자오커스(趙克石, 2012.10~)
	정치위원	류위안(劉源, 2010.12~)
총장비부	부장	장유샤(張又俠, 2012.10~)
	정치위원	왕훙야오(王洪堯, 2011.6~)

중국인민해방군 7대 군구

선양(瀋陽) 군구	사령원	왕쟈오청(王敎成, 2012.10~)
	정치위원	저이민(褚益民, 2010.12~)
베이징(北京) 군구	사령원	쑹푸쉬안(宋普選, 2014.12~)
	정치위원	류푸롄(劉福連, 2009.12~)
란저우(蘭州) 군구	사령원	류웨쥔(劉粵軍, 2012.10~)
	정치위원	류레이(劉雷, 2014.12~)
지난(濟南) 군구	사령원	자오쭝치(趙宗岐, 2012.11~)
	정치위원	두헝옌(杜恒岩, 2010.7~)
난징(南京) 군구	사령원	차이잉팅(蔡英挺, 2012.10~)
	정치위원	정웨이핑(鄭衛平, 2012.10~)
광저우(廣州) 군구	사령원	쉬펀린(徐粉林, 2009.12~)
	정치위원	웨이량(魏亮, 2012.10~)
청두(成都) 군구	사령원	리쭤청(李作成, 2013.6~)
	정치위원	주푸시(朱福熙, 2012.10~)

중국인민해방군 해군

사령원		우성리(吳勝利, 2006.8~)
정치위원		먀오화(苗華, 2014.12~)
사령부 참모장		두징천(杜景臣)
북해함대	사령원	추옌펑(邱延鵬, 2013.12~)
	정치위원	바이원치(白文奇, 2012.6~)
	참모장	웨이강(魏剛)
동해함대	사령원	쑤즈첸(蘇支前, 2010.12~)
	정치위원	왕화융(王華勇, 2013.6~)
	참모장	류훙선(劉洪深)
남해함대	사령원	장웨이례(蔣偉烈, 2010.12~)
	정치위원	왕덩핑(王登平, 2012.6~)
	참모장	장원단(張文旦)

중국인민해방군 공군

사령원		마샤오톈(馬曉天, 2012.10~)
정치위원		톈수쓰(田修思, 2008.7~)
사령부 참모장		마전쥔(麻振軍)
선양 군구 공군	사령원	딩라이항(丁來杭, 2012.6~)
	정치위원	자오이량(趙以良, 2008.12~)
	참모장	창딩추(常丁求)
베이징 군구 공군	사령원	좡커주(庄可柱, 2013.6~)
	정치위원	류사오량(劉紹良, 2012.12~)
	참모장	쉬즈량(許志良)
란저우 군구 공군	사령원	장이후(張義瑚, 2013.6~)
	정치위원	류젠(劉健, 2012.6~)
	참모장	리융(李勇)
지난 군구 공군	사령원	쑨허룽(孫和榮, 2012.12~)
	정치위원	위중푸(于忠福, 2012.12~)
	참모장	위칭장(兪慶江)
난징 군구 공군	사령원	황궈셴(黃國顯, 2013.6~)
	정치위원	쑹쿤(宋琨, 2011.12~)
	참모장	쉬쉐창(許學强)
광저우 군구 공군	사령원	쉬안상(徐安祥, 2012.12~)
	정치위원	후수탕(胡秀堂, 2012.12~)
	참모장	정위안린(鄭元林)
청두 군구 공군	사령원	잔허우순(戰厚順, 2012.12~)
	정치위원	수칭유(舒清友, 2012.12~)
	참모장	잔융성(戰永勝)

중국인민해방군 제2포병부대

사령원	웨이펑허(魏鳳和, 2012.10~)
정치위원	왕자성(王家勝, 2014.12~)
사령부 참모장	가오진(高津)

중국인민해방군 선양 군구

사령원		왕자오칭(王敎成, 2012.10~)
정치위원		저이민(褚益民, 2010.12~)
부사령원		허우지전(候繼振), 중즈밍(鍾志明), 왕시신(王西欣), 딩라이항(丁來杭)
부정치위원		가오젠궈(高建國), 허우허화(候賀華), 자오이량(趙以良)
사령부	참모장	쉬징녠(徐經年)
	부참모장	류즈밍(劉志明), 장다오훙(姜道洪), 장옌(張岩), 창딩추(常丁求)
정치부	주임	양청시(楊成熙)
	부주임	황융셴(黃永賢), 루스성(魯世勝)
연근부(聯勤部)	부장	리원강(李文剛)
	정치위원	캉샤오후이(康曉輝)
장비부	부장	가오차오(高潮)
육군 제16집단군 [65310 부대: 지린성(吉林省) 창춘(長春) 소재]	군장(軍長)	가오광후이(高光輝)
	정치위원	왕췬(王群)
육군 제39집단군 [65521부대, 랴오닝성(遼寧省) 랴오양(遼陽) 소재]	군장	장쉬둥(張旭東)
	정치위원	장수궈(張書國)
육군 제40집단군 [65631부대, 랴오닝성(遼寧省) 진저우(錦州) 소재]	군장	장쉐펑(張學鋒)
	정치위원	쉬구이푸(徐貴福)
랴오닝성 군구	사령원	저우한장(周漢江)
	정치위원	장린(張林)
지린성 군구	사령원	천훙하이(陳紅海)
	정치위원	후양(胡楊)
헤이룽장성 군구	사령원	성빈(盛斌)
	정치위원	마쉐이(馬學義)

중국인민해방군 공군 선양 군구

사령원		딩라이항(丁來杭, 2012.6~)
정치위원		자오이량(趙以良, 2008.12~)
부사령원		화화(華樺), 왕웨이(王偉)
부정치위원		류궈둥(劉國棟)
참모장		창딩추(常丁求)
정치부	주임	뤄이창(羅益昌)
후근부	부장	류하이성(劉海聲)
장비부	부장	자오바오쉰(趙寶勛)
공군 창춘(長春) 기지 [93175부대]	사령원	류창춘(劉長春)
	정치위원	류멍유(劉夢友)
공군 다롄(大連) 기지 [93176부대]	사령원	류궈윈(劉國運)
	정치위원	쑨잉(劉映)

중국인민해방군 해군 북해함대

사령원		추옌펑(邱延鵬, 2013.12~)
정치위원		바이원치(白文奇, 2012.6~)
부사령원		위안위바이(袁譽柏), 양쥔페이(楊駿飛), 우하이보(吳海波)
부정치위원		천쉐빈(陳學斌), 리장탄(曆江譚)
참모장		웨이강(魏剛)
정치부	주임	인둔핑(殷敦平)
후근부	부장	푸루이난(濮瑞南)
장비부	부장	천창난(陳强南)
북해함대 항공병(航空兵) [91286부대]	사령원	우하이보(吳海波)
	정치위원	천쉐빈(陳學斌)
해군 뤼순(旅顺) 기지 [92538부대]	사령원	류겅췬(劉庚群)
	정치위원	위칭리(于慶利)

중국인민무장경찰부대

사령원		왕닝(王寧, 2014.12~)
정치위원		쑨쓰징(孫思敬, 2014.12~)
부사령원		쉐궈창(薛國强), 다이훙성(戴洪生), 판창제(潘昌杰), 다이쑤쥔(戴肅軍)
부정치위원		위젠웨이(于建偉), 왕창허(王長河), 장루이칭(張瑞淸)
사령부	참모장	뉴즈중(牛志忠)
	부참모장	양빈(楊斌), 저우아이민(周愛民), 황하이후이(黃海輝), 치바오원(齊保文)
정치부	주임	야오리궁(姚立功)
	부주임	장지강(張繼鋼), 천궈전(陳國楨), 왕샹화(汪象華)
후근부	부장	양스우(楊士武)
	정치위원	잔하이관(詹海觀)
랴오닝성(遼寧省) 총대(總隊)	사령부	위원푸(于文福)
	정치위원	왕젠밍(王建明)
지린성(吉林省) 총대(總隊)	사령부	양사오화(楊紹華)
	정치위원	당가오밍(黨高明)
헤이룽장성(黑龍江省) 총대(總隊)	사령부	양리신(楊立新)
	정치위원	쉬궈옌(徐國岩)

자료: 平松茂雄, 『中国人民解放軍』(東京: 岩波書店, 1987); 夏寒冬, 『誰控制中国軍隊』(台北: 領袖出版社, 2013); ≪解放軍報≫; ≪時事通信≫; China Leadership Monitor 등을 참조해 옮긴이가 작성.

중국인민해방군 7대 군구 및 함대 배치도*

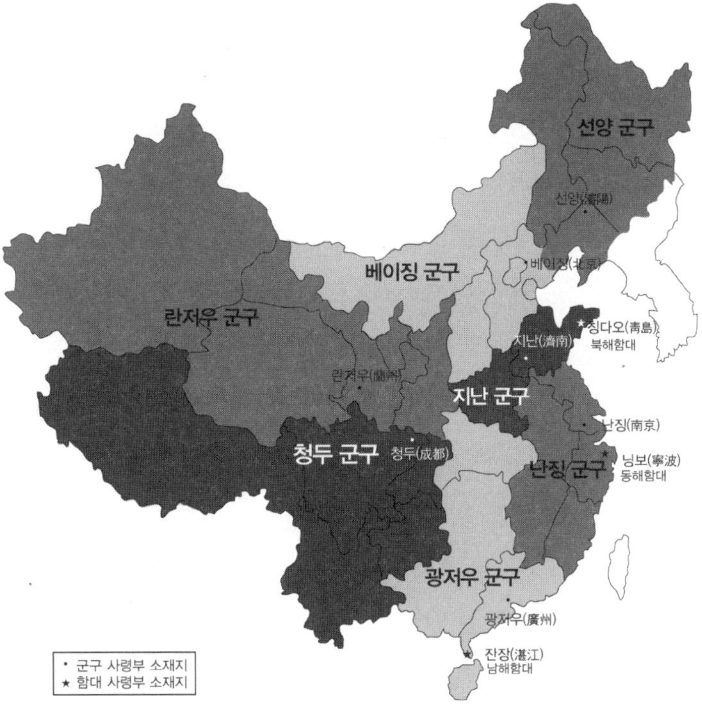

---

* 중국의 군구(軍區)는 1932년 1월 장쑤 군구(江蘇軍區)가 설립되고 천이(陳毅)가 총지휘(總指揮, 총사령관) 겸 정치위원이 된 이래 지속적으로 개편되었다. 1945년부터 1949년까지 동북 군구(東北軍區), 화북 군구(華北軍區), 서북 군구(西北軍區), 중원 군구(中原軍區), 화동 군구(華東軍區), 중남 군구(中南軍區)의 6대 군구가 성립되었고, 1955년 2월과 1956년 4월의 결정을 통해 기존 6대 군구를 13개 체제로 확대했다. 그 결과 선양 군구(瀋陽軍區), 베이징 군구(北京軍區), 지난 군구(濟南軍區), 난징 군구(南京軍區), 광저우 군구(廣州軍區), 쿤밍 군구(昆明軍區), 우한 군구(武漢軍區), 청두 군구(成都軍區), 란저우 군구(蘭州軍區), 신장 군구(新疆軍區), 시짱 군구(西藏軍區), 내몽골 군구(內蒙古軍區),

중국인민해방군 5대 전략구[戰區] 배치도

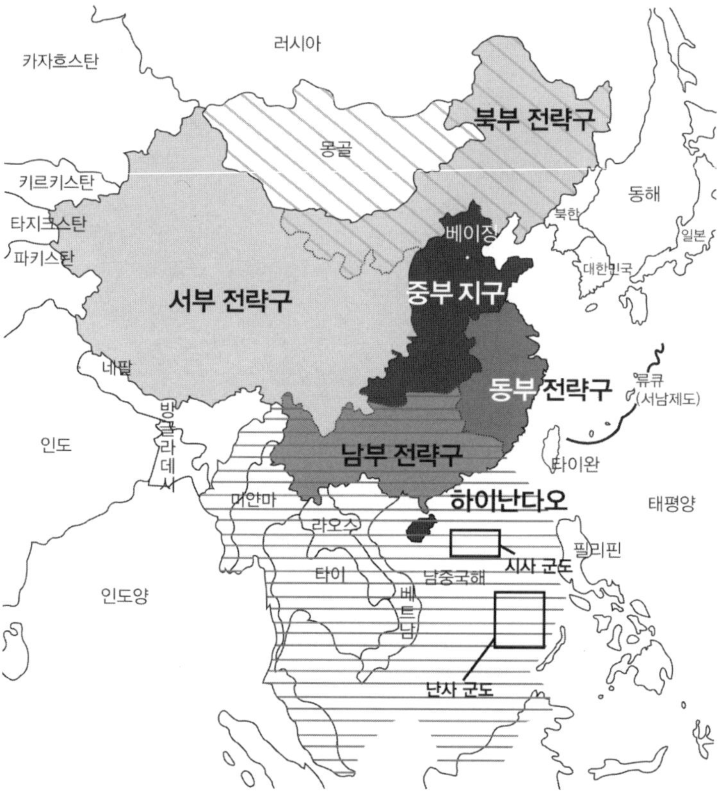

푸저우 군구(福州軍區)가 성립되었다. 1967년 5월에는 내몽골 군구를 베이징 군구에 편입시켰고, 1969년 12월에는 시짱 군구를 청두 군구에 편입시켰다. 또 1979년 5월에는 신장 군구를 우루무치 군구(烏魯木齊軍區)로 개명했다. 마지막으로 1985년 6월, 기존의 11개 군구는 현재의 7대 군구로 통폐합되었다.

지은이 **시오자와 에이이치(鹽澤英一)**

1963년 도쿄에서 출생했다. 게이오대학 문학부 졸업하고 1987년 교도통신에 입사했다. 사가 지국, 삿포로 지사, 사회부, 외신부, 자카르타 특파원, 중국 특파원 등을 거쳐 외신부 차장을 역임했다. 특파원으로서 장기간 중국을 취재하며 당과 군의 간부를 탐문해 특종을 보도했다. 각지를 걸으며 시민과 접촉하는 등 다면적인 관점의 보도로 정평이 나 있다.

저서: 『홍콩의 군표와 전후 보상(香港軍票と戰後補償)』(공저, 1993), 『홍콩: 여행 가이드에 없는 아시아를 걷다(香港: 旅行ガイドにないアジアを歩く)』(공저, 1996), 『인도네시아 열렬(インドネシア烈々)』(2000), 『동아시아의 교착하는 민족주의(東アジア交錯するナショナリズム)』(공저, 2005), 『중국에 산다(中國に生きる)』(공저, 2007) 외 다수

옮긴이 **이용빈**

한국지도자육성장학생
중국 베이징대 국제정치학과 대학원 수학
서울대 외교학과 대학원 수료, 서울대 국제문제연구소 간사 역임
미국 하버드대 HPAIR 연례 학술회의 참석(서울대 대표: 안보 분과)
이스라엘 크네세트(국회), 미국 해군사관학교, 일본 게이오대 초청방문
중국 '시진핑 모델(習近平模式)' 전문가위원회 위원(專家委員會委員)(2014. 11~)

역서: 『시진핑』(2011), 『중국의 당과 국가』(2012), 『현대 중국정치』(2013), 『마오쩌둥과 덩샤오핑의 백년대계: 중국군의 핵·해양·우주 전략을 독해한다』(2014), 『질주하는 중국: 중국 문제, 어떻게 볼 것인가?』(2015) 외
주요 연구: "Deepening Naval Cooperation between Islamabad and Beijing," *China Brief: A Journal of Analysis and Information*, Vol.9(Washington DC: The Jamestown Foundation, 2009); "The Rise of the Dragon in the Eyes of a Rising Elephant: India's Perceptions of Chinese Regional Policy and Economic Development," in Baogang Guo and Chung-chian Teng, eds., *China's Quiet Rise: Peace through Integration*(New York: Lexington Books, 2011); "Chasing the Rising Red Crescent: Sino-Shi'a Relations in the Post-Cold War Era," in Brannon Wheeler and Anchi Hoh, eds., *East by Mid-East: Studies in Cultural, Historical and Strategic Connectivities*(Sheffield, UK and Bristol, US: Equinox Publishing, 2013) 외

한울아카데미 1758

중국인민해방군의 실력
구조와 현실

지은이 | 시오자와 에이이치
옮긴이 | 이용빈
펴낸이 | 김종수
펴낸곳 | 도서출판 한울

편집책임 | 이교혜
편 집 | 박준규

초판 1쇄 인쇄 | 2015년 3월 13일
초판 1쇄 발행 | 2015년 3월 27일

주소 | 413-120 경기도 파주시 광인사길 153 한울시소빌딩 3층
전화 | 031-955-0655
팩스 | 031-955-0656
홈페이지 | www.hanulbooks.co.kr
등록 | 제406-2003-000051호

Printed in Korea.
ISBN 978-89-460-5758-6 93340

* 가격은 겉표지에 표시되어 있습니다.